注册会计师全国统一考试历年试题汇编

职业能力综合测试

中国注册会计师协会　组织编写

中国财经出版传媒集团
中国财政经济出版社

图书在版编目（CIP）数据

职业能力综合测试/中国注册会计师协会组织编写
. ——北京：中国财政经济出版社，2023.2
（注册会计师全国统一考试历年试题汇编）
ISBN 978－7－5223－1953－7

Ⅰ.①职… Ⅱ.①中… Ⅲ.①注册会计师－资格考试－习题集 Ⅳ.①F233－44

中国国家版本馆 CIP 数据核字（2023）第 020050 号

责任编辑：赵泽蓬　　　　　责任校对：张　凡
封面设计：卜建辰　　　　　责任印制：党　辉

职业能力综合测试
ZHIYE NENGLI ZONGHE CESHI

中国财政经济出版社 出版

URL: http://www.cfeph.cn
E－mail: cfeph@cfeph.cn
（版权所有　翻印必究）

社址：北京市海淀区阜成路甲 28 号　邮政编码：100142
营销中心电话：010－88191522
天猫网店：中国财政经济出版社旗舰店
网址：https://zgczjjcbs.tmall.com
河北艁山实业有限责任公司印刷　各地新华书店经销
成品尺寸：185mm×260mm　16 开　11.5 印张　262 000 字
2023 年 2 月第 1 版　2023 年 2 月河北第 1 次印刷
定价：42.00 元
ISBN 978－7－5223－1953－7
（图书出现印装问题，本社负责调换，电话：010－88190548）
本社图书质量投诉电话：010－88190744
打击盗版举报热线：010－88191661　QQ：2242791300

前　　言

注册会计师独立审计是市场监督体系重要的制度安排，注册会计师行业是高端服务业重要的专业服务类别，承担着中介机构执业监督的重要使命。伴随着改革开放和社会主义市场经济体制建设的历史进程，我国注册会计师行业不断发展壮大，在全面服务国家建设、促进提高会计信息质量、维护金融安全稳定、提高资源配置效率等方面都发挥了十分重要的作用。

《中华人民共和国注册会计师法》规定，国家实行注册会计师全国统一考试制度。注册会计师全国统一考试作为注册会计师行业资格准入的重要环节，在引导会计专业人才健康成长、评价会计专业人才资质能力、建设会计专业人才队伍等方面发挥了不可替代的作用。

注册会计师全国统一考试分为专业阶段和综合阶段两个阶段。专业阶段考试设会计、审计、财务成本管理、公司战略与风险管理、经济法、税法 6 个科目，主要测试考生是否具备注册会计师执业所需要的专业知识，是否掌握基本的职业技能和职业道德。综合阶段考试设职业能力综合测试科目，分设试卷一和试卷二，主要测试考生是否具备在执业环境中综合运用专业知识，坚持正确的职业价值观、遵从职业道德规范、保持正确的职业态度，有效解决实务问题的能力。

为贯彻国家人才战略和行业人才全生命周期管理理论，落实注册会计师考试质量保证体系改革精神，体现理论性、科学性、全面性、系统性、实践性、可读性等质量要求，有效帮助考生复习备考，我会组织专家以大学会计专业等相关专业应当掌握的专业知识为基准，编写了专业阶段考试 6 个科目的辅导教材，选编了《经济法规汇编》，还分科目汇编了近 5 年专业阶段和综合阶段考试的试题。

本套辅导教材以及相关用书，不是注册会计师全国统一考试的指定用书。对于其中存在的疏漏和错误之处，欢迎读者指正。

中国注册会计师协会
2023 年 2 月

目　　录

2022 年注册会计师全国统一考试
　　职业能力综合测试（试卷一）试题、答案及依据 …………………………（ 1 ）
2022 年注册会计师全国统一考试
　　职业能力综合测试（试卷二）试题、答案及依据 …………………………（ 16 ）
2021 年注册会计师全国统一考试
　　职业能力综合测试（试卷一）试题、答案及依据 …………………………（ 35 ）
2021 年注册会计师全国统一考试
　　职业能力综合测试（试卷二）试题、答案及依据 …………………………（ 49 ）
2020 年注册会计师全国统一考试
　　职业能力综合测试（试卷一）试题、答案及依据 …………………………（ 64 ）
2020 年注册会计师全国统一考试
　　职业能力综合测试（试卷二）试题、答案及依据 …………………………（ 77 ）
2019 年注册会计师全国统一考试
　　职业能力综合测试（试卷一）试题、答案及依据 …………………………（ 91 ）
2019 年注册会计师全国统一考试
　　职业能力综合测试（试卷二）试题、答案及依据 …………………………（104）
2018 年注册会计师全国统一考试
　　职业能力综合测试（试卷一）试题、答案及依据 …………………………（118）
2018 年注册会计师全国统一考试
　　职业能力综合测试（试卷二）试题、答案及依据 …………………………（130）

附录
　　职业能力综合测试（试卷一）案例解析 ……………………………………（144）
　　职业能力综合测试（试卷二）案例解析 ……………………………………（157）

2022 年注册会计师全国统一考试

职业能力综合测试
（试卷一）试题、答案及依据

说明：本试卷共 50 分。

A 公司为增值税一般纳税人，主要从事电子产品生产和销售，适用的企业所得税税率为 25%。该公司于 2×10 年首次公开发行 A 股股票并上市。

A 公司 2×20 年度财务报表由汇泰会计师事务所审计。明星会计师事务所于 2×21 年上半年接受委托审计 A 公司 2×21 年度财务报表，并委派注册会计师甲担任审计项目合伙人。

此外，明星会计师事务所还首次接受 A 公司下属若干子公司委托，审计 A 公司下属相关子公司各自的 2×21 年度财务报表，并分别出具审计报告。

资料一

1. 2×17 年 1 月 1 日，A 公司以 500 万元向非关联公司 C 公司购入 B 公司 5% 的股权，对 B 公司不具有重大影响。A 公司准备长期持有该投资，将其指定为以公允价值计量且其变动计入其他综合收益的金融资产。

2×21 年 12 月 31 日，A 公司以 9 000 万元向非关联公司 D 公司购入 B 公司 60% 的股权，当日办理了股权过户手续，并自该日起对 B 公司实施控制。2×21 年 12 月 31 日，B 公司可辨认净资产的公允价值为 14 000 万元，A 公司原持有的 B 公司 5% 股权的公允价值为 750 万元，累计计入其他综合收益的金额为 250 万元。

2×21 年 12 月 31 日，A 公司在其个别财务报表中，将新取得 B 公司 60% 股权支付的现金对价 9 000 万元与原取得 B 公司 5% 股权时支付的对价 500 万元之和 9 500 万元，作为对 B 公司长期股权投资的初始投资成本，同时终止确认原以公允价值计量的 B 公司 5% 股权投资 750 万元，转回原累计计入其他综合收益的股权公允价值变动 250 万元。

2×21 年 12 月 31 日，A 公司在其合并财务报表中，将新取得 B 公司 60% 股权支付的现金对价 9 000 万元与原取得 B 公司 5% 股权时支付的对价 500 万元之和 9 500 万元作为合并成本，合并成本与A公司享有B公司2×21年12月31日可辨认净资产公允价值份额9 100万元（14 000万元×65%）的差额400万元确认为商誉。

2. 2×19年1月1日，A公司设立境内全资子公司E公司。E公司主要从事某电子产品的生产和销售。2×21年12月31日，A公司将其持有的E公司100%股权转让给A公司持股30%的联营企业F公司，转让价款为8 000万元，并于该日收取全部转让价款并办理完成E公司股权过户手续，F公司取得E公司控制权。当日，A公司个别财务报表中对E公司的长期股权投资账面价值为5 000万元；E公司合并财务报表所有者权益为6 000万元，其中包括其他综合收益300万元，均为境外子公司外币财务报表折算差额。除设立出资外，E公司与A公司历史上未发生任何交易。

2×21年12月31日，A公司在其个别财务报表中，将收到的现金对价8 000万元与对E公司长期股权投资账面价值5 000万元之间的差额3 000万元确认为投资收益；将上述差额3 000万元的30%即900万元作为未实现内部收益，抵销对F公司的长期股权投资，并在此基础上确认对F公司投资的投资收益。A公司在其合并财务报表中，将收到的现金对价8 000万元与原享有E公司净资产账面价值6 000万元之间的差额2 000万元确认为投资收益；上述差额2 000万元的30%即600万元作为未实现内部收益，抵销对F公司的长期股权投资，并在此基础上确认对F公司投资的投资收益；将其他综合收益300万元直接转入留存收益。

资料二

1. 2×21年2月1日，A公司与非关联方G公司签订合同，为其制造一台定制设备，合同总价为500万元（不含增值税）。合同仅包含一项履约义务，且该履约义务属于在某一时段内履行的履约义务。A公司根据累计实际发生的成本占预计总成本的比例确定履约进度。2×21年11月30日，A公司与G公司签订补充协议，约定调整上述设备的一项技术参数指标值，合同总价调整为600万元（不含增值税）。截至2×21年11月30日，A公司累计已确认收入210万元；累计已发生成本180万元，其中与制造该设备无关的非正常消耗成本20万元，其余累计已发生成本反映了履行其履约义务的进度，也与履行其履约义务的进度成比例；合同变更后，预计还需发生成本340万元。

2×21年11月30日，A公司将该合同变更作为原合同终止及新合同订立进行会计处理，新合同的交易价格为390万元（600万元－210万元），预计总成本为340万元，原合同下累计已确认收入和累计已发生成本未作调整。

2. 2×21年1月1日，A公司与其下属某全资子公司签订租赁协议，自当日起将一栋自有办公楼（账面原价1 000万元，累计已计提折旧500万元，未计提减值准备）出租给该子公司，当日该办公楼公允价值1 000万元。2×21年12月31日，经董事会批准并与该子公司协商一致，A公司与某非关联公司签订不可撤销协议，将该办公楼以当日市场价1 100万元出售给该公司。该办公楼尚未腾空，预计该交易将在30天内完成。

2×21年1月1日，A公司在其合并财务报表中将该办公楼转为投资性房地产，并根据其投资性房地产会计政策采用公允价值模式进行后续计量。2×21年12月31日，A公司在其合并财务报表中将该办公楼划分为持有待售资产，并以1 100万元作为该持有待售资产的初始计量金额（假定不考虑处置费用）。

3. 2×21年6月1日，A公司与某非关联租车公司签订租车协议，租用其特定品牌专车，不可撤销的租赁期为2年。协议约定A公司每次用车需提前一小时预约，租车公司可根据其车辆管理情况随机派车，月保底租金为6万元，若月出行超过约定里程数，超出部分需额外支付20元/公里的费用。该租车公司有大量类似专车可以满足合同要求。2×21年6月1日，A公司以2年共计144万元的租赁付款额为基础计量并确认租赁负债，同时确认使用权资产，每月支付租金超过保底租金的部分作为或有租金，在未来实际发生时计入当期损益。

4. A公司某产品以铜为主要原材料。2×21年11月15日，A公司预期极可能于2个月后采购100吨铜用于生产。同日，为规避铜价格变动风险，A公司与某金融机构签订了一项2个月后买入100吨铜（与预期采购的铜是同种商品）的期货合约。2×21年11月15日至12月31日，上述铜期货合约产生公允价值变动损失150万元。2×21年12月31日，A公司将该铜期货合约指定为对预期采购铜交易的套期工具，准备了相关书面套期文件，认定套期关系符合套期有效性要求，并运用现金流量套期会计方法进行处理，将套期工具（铜期货合约）的公允价值变动损失150万元计入其他综合收益（套期储备）。

资料三

1. 2×21年11月，A公司与某供应商签订合同，约定A公司以自产的产品（非供应商日常生产经营所需产品）抵偿其以前年度向该供应商采购原材料所欠货款1 300万元。用于抵债的产品市价为1 100万元（不含增值税），产品成本为800万元。该供应商为增值税一般纳税人，该产品适用的增值税税率为13%。经税务机关核定，该项交易中用于抵债的产品计税价格为1 100万元。A公司于2×21年12月向该供应商交付了相关产品，A公司确认营业收入1 100万元，应交增值税（销项税额）143万元，营业成本800万元，同时确认其他收益（债务重组收益）57万元（1 300万元 – 1 100万元 – 143万元）。

2. 2×21年2月1日，A公司与若干非关联公司投资设立了H合伙企业，且能够控制该合伙企业。合伙协议规定，合伙期限为5年，经全体合伙人一致同意后可延长至10年，合伙企业清算时各合伙人按照份额比例获得合伙企业净资产。H合伙企业财务报表将各合伙人的出资列报为权益。2×21年度H合伙企业发生亏损。

A公司在其2×21年度合并财务报表中，将其他合伙人所享有的H合伙企业净资产的份额列报为少数股东权益。A公司在申报2×21年企业所得税时，将按照合伙协议约定比例分配的亏损金额在2×21年度企业所得税应纳税所得额中作了税前扣除。

资料四

明星会计师事务所注册会计师甲复核审计项目组编制的A公司2×21年度总体审计策略相关审计工作底稿，部分内容摘录如下：

总体审计策略（摘录）

（略）

二、识别重要组成部分

组成部分	占集团财务报表（未经抵销）相关项目金额的比例			主要业务	是否为重要组成部分	审计说明
	营业收入总额	利润总额	资产总额			
子公司 S1	30%	20%	30%	电子产品生产及销售	是	1
子公司 S2	1%	3%	3%	金属期货投资	否	2
（略）	（略）	（略）	（略）	（略）	（略）	（略）

审计说明：

1. S1 公司多项主要财务指标均超过集团财务报表相关项目金额的 15%，具有财务重大性，识别为 A 公司集团财务报表重要组成部分。S1 公司系境外子公司，集团审计项目组拟仅针对 S1 公司可能导致集团财务报表发生重大错报的特别风险实施特定的审计程序。
2. S2 公司从事金属期货投资业务，主要通过买卖金属期货合同为集团内各子公司原材料及商品买卖实施套期保值风险管理。S2 公司各项财务指标均未超过集团财务报表相关项目金额的 15%，作为不重要组成部分，集团审计项目组在集团层面实施分析程序。

（略）

（略）

三、审计安排

（略）

四、内部控制审计

本事务所同时承接了 A 公司 2×21 年 12 月 31 日财务报告内部控制审计，拟对 A 公司实施整合审计。A 公司 2×21 年度更换了生产与仓储循环的信息系统，更换后的信息系统自 2×21 年 7 月起正式运行，并导致生产与仓储循环的相关内部控制发生重大变化。审计项目组拟在审计中依赖内部控制测试结果，以适当减少实质性程序的工作量。新的生产与仓储循环的内部控制运行了足够长的时间，审计项目组计划在整合审计中对该控制进行测试，以评价其设计和运行是否有效，无须测试被取代的控制。

（略）

资料五

S3 公司系 A 公司的全资子公司，明星会计师事务所接受委托，对 S3 公司 2×21 年度财务报表进行审计，并发表审计意见。注册会计师甲在复核审计项目组成员编制的 S3 公司 2×21 年度财务报表审计工作底稿时，注意到以下事项：

1. 审计项目组对 S3 公司 2×21 年 12 月 31 日的银行存款实施了实质性程序，相关审计工作底稿部分内容摘录如下：

银行存款函证情况表

单位：万元

开户银行	账号	账面余额	对账单余额	差异	是否函证	是否质押	审计说明
I 银行	（略）	1 000	1 000	0	是	否	1
J 银行	（略）	500	380	120	是	否	2
K 银行	（略）	3 000	3 000	0	是	否	3
（略）	（略）	（略）	（略）	（略）	（略）	（略）	（略）

审计说明：

1. I 银行询证函回函显示 I 银行账户已被冻结。S3 公司财务人员说明，S3 公司因合同纠纷被提起诉讼，并被申请冻

续表

结S3公司在I银行的资金余额，该案件尚在审理中。审计项目组核对了银行询证函回函金额与银行对账单余额，未发现差异。无需作进一步审计处理。
2. 经检查S3公司编制的J银行存款余额调节表，该差额120万元是由于S3公司对2×21年12月28日销售部经理暂借的备用金尚未入账所致。审计项目组检查了销售部经理签字的备用金借条，亲自寄发并收回了银行询证函，回函显示与银行对账单余额相符。无需作进一步审计处理。
3. 审计项目组对银行存款利息收入实施了实质性分析程序，发现K银行账户2×21年度利息收入明显低于预期值。S3公司财务人员说明，S3公司本年度多次对外借出资金，因借出时间通常不超过1个月，借当月均收回，故K银行日记账未作记录。审计项目组检查了该银行账户的对账单发生额，并据此重新测算了利息收入，未发现差异，亲自寄发并收回了银行询证函，回函显示与银行对账单余额相符。无需作进一步审计处理。
（略）

2. S3公司部分财务数据（未经审计）摘录如下：

营业收入和成本明细表　　　　　　　　　　　　　　　　　　　单位：万元

项目	2×21年		2×20年	
	营业收入	营业成本	营业收入	营业成本
N产品	820	800	1 500	1 200
O产品	0	0	50	45
P产品	5 000	4 100	4 000	3 200
Q产品	400	800	0	0
M原材料	1 500	500	0	0
（略）	（略）	（略）	（略）	（略）

审计项目组对S3公司2×21年12月31日的存货实施了实质性程序，相关审计工作底稿部分内容摘录如下：

存货明细表　　　　　　　　　　　　　　　　　　　　　　　　单位：万元

项目	2×21年12月31日		2×20年12月31日		审计说明
	存货账面余额	跌价准备	存货账面余额	跌价准备	
N产品	900	0	400	0	1
O产品	800	0	800	0	2
P产品	500	0	450	0	3
Q产品	500	260	0	0	4
（略）	（略）	（略）	（略）	（略）	（略）
L原材料	700	0	0	0	4
M原材料	0	0	1 000	500	5
（略）	（略）	（略）	（略）	（略）	（略）

审计说明：
1. 因竞争对手改进了生产工艺，大幅提高了产品质量及性能，N产品订单及售价均大幅下降，并在2×22年有继续下降的趋势。S3公司财务人员说明，该产品目前生产情况正常，2×21年平均毛利率约为2.4%。审计项目组分析了该产品2×21年的毛利率，未发现异常。无需作进一步审计处理。
2. S3公司财务人员说明，由于自有仓库库容不足，S3公司将O产品存放在当地第三方仓库保管，审计项目组获取了S3公司与第三方仓库的仓储合同，检查了仓储费支付清单，亲自寄发并收回了向第三方仓库函证O产品存放数量的询证函，回函数量与账面一致。无需作进一步审计处理。

续表

3. 审计项目组在2×21年12月31日存货监盘时，发现P产品的盘点实际结存数比账面结存数多100件。S3公司财务人员说明，2×21年12月10日向某客户销售P产品500件，于当月交货、收到全部货款并确认收入，2×21年12月31日因产品质量问题该客户退货100件，尚未办理入库手续，但其他客户退货的P产品均已入库。审计项目组检查了该笔退货的运输单据、签收记录，未发现异常。无需作进一步审计处理。

4. Q产品是S3公司2×20年研发的新产品，并已于2×21年1月投入量产，由于质量和性能未达预期，按目前的工艺生产的Q产品仅能按次品折价销售，2×21年12月31日，S3公司已根据Q产品当前市场价格减去销售费用及相关税费计算Q产品期末可变现净值，并计提相应跌价准备。

L原材料是专门用于生产Q产品的原材料，库存L原材料将继续用于Q产品的生产。S3公司财务人员说明，S3公司计划对Q产品生产技术进行改进，预计2×22年将实现技术突破，产品毛利率将达到50%。审计项目组获取并查阅了S3公司提供的Q产品生产技术改进计划和某独立研究机构出具的Q产品2×22年市场分析报告，注意到其中确实存在"如2×22年实现技术突破，Q产品毛利率预计可能达到50%"的表述，因此无需对L原材料计提存货跌价准备。

5. M原材料是专门用于生产某产品的主要材料，由于该产品已被新产品替代，已于2×20年末停产，停产后M原材料一直未使用。2×21年12月，S3公司将全部M原材料销售给T公司（其控股股东为A公司的前员工）并收回全部款项。审计项目组检查了上述交易的销售合同、销售发票、发货及签收记录，未发现异常。无需作进一步审计处理。

（略）

资料六

1. A公司2×21年1月将部分外购电子产品作为职工福利发放给职工，外购电子产品取得了符合规定的增值税专用发票。A公司在申报当期应交增值税时，将上述产品按照实际采购价格计算应交增值税销项税额。

2. A公司于2×21年2月安排某在职员工、A公司作为用工单位接受的某劳务派遣员工及某客户赴国内某厂区考察，并全额承担上述人员的机票费用。在申报当期应交增值税时，根据取得的注明上述三名旅客身份信息的航空运输电子客票行程单计算的进项税额，从销项税额中作了全额抵扣。

3. A公司2×21年4月1日以100万元购入某上市公司发行的可转换债券，该可转换债券在每年3月31日付息。2×21年8月1日，A公司将持有的全部可转换债券按照约定的转股价格转换为股票，转换日可转换债券的公允价值为130万元。A公司在申报2×21年度企业所得税时，将转换日可转换债券的公允价值130万元与投资成本100万元的差额30万元作为投资收益计入应纳税所得额，以130万元作为股票投资的计税成本。

4. A公司2×21年发生工资薪金支出1 400万元和职工福利费160万元，工资薪金支出包括在职职工工资1 000万元，直接支付的临时工工资100万元，直接支付给劳务派遣公司的劳务派遣人员工资300万元。A公司在申报2×21年度企业所得税时，将上述工资薪金支出和职工福利费共计1 560万元作了全额税前扣除。

5. A公司2×21年1月因安全管理不善导致火灾，一批价值为100万元（不含增值税）的外购原材料毁损，其进项税额13万元，已在以前月份抵扣。2×21年6月，A公司因该事故获得保险公司理赔款56.5万元。A公司在申报当期应交增值税时，因该事故毁损的原材料的进项税额作进项税额转出处理，未抵扣销项税额；因该事故获得保险公司理赔款56.5万元未申报缴纳增值税。在申报2×21年度企业所得税时，将上述火灾事故造成的净损失43.5万元（56.5万元－100万元）作为不得税前扣除项目，相应调增当年应纳税所得额。

6. A公司2×21年10月将部分正在销售的自产货物无偿捐赠给中国红十字会用于关爱留守儿童。在申报当期应交增值税时，A公司将这部分货物按照实际生产成本确定销售额，并计算应交增值税的销项税额。在申报2×21年度企业所得税时，A公司将这部分货物按照实际生产成本确定的销售收入申报缴纳企业所得税，并将发生的公益性捐赠支出不超过年度利润总额12%的部分作了税前扣除，超过部分作为不得税前扣除项目，相应调增当年应纳税所得额，留待以后3年内扣除。

资料七

1. A公司拟于2×22年与某非关联方R公司签署协议，授权其在6年内使用A公司的专利技术生产某产品。R公司取得该专利技术后可直接使用并从中受益，无需与其他特定设备或相关服务配套使用。根据合同条款，A公司拟向R公司收取的对价分为两部分：一是600万元固定金额的使用费，签署合同日收取120万元，技术交付日收取480万元；二是按照R公司销售该产品收入的6%提成，于每年年末收取。R公司预期A公司将不会实施对该专利技术产生重大影响的活动。

2. A公司2×21年度财务报表审计结束后，A公司董事会和股东大会拟续聘明星会计师事务所。明星会计师事务所的审计质量管理部门在对该项目实施业务保持流程审核时，发现以下情况：

拟签署的业务约定书约定：除2×22年度财务报表审计收费外，如A公司2×23年6月成功发行公司债（发行申请文件中包括经审计的A公司2×22年度财务报表）并且发行额度超过10亿元的，A公司将额外支付100万元审计费。

要求：

1. 针对资料一第1项和第2项，假定不考虑其他条件，逐项指出A公司在个别财务报表层面和合并财务报表层面的会计处理是否存在不当之处。如果存在不当之处，提出恰当的处理意见（不考虑相关税费或递延所得税的影响）。

2. 针对资料二第1项，假定不考虑其他条件，指出A公司的会计处理是否存在不当之处。如果存在不当之处，提出恰当的处理意见（不考虑相关税费或递延所得税的影响）。

3. 针对资料二第2项至第4项，假定不考虑其他条件，逐项指出A公司的会计处理是否存在不当之处。如果存在不当之处，提出恰当的处理意见（不考虑相关税费或递延所得税的影响）。

4. 针对资料三第1项，假定不考虑其他条件，指出A公司的会计处理是否存在不当之处。如果存在不当之处，提出恰当的处理意见。

5. 针对资料三第2项，假定不考虑其他条件，指出A公司的会计处理和企业所得税处理是否存在不当之处。如果存在不当之处，提出恰当的处理意见（不考虑递延所得税的影响）。

6. 针对资料四，假定不考虑其他条件，指出注册会计师甲在复核审计项目组成员编制的审计工作底稿时，针对审计项目组成员的审计处理，应当提出哪些质疑和改进建议。

7. 针对资料五第1项和第2项，假定不考虑其他条件，逐项指出注册会计师甲在复核审计项目组成员编制的审计工作底稿时，针对审计项目组成员的审计处理，应当提出哪些质疑和改进建议。

8. 针对资料六第1项和第2项，假定不考虑其他条件，逐项指出A公司的增值税处理是否存在不当之处。如果存在不当之处，提出恰当的处理意见。

9. 针对资料六第3项和第4项，假定不考虑其他条件，逐项指出A公司的企业所得税处理是否存在不当之处。如果存在不当之处，提出恰当的处理意见。

10. 针对资料六第5项和第6项，假定不考虑其他条件，逐项指出A公司的增值税处理和企业所得税处理是否存在不当之处。如果存在不当之处，提出恰当的处理意见。

11. 针对资料七第1项，假定不考虑其他条件，就所述专利技术相关协议在会计上如何确认收入及在税务处理上如何确认企业所得税应纳税所得额分别提出分析意见，并说明理由。

12. 针对资料七第2项，假定不考虑其他条件，代明星会计师事务所审计质量管理部门分析该事项是否存在不当之处，并说明理由。如果存在不当之处，提出恰当的改进建议。

参考答案：

1. 针对资料一第1项和第2项，假定不考虑其他条件，逐项指出A公司在个别财务报表层面和合并财务报表层面的会计处理是否存在不当之处。如果存在不当之处，提出恰当的处理意见（不考虑相关税费或递延所得税的影响）。

答：

（1）个别财务报表层面的会计处理存在不当之处。

处理意见：A公司通过两次交易分步取得股权，最终形成对B公司非同一控制下控股合并，2×21年12月31日A公司应当以支付的现金对价9 000万元与原持有的以公允价值计量的B公司5%股权的账面价值750万元之和9 750万元，作为对B公司长期股权投资的初始投资成本；形成控股合并前A公司对所持B公司股权分类为以公允价值计量且其变动计入其他综合收益的金融资产，因公允价值计量形成的其他综合收益250万元在2×21年12月31日应转入留存收益。

合并财务报表层面的会计处理存在不当之处。

处理意见：2×21年12月31日A公司将支付的9 000万元现金对价与原持有的以公允价值计量的B公司5%股权的账面价值750万元之和9 750万元作为合并成本，合并成本与A公司享有B公司2×21年12月31日可辨认净资产公允价值的份额9 100万元（14 000万元×65%）的差额650万元确认为商誉；因公允价值计量形成的其他综合收益250万元在2×21年12月31日应转入留存收益。

依据：《会计》教材第六章第二节第86页至第87页、第二十七章第九节第657页至第658页。

（2）个别财务报表层面的会计处理存在不当之处。

处理意见：向联营企业出售业务，投资方应全额确认与交易相关的利得和损失，未实现内部收益900万元不应予以抵销。

合并财务报表层面的会计处理存在不当之处。

处理意见：向联营企业出售业务，投资方应全额确认与交易相关的利得和损失，未实现内部收益600万元不应予以抵销；原E公司合并财务报表中的其他综合收益300万元应转入当期损益。

依据：《会计》教材第六章第三节第96页至第97页，第二十三章第三节第480页，第二十七章第九节第661页。

2. 针对资料二第1项，假定不考虑其他条件，指出A公司的会计处理是否存在不当之处。如果存在不当之处，提出恰当的处理意见（不考虑相关税费或递延所得税的影响）。

答：会计处理存在不当之处。

处理意见：由于合同变更后，拟提供的制造设备剩余服务与已提供服务不可明确区分（即该合同仍为单项履约义务），A公司应将合同变更部分作为原合同的组成部分进行会计处理；与制造设备无关的非正常消耗成本20万元，未反映履行其履约义务的进度，不应计入用于计算履约进度的累计已发生成本，A公司重新计算的履约进度为32%〔(180万元－20万元)÷(180万元－20万元＋340万元)〕，应冲减营业收入18万元（210万元－600万元×32%）。

依据：《会计》教材第十七章第一节第341页、第357页。

3. 针对资料二第2项至第4项，假定不考虑其他条件，逐项指出A公司的会计处理是否存在不当之处。如果存在不当之处，提出恰当的处理意见（不考虑相关税费或递延所得税的影响）。

答：

（1）会计处理存在不当之处。

处理意见：2×21年1月1日，A公司将该办公楼出租给子公司属于集团内部交易，合并层面A公司仍应将其作为固定资产进行会计处理。2×21年12月31日，由于A公司针对该办公楼签订不可撤销的出售协议并已满足会计准则划分为持有待售资产类别的条件，合并层面应将其划分为持有待售资产类别，因截至2×21年12月31日按固定资产持续计量的账面价值低于其公允价值，该持有待售资产的初始计量金额应为划分时该固定资产的账面价值。

依据：《会计》教材第十五章第一节第305页至第311页、第二十七章第九节第665页。

（2）会计处理存在不当之处。

处理意见：A公司只是购买一项服务，不需要确认租赁负债和使用权资产，只需将每月实际发生的租车费用（包括保底租金和或有租金）计入当期损益。

依据：《会计》教材第十四章第一节第274页至第275页。

（3）会计处理存在不当之处。

处理意见：A公司于2×21年12月31日才将铜期货合约指定为对预期采购铜交易的套期工具并准备相关书面文件等，表明2×21年11月15日至12月31日期间未建立套期关系，在此期间不能适用套期会计；A公司持有的铜期货合约属于衍生金融工具，其2×21年11月15日至12月31日期间的公允价值变动损失150万元应计入当期损益。

依据：《会计》教材第十三章第一节第201页、第六节第261页。

4. 针对资料三第1项，假定不考虑其他条件，指出A公司的会计处理是否存在不当之处。如果存在不当之处，提出恰当的处理意见。

答：

会计处理存在不当之处。

处理意见：债务重组不属于企业的日常活动，因此债务重组中如债务人以日常活动产出的商品清偿债务的，不应按收入准则确认商品销售处理。A公司以存货清偿债务，应将所清偿债务账面价值1 300万元，与存货账面价值800万元和按存货计税价格计算的增值税销项税额143万元之和的差额357万元〔1 300万元－(800万元＋143万元)〕确认为债务重组收益。

依据：《会计》教材第二十一章第二节第450页。

5. 针对资料三第2项，假定不考虑其他条件，指出A公司的会计处理和企业所得税处理是否存在不当之处。如果存在不当之处，提出恰当的处理意见（不考虑递延所得税的影响）。

答：

(1) 会计处理存在不当之处。

处理意见：合伙企业到期或合伙人退伙时合伙企业有向合伙人交付金融资产的义务，因此合伙人持有的份额属于可回售工具，满足金融负债定义。即使在合伙企业个别财务报表符合特殊金融工具的条件而列报为权益，在合并财务报表中也应当列报为金融负债。

依据：《会计》教材第十三章第三节第220页至第222页。

(2) 企业所得税的处理存在不当之处。

处理意见：A公司在计算缴纳企业所得税时，不得用分配的合伙企业的亏损金额抵减其盈利。

依据：《税法》教材第四章第七节第234页。

6. 针对资料四，假定不考虑其他条件，指出注册会计师甲在复核审计项目组成员编制的审计工作底稿时，针对审计项目组成员的审计处理，应当提出哪些质疑和改进建议。

答：

质疑：S1公司属于具有财务重大性的组成部分，"仅针对其可能导致集团财务报表发生重大错报的特别风险实施特定的审计程序"不恰当。

改进建议：集团审计项目组或代表集团审计项目组的S1公司审计项目组应当运用集团分配的组成部分的重要性，对S1公司组成部分财务信息实施审计。

依据：《审计》教材第十六章第六节第354页。

质疑：S2公司从事金属期货业务且为集团内子公司提供金属期货相关的套期保值风险管理，具有特定性质和风险，审计项目组未将其作为重要组成部分，仅实施分析程序不恰当。

改进建议：由于S2公司所从事金属期货业务的特定性质和情况，审计项目组应将其识别为"可能存在导致集团财务报表发生重大错报的特别风险"的重要组成部分。应当执行下列一项或多项工作：(1) 使用组成部分重要性对组成部分财务信息实施审计；(2) 针对与可能导致集团财务报表发生重大错报的特别风险相关的一个或多个账户余额、一类或多类交易或披露实施审计；(3) 针对可能导致集团财务报表发生重大错报的特别风险实施特定的审计程序。

依据：《审计》教材第十六章第六节第354页。

质疑：对整合审计中的财务报表审计而言，审计项目组拟在审计中依赖内部控制测试结果，计划无须测试被取代的控制不恰当。

改进建议：对财务报表审计而言，被取代的原生产与仓储循环控制的运行有效性对控制风险的评估有重大影响，应当测试被取代控制的设计和运行的有效性。

依据：《审计》教材第二十章第四节第496页、第八章第三节第183页。

7. 针对资料五第1项和第2项，假定不考虑其他条件，逐项指出注册会计师甲在复核审计项目组成员编制的审计工作底稿时，针对审计项目组成员的审计处理，应当提出哪些质疑和改进建议。

答：

（1）

质疑：I银行账户资金因诉讼被冻结可能表明S3公司存在预计负债错报及财务报表未充分披露的风险，审计项目组未予以关注。

改进建议：审计项目组应向S3公司管理层了解诉讼发生的背景，获取与诉讼相关资料及法律意见书，据此分析S3公司在2×21年12月31日是否存在预计负债，如有，建议S3公司管理层计提相应的负债，并关注期后案件进展情况及其影响，关注S3公司财务报表中是否充分披露相关受限资金及在附注中披露未决诉讼。

《审计》教材第十八章第二节第407页、《会计》教材第十二章第195页。

质疑：针对J银行存款中存在的银行已付企业未付的未达账项，审计项目组未充分关注银行存款余额和相关交易发生额的财务报表错报风险。

改进建议：获取S3公司员工借用备用金的授权审批程序，检查销售经理借用备用金是否经过严格的审批，访谈S3公司管理层和销售经理，了解该备用金借支的原因、用途和具体使用情况，以确定该金额是否为S3公司少计的成本费用或应确认的应收款项，并进行相应的账务处理，同时调减期末银行存款余额。

依据：《审计》教材第十二章第四节第280页至第283页。

质疑：企业多次借出资金而未登记日记账，可能存在交易价格不公允或资金被无偿占用等内控及舞弊风险，审计项目组未充分关注。

改进建议：审计项目组应访谈S3公司财务人员等相关人员，了解相关交易背景及资金拆借的授权审批程序；检查K银行对账单中大额资金往来，关注资金往来是否以真实、合理的交易为基础，是否存在关联方或隐性关联方资金占用等舞弊行为；如为关联方资金借出，检查关联方交易是否充分披露；对于影响财务报表错报事项应建议进行相应账务处理；就该事项与管理层及治理层沟通。

依据：《审计》教材第十二章第四节第272页、第十三章第一节第293页、第十七章第二节第382页至第384页。

（2）

质疑：N产品2×21年12月31日的存货账面余额较2×20年12月31日大幅增加，2×21年12月31日的存货账面余额已超过2×21年全年销售额，而S3公司所生产的N产品销量、毛利率在2×21年大幅下降，在2×22年仍有下降的趋势，且2×21年平均毛利率仅为2.4%，均显示N产品在2×21年末很可能已发生跌价损失，审计项目组未予以关注。

改进建议：审计项目组应建议S3公司结合N产品价格变动及产品预期销售情况等因素，对N产品实施存货跌价准备测试。如测试结果显示该产品可变现净值低于其成本，应建议S3公司对其计提存货跌价准备。

依据：《审计》教材第三章第63页至68页、第十一章第五节第267页、《会计》教材第二章第三节第26页。

质疑：O产品在2×20年仅少量销售，2×21年未实现销售，审计项目组未充分关注第三方保管或控制的产品库龄及产品状况，以分析其是否存在跌价损失。

改进建议：审计项目组还应对第三方保管的O产品的存货状况进行函证；对S3公司在当地委托的第三方仓库，可以实施存货监盘程序，在监盘时关注O产品的状况；获取S3公司编制的存货货龄分析表，获取O产品的货龄；建议S3公司结合O产品货龄、存货状况及产品预期销售情况等因素，对O产品实施存货跌价准备的测试，如测试结果显示该产品可变现净值低于存货成本，应建议S3公司对其计提存货跌价准备。

依据：《审计》教材第三章第63页至第68页、第十一章第五节第265页、第267页、《会计》教材第二章第三节第26页。

质疑：客户退货产生的P产品存货盘点差异可能表明S3公司2×21年度收入、成本及相关财务报表项目确认存在错报，同时由于质量问题退货产品可能存在期末跌价风险，审计项目组未充分关注。

改进建议：应检查与该客户签订的P产品销售合同中对退货条款的具体约定，判断客户退货导致的存货差异是否存在收入、成本及财务报表项目错报，如存在错报，建议审计进行调整；如有必要，检查P产品同类销售合同，评估2×21年度在确认收入时对退货率估计是否合理，如存在不合理，应建议S3公司重新估计并对收入及财务报表项目错报进行必要调整。同时关注管理层是否对P产品进行期末计价测试，评估是否存在错报，如必要，建议进行相应审计调整。

依据：《审计》教材第九章第三节第207页、第五节第221页，《会计》教材第十七章第一节第367页。

质疑：L原材料系专门为生产Q产品而持有的材料，其期末价值应当以所生产的产成品的可变现净值与成本的比较为基础加以确定，Q产品在2×21年末的现状是生产的产品按次品销售，产品售价低于成本，不应仅凭预计未来技术改进后Q产品毛利率预计可能达到50%的说法认定L原材料无需计提存货跌价准备。

改进建议：应以2×21年12月31日取得的最可靠证据估计的按照目前工艺生产的Q产品售价为基础，计算L原材料的可变现净值，确定是否应对L原材料计提存货跌价准备。关注期后S3公司对Q产品生产技术改造完成情况，对于2×21年度财务报告批准报出日前Q产品的售价变动，如有确凿证据表明其对2×21年12月31日L原材料已经存在的情况提供了新的或进一步证据，应考虑其影响。

依据：《审计》教材第十一章第五节第265页至第267页、《会计》教材第二章第三节第26页。

质疑：T公司的控股股东为A公司的前员工，与S3公司存在"隐性"关联方关系；且M原材料专门用于生产的产品已被替代，其销售价格仍远高于其账面成本不具有商业合理性，收入确认的真实性和合理性存疑，审计项目组未充分关注。

改进建议：审计项目组应充分评价T公司购买M原材料的商业合理性及价格公允性，并实施"延伸检查"程序，例如：了解T公司采购M原材料的原因及其合理性，访谈T公司的管理层及相关人员，对T公司进行实地走访，观察其生产经营场地，了解T公司采购的M原材料的用途、去向和最终销售情况，实地查看T公司相关原材料的库存情况等。

依据：《审计》教材第九章第五节第224页。

8. 针对资料六第1项和第2项，假定不考虑其他条件，逐项指出A公司的增值税处理是否存在不当之处。如果存在不当之处，提出恰当的处理意见。

答：

（1）存在不当之处。

处理意见：将外购的电子产品用于集体福利，不应视同销售计算销项税额，应将购进货物的进项税额作进项税额转出处理（如已抵扣）或者不得抵扣进项税（如尚未抵扣）。

依据：《税法》教材第二章第一节第45页、第四节第64页。

（2）存在不当之处。

处理意见：国内旅客运输服务进项税额的抵扣，限于与本单位签订了劳动合同的员工以及本单位作为用工单位接受的劳务派遣员工发生的国内旅客运输服务，因此由A公司承担的客户发生的国内航空旅行费用的进项税额不得从销项税额中抵扣。

依据：《税法》教材第二章第四节第63页。

9. 针对资料六第3项和第4项，假定不考虑其他条件，逐项指出A公司的企业所得税处理是否存在不当之处。如果存在不当之处，提出恰当的处理意见。

答：

（1）存在不当之处。

处理意见：A公司应当将持有期间按照约定利率计算的应收未收利息作为当期利息收入计入应纳税所得额；转换后以该债券购买价、应收未收利息和支付的相关税费作为该股票投资的计税成本。

依据：《税法》教材第四章第二节第191页。

（2）存在不当之处。

处理意见：A公司直接支付给劳务派遣公司的劳务派遣用工费用300万元，应作为劳务费支出，不应作为工资、薪金支出；A公司在申报2×21年度企业所得税时，职工福利费企业所得税前允许列支金额为154万元［(1 000万元+100万元)×14%］，应调增企业所得税应纳税所得额6万元（160万元-154万元）。

依据：《税法》教材第四章第二节第180页至第182页。

10. 针对资料六第5项和第6项，假定不考虑其他条件，逐项指出A公司的增值税处理和企业所得税处理是否存在不当之处。如果存在不当之处，提出恰当的处理意见。

答：

（1）增值税的处理不存在不当之处。

依据：《税法》教材第二章第一节第40页、第四节第64页。

所得税的处理存在不当之处。

处理意见：A公司毁损的原材料，以原材料成本100万元减除保险赔款56.5万元的余额43.5万元，作为存货毁损损失在计算应纳税所得额时扣除；因原材料毁损不得从增值税销项税额中抵扣的进项税额13万元，与原材料损失一起在计算应纳税所得额时扣除。

依据：《税法》教材第四章第四节第201页。

（2）增值税的处理存在不当之处。

处理意见：将自产货物无偿捐赠给公益性社会组织应确定为视同发生应税销售行为。A公司在申报当期应交增值税时，应按最近时期发生同类应税销售行为的平均价格确定的销售额计算申报应交增值税销项税额。

依据：《税法》教材第二章第一节第45页，第三节第60页。

所得税的处理存在不当之处。

处理意见：将自产货物对外捐赠应视同销售，并按照该货物的公允价值确定销售收入，申报缴纳企业所得税。

依据：《税法》教材第四章第二节第171页、第185页至第187页。

11. 针对资料七第1项，假定不考虑其他条件，就所述专利技术相关协议在会计上如何确认收入及在税务处理上如何确认企业所得税应纳税所得额分别提出分析意见，并说明理由。

答：

会计处理：被授予的知识产权许可不构成有形商品的组成部分，也并非对该商品的正常使用不可或缺，也不需要和相关服务一起使用才能获益，因此该授予知识产权许可构成单项履约义务。R公司预期A公司将不会实施对授予的知识产权产生重大影响的活动，因此A公司授予知识产权许可应当作为某一时点履行的履约义务。A公司授予知识产权许可，并约定按客户实际销售或使用情况收取特许权使用费的，应在下列时点孰晚确认收入：一是客户后续销售或使用行为实际发生；二是A公司履行相关履约义务。因此，A公司收取的固定金额使用费600万元应在知识产权交付给R公司，且R公司能够使用该知识产权并开始从中获益时确认收入；按照R公司销售收入的比例收取的提成应在销售发生时确认收入。

依据：《会计》教材第十七章第一节第374页至第376页。

所得税税务处理：企业提供专利技术的使用权取得收入，按照合同约定的特许权使用人应付特许权使用费的日期确认收入的实现。因此，A公司收取的固定金额使用费应分别在合同签署日和技术交付日计入当年应纳税所得额。按照R公司销售该产品收入约定比例收取的提成应在每年年末收取时计入应纳税所得额。

依据：《税法》教材第四章第二节第170页。

12. 针对资料七第2项，假定不考虑其他条件，代明星会计师事务所审计质量管理部门分析该事项是否存在不当之处，并说明理由。如果存在不当之处，提出恰当的改进建议。

答：

分析：存在不当之处。债券发行成功后 A 公司额外支付的 100 万元审计费属于或有收费，会计师事务所将因自身利益对独立性产生非常严重的不利影响。

建议：会计师事务所没有防范措施能够将或有收费对会计师事务所的不利影响降低至可接受水平，审计质量管理部门应建议与客户重新协商合同条款，取消或有收费。

依据：《审计》教材第二十三章第七节第 626 页。

2022 年注册会计师全国统一考试

职业能力综合测试
（试卷二）试题、答案及依据

说明：本试卷共 50 分。

资料一

近年来我国经济结构发生了明显的改变，消费成为拉动国民经济增长的主要动力之一。随着消费观念的变化，消费需求更加多样化，超市大卖场"大而全"的经营模式不再唱主角，"小而美"的模式逐渐受到消费者的青睐，便利店、生鲜店等社区门店开始兴起。便利店成为近几年零售业中发展速度较快的业态，特别是品牌连锁便利店，其增速位居零售业前列。2019 年底，全国范围内便利店总数共有 10 万多个，但尚未出现真正意义上的全国性连锁品牌。

2019 年底，国家出台加快发展品牌连锁便利店的相关政策，提出优化便利店营商环境，推动便利店品牌化、连锁化、智能化发展，织密便民消费网格，更好地发挥便利店服务民生和促进消费的重要作用，并提出到 2022 年全国品牌连锁便利店总量达到 30 万家的发展目标。

2020 年开始，由于新冠疫情爆发，餐饮、旅游、零售等线下消费受到较大冲击。品牌便利店由于其贴近写字楼和居民区的特点，受到的冲击较小，多数品牌便利店进一步扩张门店数量，规模快速拓展；少数品牌便利店受到疫情负面影响，出现关店现象。疫情的反复，也对品牌便利店门店的正常经营、员工稳定、物流通畅、成本控制及消费意愿等产生了较多不利影响。同时，线上零售业务吸引了众多零售巨头的加入，线上社区团购的兴起加剧了竞争态势，品牌便利店的线下门店销售受到了一定程度的影响。

悦来悦股份有限公司（以下简称"悦来悦公司"）是一家成立于 2017 年的民营企业，主要从事城市零售便利店业务。悦来悦公司创始人兼董事长李悦峰曾在消费零售领域特别是大型商超领域闯荡多年，积累了丰富的零售行业经验，具有敏锐的市场视角。悦来悦公司依靠其核心技术团队，运用大数据技术选取贴近写字楼和居民区的门店，建立完善的供应链，采用直营模式和自动化管理方式，运营 24 小时的便利店。同时悦来悦公司自行开发手机应用程序（APP）及微信小程序，打造全新的社区便民服务新模式，开启智能社区生活圈。悦来悦公司目前处于高速扩张阶段，从北上广等大城市发展至各省会城市及部分二线城市，门店数量从2018年初的400家发展至2019年底的1 500家，但与部分国际知名品牌连锁便利店相比，门店数量仍存在较大差距。

2020年初，为了实现追赶国际知名品牌连锁便利店的目标，悦来悦公司董事长李悦峰召集董事会会议，研究年度经营战略，深入分析目前业务市场及目标客户，并探讨未来的新业务计划。

（一）对目前的业务市场及目标客户形成以下共识。

门店即渠道，门店数量越多，消费人次越多，品牌黏性越强，品牌溢价就越高。悦来悦便利店品牌经过3年的发展，在一线城市已经被居民熟知并赢得了一定的市场占有率，确立了品牌知名度。但现阶段便利店门店经营成本较高，部分便利店存在经营亏损。由于二、三线城市门店铺排不足，在当地用户数量较少，品牌知名度还不高，需加大品牌宣传力度，加快开店步伐。

据中国连锁经营协会发布的消费者调研报告显示，80%的便利店消费者年龄段在18～30岁，主要为在中央商务区（CBD）工作的年轻白领。该类人群工作生活节奏较快，愿意承受单价略高的商品，选择更便捷、更具品质的便利店进行消费。针对上述目标客户，悦来悦公司需要考虑在CBD开设更多门店。

悦来悦品牌便利店在创立伊始就布局了线上运营渠道，不仅补充了线下门店品类库存量（Stock Keeping Unit，以下简称"SKU"）的不足，而且进一步扩展了便利店的消费群体，推广了品牌。同时，线上渠道积累的数据可以进行用户画像，实现用户精准分类和业务精细化运营。悦来悦品牌便利店"线上"+"线下"的综合购物体验增加了用户的好感、增强了品牌黏性。悦来悦公司需要加大信息技术投入，完善APP和微信小程序，提升数据分析水平。

（二）对扩展未来新业务形成了以下计划。

便利店的特点之一是门店及线上SKU品种仅限方便快捷的食品、饮料、生活用品，品类较单一，悦来悦品牌便利店具有类似的问题。悦来悦公司可以借鉴国外经验，用近年来盈余积累的资金投资，增设"即买热食"和"茶饮商品"，丰富商品品类，创造新的收入来源。

悦来悦公司市场调研发现，写字楼的白领人群和居民社区的年轻人对"即买热食"的需求较大，为此决定在具有地理优势的门店，增设"即买热食"商品品类，开设热食餐盒档口，售卖悦来悦品牌系列早中晚餐。同时，引入现场调制的"茶饮商品"，借助APP和微信小程序的用户基础，进行市场推广。

资料二

根据2020年初董事会的决议，悦来悦公司管理层决定开发自主品牌的"即买热食"商品，并在一线城市主要门店推出。由于自建食品加工设备及生产线、组建员工队伍并申领食品生产许可证等耗时较长，管理层决定收购成熟食品加工企业。

悦来悦公司投资部在市场上寻找并联络了一家食品加工企业MM有限责任公司（以下简称"MM公司"）。MM公司主要经营快餐，具有食品生产许可证，已符合当地食品安全监管要求,其工厂主要集中在一线城市郊区,拥有轻型的食品加工生产线和冷链运输设备。MM公司由马东和其同学梅西于2015年12月创立,分别持股70%和30%,总部设在北京,从最初的小型食品加工厂逐渐成长为年营业额达5 000万元的成熟食品加工企业。马东为MM公司执行董事兼总经理,直接负责公司业务的整体运营和管理,其妻牛丽丽为负责财务及人事的副总经理。2019年初,马东提出进军零售领域的计划,梅西不认可,拟退出MM公司。

投资部对MM公司进行了尽职调查,发现如下事项。

1. 2018年6月,马东购买一套商品房,资金缺口500万元从MM公司借入,当年12月底归还。马东表示此借款已口头征得梅西同意,但未形成股东会决议书面记录,除银行交易流水记录外,无合同文件或其他协议。

2. 2019年5月,梅西提出处置所持MM公司股权,马东主张优先购买。随后马东和梅西签订股权转让协议,马东以1 200万元购买梅西所持股权。MM公司注销梅西的出资证明书,修改公司章程和股东名册,并向相关部门办理变更登记。

3. WW会计师事务所为MM公司常年财务报告审计机构。由于MM公司财务人员的会计基础薄弱,仅负责简单记账、银行单据及发票合同的处理,将财务报表的编制工作交由WW会计师事务所的审计项目组负责。

4. MM公司的前三大客户(最近一年销售额合计占MM公司全年销售额的50%)的应收账款账龄均在3~6个月。MM公司与上述客户的销售合同约定结算付款期为1个月。MM公司销售经理表示,上述客户以往年度均未产生坏账,未关注回款时间。上述情况影响了MM公司经营现金流和资金的周转速度。

投资部将发现的问题和初步分析结论拟订了尽职调查报告,并提出了收购建议。悦来悦公司董事会审议后批准了该项收购。

资料三

悦来悦公司计划收购MM公司后,加大市场推广力度,加强供应链管理,进行业务整合,达到协同效应。悦来悦公司聘请TT资产评估公司对MM公司2019年末企业股权价值进行评估。根据悦来悦公司及MM公司提供的基础财务数据及预测信息,TT资产评估公司分别采用实体现金流量折现模型和市盈率模型进行了评估。

MM公司预计2020~2024年现金流量如下表,自2025年起进入稳定增长状态,永续增长率为2%。MM公司当前加权平均资本成本为13%,2025年及以后降为12%。MM公司净债务2019年末的市场价值为1 000万元。同行业可比上市公司的每股收益为0.5元/股,每股市价为8元/股。MM公司近年来连续盈利,2019年实现净利润400万元。

MM公司未来现金流量预测资料

项目	2019年	2020年	2021年	2022年	2023年	2024年	2025年
实体现金流量(万元)	500	600	690	773	835	877	895
资本成本(%)		13	13	13	13	13	12
折现系数		0.8850	0.7831	0.6931	0.6133	0.5428	

基于评估结果,悦来悦公司与MM公司达成收购协议,并于2020年末办理股权变更

手续，MM 公司成为悦来悦公司全资子公司。MM 公司为悦来悦便利店的"即买热食"提供食品加工支持，实现了与便利店的业务整合和协同，悦来悦公司销售业绩大幅增长。

资料四

（一）为扩大经营规模并提升品牌知名度，悦来悦公司于 2021 年初启动上海证券交易所主板上市工作。JJ 证券公司在进行上市前辅导中了解到以下情况。

1. 悦来悦公司对其自制食品统一使用山峰图案的注册商标，鲜峰食品生产销售公司以该商标设计图案与其已注册商标高度相似为由，于 2020 年 7 月提起商标侵权诉讼，法院尚未作出一审判决。

2. 必悦科技公司为悦来悦公司的子公司，其账面存在一笔应收刘吉的 480 万元款项。经询问及查阅合同，刘吉为悦来悦公司董事，因个人需求向必悦科技公司借款，期限 3 年，利率为同期银行贷款利率。

3. 悦来悦公司于 2020 年初与速速快递公司签订物流服务协议，将线上用户订单的跑腿业务交由速速快递公司，悦来悦公司承担派送费用。经背景调查发现，速速快递公司的实际控制人为刘吉，但悦来悦公司未识别并披露该关联方关系。

（二）为了进一步完善公司的治理结构，满足公司上市后保护中小股东权益的制度安排，JJ 证券公司建议悦来悦公司在公司章程中增加以下内容。

1. 公司不得收购本公司股份，但是有如下情形之一的除外：（1）减少公司注册资本；（2）与持有本公司股票的其他公司合并；（3）将股份用于员工持股计划或股权激励；（4）股东因对股东大会作出的公司合并、分立决议持异议，要求公司收购其股份的；（5）将股份用于转换公司发行的可转债。

2. 公司股东不得滥用股东权利损害公司或其他股东的利益。公司股东通过滥用股东权利给公司或其他股东造成损失的，应该依法承担赔偿责任。

3. 公司为股东及关联方提供的担保应当提交股东大会审议通过，且股东大会在审议为股东及关联方提供担保的议案时，该股东及其一致行动人不得参与该项表决，该项表决由出席股东大会的其他股东所持表决权的过半数通过。

4. 全体普通股股东均有权出席股东大会，并可以书面委托代理人出席会议和参加表决，该股东代理人不必是公司的股东。

（三）为满足上市公司规范运作要求，悦来悦公司总经理罗文山和董事会秘书黄安迪联合法务部对公司治理结构、部门安排提出如下建议。

1. 聘请两位外部独立董事，与现任的五位股权董事组成新一届董事会。

2. 董事会审计委员会主席人选为孙英伟，具有中国注册会计师资格，于 2015～2018 年在 WW 会计师事务所任 MM 公司审计项目合伙人，后担任某创业板上市公司首席财务官至今。

3. 董事会下设风险管理委员会，召集人为董事长李悦峰。风险管理委员会对董事会负责，审议风险管理策略和重大风险管理解决方案。

4. 设置内审部门，其部门总监由总经理任命。在公司的风险管理方面，内审部门负责监督评价风险管理监督体系，出具监督评价审计报告。

悦来悦公司于 2021 年 12 月成功公开发行股票并上市。

资料五

（一）根据营销部的市场调研报告，悦来悦公司管理层决定将其部分募集资金用于扩展咖啡及奶茶生产线，以扩充业务场景，丰富产品品类。营销部随即对市面上同类商家进行实地走访，提出 A、B 两套新产品实施方案。A 方案对标市面上价格偏低的奶茶饮品，投入较少资金，面对大众群体，薄利多销；B 方案偏向高端咖啡，投入较多资金，吸引对价格不敏感的白领人群。投资部袁璐利用净现值法和现值指数法，按 4 年的项目期限，分别对 A、B 方案进行了测算，有关数据如下。

投资项目数据

项目 年份	折现系数（10%）	A 方案 现金净流量（万元）	A 方案 现值（万元）	B 方案 现金净流量（万元）	B 方案 现值（万元）
0	1	-3 000	-3 000	-4 500	-4 500
1	0.9091	500	454.55	800	727.28
2	0.8264	900	743.76	1 400	1 156.96
3	0.7513	1 500	1 126.95	2 100	1 577.73
4	0.6830	2 100	1 434.30	2 700	1 844.10
未来现金流量总现值			3 759.56		5 306.07

投资部征求财务部意见时，财务部方玉提出了如下反馈建议。

1. 除净现值法和现值指数法外，投资项目的评价还可以采用内含报酬率法。内含报酬率为相对比率，适用于投资额不同的项目比较，如内含报酬率低于资本成本，则该项目可行。

2. 营销部在市场调研阶段以 10 万元购买了某公关公司的分析报告，该项支出属于本次投资决策的相关成本。

3. 投资项目评价需要进行敏感分析，即假设某几个变量同时变动，得出一系列分析结果，供决策者参考。

经过后续研究，悦来悦公司选取了 A 方案，打造悦来悦品牌奶茶饮品。

（二）2022 年夏季酷暑来临，悦来悦公司推出两款新产品"消暑蜜豆青柠茶"和"清爽椰香牛乳茶"。营销部根据已知信息和对市场的判断，提请财务部协助进行此类新产品的盈亏平衡分析，以便制定合理的销售策略（假设现阶段不考虑任何优惠措施和所得税影响）。财务部通过成本核算和预测形成了如下资料。

1. 与此类产品相关的固定资产折旧每年 100 000 元，当期员工成本及其他费用为 120 000 元（固定费用）。

2. 预计"消暑蜜豆青柠茶"和"清爽椰香牛乳茶"的 2022 年销售量分别为 15 000 杯和 12 000 杯，销售单价分别为 15 元和 20 元，单位变动成本分别为 7 元和 10 元。

资料六

上市成功后，罗文山召开总经理办公会，研究落实悦来悦公司股东大会决议和董事会的经营计划与投资方案。

（一）营销部对茶饮的市场营销战略提出如下建议。

1. 因为茶饮消费者的购买行为大致相近，但需求、爱好不尽相同，悦来悦公司宜采用差异性营销策略，以满足各类消费者的需要，进一步扩大销售量。

2. 目前市场上茶饮品牌众多，但是市场需求很大，悦来悦公司宜采用取代竞争者的市场定位策略，推出有特色的产品，形成竞争优势。

3. 为更快地抢占不饱和的茶饮市场，在推出茶饮新产品时，悦来悦公司宜采用撇脂定价法策略，即定价非常低，并通过APP派发优惠券、线上直播带货等销售渠道，以迅速获客、抢占消费者群体。

（二）采购部针对向信息化为主导的新型采购模式转变提出如下建议。

1. 针对日用品类商品，为降低供货成本，持续以公开招标方式不断引入新供应商，并签订VMI（Vendor Managed Inventory）采购协议，由供应商管理库存，根据门店实时消耗情况，及时补货。

2. 针对"即买热食"的原材料采购，与单一供应商建立JIT（Just In Time）采购模式，即根据自身生产需要下单，要求供应商在每天适当的时间将原材料送至指定地点，以减少采购和仓储费用，加快资金周转。

3. 由于近年来疫情的反复发生，存货采购环节的物流运输仓储受到了较大影响，例如某些商品经常因送货延迟发生缺货或供货中断。悦来悦公司应设置合理的保险储备以备应急之需。

（三）人事部就加强员工考核及激励策略提出如下建议。

1. 悦来悦公司已经按照关键绩效指标法建立和实施了绩效考评制度，设置了考核指标体系，为更好地激励员工并体现人文关怀，对某项占比较小的关键绩效指标未完成但其他指标已完成的员工，均视为完成绩效目标。

2. 考虑到公司股价已经"破发"，建议回购本公司已发行股份总额的15%，用于实施激励并保留公司中高层管理人员的股权激励计划。

资料七

（一）悦来悦公司管理层提出，为适应激烈的市场竞争环境，必须进行数字化转型，加大数字化研发和投入，引进数字化运营人才，打通业务和管理全流程的数据链，全面运用数字化工具提质增效，具体措施如下。

1. 利用数字化技术赋能门店。通过采集便利店各环节数据，运用算法分析做出运营指导；通过加大数字化管理与技术投入，推动线上线下融合，提供一站式互联网服务；通过加强供应链管理，有效对接采购源头、连接进销存系统前后端，智能匹配采购和库存数据，优化物流库存管理。

2. 利用数字化技术优化服务。推出积分、优惠券等促销方式，提高会员活跃度，完善会员管理；借助网络平台与消费者互动，利用数据获取和分析工具提取消费者偏好信息，发现隐性和个性化需求，进行精准信息推送，提高营销效果；加强消费者使用行为数据分析，完善手机APP，为用户提供更好的智能化使用体验；开发引入购买行为之外的系列相关活动，连接相关平台并引流，创造营销机会；搭建数字化平台，关注产品和服务的生态属性，促进低碳化发展，实现数字化赋能生态发展。

3. 强化数据资源管理。加大硬件投入和软件开发，提升数据处理能力，解决海量数据处理时发生的效率不高问题；租用第三方云平台进行数据云端存储，解决海量业务数据存储困难；完善数据安全解决方案，提升数据等级保护水平，防范数据被非法访问以及不法分子盗用的风险；引进数字化运营人才或组建信息技术公司，解决内部各个独立信息系统存在的"数据孤岛"问题，提高数据资源管理水平。

（二）为加速数字化建设步伐，悦来悦公司拟以发行股份的方式购买 TECH 信息技术有限公司（以下简称"TECH 公司"）的股权。TECH 公司主要从事数字科技和人工智能应用的研究与开发，由 4 位股东合资设立，赵成持股 40%，其他 3 位股东每位持股 20%。TECH 公司其他 3 位股东是一致行动人，为 TECH 公司实际控制方，已同意赵成出售其所持的 TECH 公司股份。悦来悦公司向赵成发行股份收购其持有的 40% 股权，评估作价为 70 000 万元，收购完成后未改变悦来悦公司的实际控制人，也未构成要约收购条件。

悦来悦公司与 TECH 公司最近一年经审计的财务数据如下：

项目	悦来悦公司	TECH 公司
年末资产总额（万元）	360 000	200 000
年末资产净额（万元）	135 000	172 000
年度营业收入（万元）	40 000	28 000

投资部吴刚草拟了此次收购的相关方案，要点如下：
1. 本次收购事项须及时履行信息披露义务，并购相关各方在公开披露前应严格保密。
2. 召开股东大会，经出席会议的全体股东同意，该收购方案方可审议通过。
3. 本次收购未改变悦来悦公司主营业务，属于普通重大资产重组，股东大会决议通过之后，无需通过中国证监会上市公司并购重组审核委员会审核。
4. 悦来悦公司拟发行普通股共 2 000 万股（本次发行股份购买资产的董事会决议公告日前 20 个交易日的公司股票均价为 40 元）。

要求：
1. 根据资料一，运用 SWOT 分析方法，对悦来悦公司所面临的优势、劣势以及机会、威胁进行简要分析；并指出 2020 年初悦来悦公司董事会会议上提出的经营战略在 SWOT 战略分析中所属于的战略类型及理由。
2. 根据资料一，指出 2020 年初悦来悦公司董事会会议上提到的对未来新业务的扩展计划所属于的企业总体战略类型，简要说明采用该战略的原因以及可能对企业带来的潜在风险。
3. 根据资料二，判断悦来悦公司实施发展战略的途径，并简要分析采取该途径的动机。结合相关法规和风险管理理论，判断对 MM 公司尽职调查过程中的发现是否存在不当之处，简要说明理由。
4. 根据资料三，结合财务管理相关理论，说明实体现金流量折现模型中关键参数的估计及选取应考虑的因素。分别运用实体现金流量折现模型和市盈率模型计算 MM 公司的股权价值，列示计算过程及步骤，并说明两种模型的优缺点。

5. 根据资料四（一），逐项判断 JJ 证券公司在辅导期发现的事项是否对首次公开发行上市构成障碍，简要说明理由。

6. 根据资料四（二），逐项说明 JJ 证券公司建议悦来悦公司增加的公司章程条款所属于的保护中小股东权益的制度安排类型，简要说明理由。

7. 根据资料四（三），结合经济法相关制度和战略与风险管理相关理论，逐项判断罗文山和黄安迪联合法务部所提建议有无不妥之处，简要说明理由。

8. 根据资料五（一），分别运用净现值法和现值指数法作出项目决策，并说明两种方法的决策原则和优缺点。结合财务管理相关理论，逐项判断方玉的观点是否正确，并简要说明理由。

9. 根据资料五（二），计算"消暑蜜豆青柠茶"和"清爽椰香牛乳茶"两种产品2022 年加权平均边际贡献率和盈亏平衡销售总额；假定两种产品的销售结构不变，计算"消暑蜜豆青柠茶"的盈亏平衡销售额、盈亏平衡销售量和盈亏临界点作业率。

10. 根据资料六（一）至（三），结合职能战略和财务管理相关理论，逐项判断各部门提出的建议是否合理，如不合理，简要说明理由。根据资料六（二），结合财务管理相关理论，简要说明如何确定存货的合理保险储备量。

11. 根据资料七（一），指出悦来悦公司管理层提出的转型方案属于何种战略，分别阐述该战略下的技术手段对公司经营模式的影响、对产品和服务的影响以及该战略转型面临的困难。

12. 根据资料七（二），按各项财务指标逐项判断该收购事项是否构成重大资产重组，简要说明理由。逐项判断吴刚提出的方案有无不当之处，简要说明理由。

参考答案：

1. 根据资料一，运用 SWOT 分析方法，对悦来悦公司所面临的优势、劣势以及机会、威胁进行简要分析；并指出 2020 年初悦来悦公司董事会会议上提出的经营战略在 SWOT 战略分析中所属于的战略类型及理由。

答：

（1）SWOT 分析。

①优势（S）：

a. 悦来悦公司创始人兼董事长李悦峰曾在消费零售领域特别是大型商超领域闯荡多年，积累了丰富的零售行业经验，具有敏锐的市场视角。

b. 依靠其核心技术团队，运用大数据技术选取贴近写字楼和居民区的门店，建立完善的供应链，采用直营模式和自动化管理方式、运营 24 小时的便利店。

c. 自行开发手机应用程序（APP）及微信小程序，打造全新的社区便民服务新模式，开启智能社区生活圈。

d. 经过 3 年的发展，在一线城市已经被居民熟知并赢得了一定的市场占有率，确立了品牌知名度。

e."线上"+"线下"的综合购物体验增加了用户的好感，增强了品牌黏性。

②劣势（W）：

a. 与部分国际知名品牌连锁便利店相比，悦来悦便利店门店数量仍存在较大差距。

b. 现阶段便利店门店经营成本较高，部分便利店存在经营亏损。

c. 二、三线城市门店铺排不足，在当地用户数量较少，品牌知名度还不高。

d. 门店及线上SKU品种仅限方便快捷的食品、饮料、生活用品，品类较单一。

③机会（O）：

a. 随着消费观念的变化，消费需求更加多样化，便利店成为近几年零售业中发展速度较快的业态，特别是品牌连锁便利店，其增速位居零售业前列。

b. 尚未出现真正意义上的全国性连锁品牌。

c. 国家出台加快发展品牌连锁便利店的相关政策，提出更好地发挥便利店服务民生和促进消费的重要作用。

d. 80%的便利店消费者为年轻白领。该类人群工作生活节奏较快，愿意承受单价略高的商品，选择更便捷、更具品质的便利店进行消费。

④威胁（T）：

a. 2020年开始，由于新冠疫情爆发，餐饮、旅游、零售等线下消费受到较大冲击。少数品牌便利店受到负面影响，出现关店现象。

b. 疫情的反复，对品牌便利店门店的正常经营、员工稳定、物流通畅、成本控制及消费意愿等产生了较多不利影响。

c. 线上零售业务吸引了众多零售巨头的加入，线上社区团购的兴起加剧了竞争态势，品牌便利店的线下门店销售受到了一定程度的影响。

（2）战略类型。

①"需加大品牌宣传力度，加快开店步伐"属于WO扭转型战略。

理由：该WO战略针对"二、三线城市门店铺排不足，在当地用户数量较少，品牌知名度还不高"的劣势（W）；以及"尚未出现真正意义上的全国性连锁品牌"的机会（O）而作出。

②"悦来悦公司需要考虑在CBD开设更多门店"属于SO增长型战略。

理由：该SO战略针对"依靠其核心技术团队，运用大数据技术选取贴近写字楼和居民区的门店"的优势（S），结合"年轻白领工作生活节奏较快，愿意承受单价略高的商品，选择更便捷、更具品质的便利店进行消费"等机会（O）而作出。

③"增设'即买热食'和'茶饮商品'"属于ST多种经营战略。

理由：该战略针对"线上零售业务竞争激烈，便利店实体门店线下零售受到了一定程度的影响"的威胁（T），以及利用"在一线城市已经被居民熟知并赢得了一定的市场占有率，确立了品牌知名度"的优势（S）而作出。

依据：《公司战略与风险管理》教材第二章第三节SWOT分析第94页至第97页。

2. 根据资料一，指出2020年初悦来悦公司董事会会议上提到的对未来新业务的扩展计划所属于的企业总体战略类型，简要说明采用该战略的原因以及可能对企业带来的潜在风险。

答：

属于企业发展战略的"多元化战略"。

采用多元化战略的原因：

（1）在现有产品或市场中持续经营不能达到目标，试图寻找新的业务增长点。便利店门店及线上现有SKU品种仅限方便快捷的食品、饮料、生活用品，品类较单一，毛利率较低，且受众群体有限，缺少创新机会和灵活性。

（2）企业由于以前在现有产品或市场中成功经营而保留下来的资金超过了其在现有产品或市场中的财务扩张所需的资金。悦来悦便利店使用近年来盈余积累的资金投资，增设"即买热食"和"茶饮商品"。

（3）与在现有产品或市场中的扩张相比，多元化战略意味着更高的利润。现阶段便利店门店采购成本高企，单纯靠增设门店扩大业务规模并没有高额的利润回报。

（4）企业的发展需求和市场需求促使公司向多元化发展。悦来悦公司市场调研发现，写字楼的白领人群和居民社区的年轻人对"即买热食"的需求较大。

（5）借助现有继成优势，便于多方面扩展业务，达到创收的目的。悦来悦公司可充分利用现有品牌知名度，借助APP和微信小程序的用户基础，进行市场推广，创造新的收入来源。

采用多元化战略可能带来的风险：

（1）来自原有经营产业的风险。企业资源有限，多元化经营往往意味着原有经营的产业要受到削弱。这种削弱不仅是资金方面的，管理层注意力的分散也是一个方面。

（2）市场整体风险。市场经济中的广泛相互关联性决定了多元化经营的各产业仍面临共同的风险。在宏观力量的冲击之下，企业多元化经营的资源分散反而加大了风险。

（3）产业进入风险。企业在进入新产业之后必须不断地注入后续资源，学习有关知识并培养员工，塑造企业品牌。产业的竞争态势是不断变化的，竞争者的策略也是个未知数，企业必须相应地不断调整自己的经营策略，否则会面临极大的风险。

（4）产业退出风险。如果企业深陷一个错误的投资项目却无法做到全身而退，那么很可能导致企业全军覆没。

（5）内部经营整合风险。新投资的业务会通过财务流、物流、决策流、人事流给企业以及企业的既有产业经营带来全面的影响。

依据：《公司战略与风险管理》教材第三章第一节总体战略的发展战略——多元化战略，第110页至第111页。

3. 根据资料二，判断悦来悦公司实施发展战略的途径，并简要分析采取该途径的动机。结合相关法规和风险管理理论，判断对MM公司尽职调查过程中的发现是否存在不当之处，简要说明理由。

答：

途径：外部发展（并购）

悦来悦公司采取并购战略的动机：

（1）避开进入壁垒，迅速进入，争取市场机会，规避各种风险。通过自建进入新市场的速度比并购慢得多，需要完成新设公司的各项审批手续，并重新筹措资源、招募人员。通过并购的形式进入新市场则可以大幅减少上述工作，有利于迅速抓住市场机会。

（2）获得协同效应。通过并购，悦来悦公司与MM公司可以实现品牌、渠道、技术等的共享和优势互补，实现收入水平的增长和成本费用水平的下降。

（3）克服企业负外部性，减少竞争，增强对市场的控制力。悦来悦公司拟收购的MM

公司欲进军零售领域，在售卖餐食方面将成为悦来悦的同业竞争对手，竞争的结果往往是两败俱伤。并购可以减少恶性竞争，还能增强自身的竞争优势。

依据：《公司战略与风险管理》教材第三章第一节并购的动机，第122页至第123页。

分析 MM 公司尽职调查过程中的发现：

（1）存在不当之处。

理由：根据《公司法》规定，除非依公司章程的规定，经股东会、股东大会或者董事会的同意，公司董事、高级管理人员不得擅自将公司资金借贷给他人。

根据《公司法》规定，无论有限公司还是股东公司，其股东会或股东大会、董事会、监事会都应当对所议事项的决定作出"会议记录"，由出席会议的人员签名。会议记录只是证明决议存在的书面证据，而非决议的法定形式。但是，根据《公司法解释四》，当事人所主张的某一决议，事实上从未作出或者不满足程序要求而不构成通过，可能导致"决议不成立"。

依据：《经济法》教材第六章公司法律制度第一节公司法人资格与股东有限责任第162页至第164页。股东大会、股东会和董事会决议制度第185页至第186页。

（2）不存在不当之处。

理由：《公司法》规定，经股东同意转让的股权，在同等条件下，其他股东有优先购买权。有限责任公司的股东主张优先购买转让股权的，应当在收到通知后，在公司章程规定的行使期间内提出购买请求。公司内部股东之间股权转让的，出让方与受让方签订股权转让协议。完成股权转让后，公司应当注销原股东的出资证明书，并立即向公司登记机关办理登记。

依据：《经济法》教材第六章公司法律制度第三节有限责任公司的股权移转第209页至第211页。

（3）存在不当之处。

理由：根据《公司法》规定，公司财务会计报告应当由董事会负责编制，并对其真实性、完整性和准确性负责。

依据：《经济法》教材第六章公司法律制度第四节公司财务会计报告第212页至第213页。

（4）存在不当之处。

分析：根据《企业内部控制应用指引第9号——销售业务》，客户信用管理不到位，结算方式选择不当，账款回收不力等，可能导致销售款项不能收回或遭受欺诈，使企业利益受损。

依据：《公司战略与风险管理》教材第六章第二节内部风险——运营风险（销售业务），第378页至第379页。

4. 根据资料三，结合财务管理相关理论，说明实体现金流量折现模型中关键参数的估计及选取应考虑的因素。分别运用实体现金流量折现模型和市盈率模型计算 MM 公司的股权价值，列示计算过程及步骤，并说明两种模型的优缺点。

答：

参数估计1：预测销售收入。

考虑因素：根据基期销售收入和预计增长率计算预测期的销售收入。销售增长率的预测以历史增长率为基础，根据未来的变化进行修正。

参数估计2：预测期间。

考虑因素：预测期间分为详细预测期和后续稳定期，详细预测期通常为5~7年，如有疑问，还应当延长，但很少超过10年。企业进入后续稳定期的标志包括：1）稳定的销售增长率，大约等于宏观经济的名义增长率，不考虑通胀因素，宏观经济的增长率大多在2%~6%；2）稳定的净投资资本报酬率，与资本成本相近。

参数估计3：资本成本WACC。

考虑因素：资本成本要与现金流量相匹配，即股权现金流量只能用股权资本成本来折现，实体现金流量只能用企业的加权平均资本成本来折现。

依据：《财务成本管理》教材第八章企业价值评估第二节企业价值评估方法现金流量折现模型第201页至第206页。

计算MM公司股权价值：

实体现金流量折现模型：

详细预测期实体现金流量现值 = 600×0.8850 + 690×0.7831 + 773×0.6931 + 835×0.6133 + 877×0.5428 = 2 595.25（万元）

后续期实体现金流量在2024年末的价值 = 895/(12% - 2%) = 8 950（万元）

后续期实体现金流量在2019年末（2020年初）的价值 = 8 950×0.5428 = 4 858.06（万元）

实体价值 = 2 595.25 + 4 858.06 = 7 453.31（万元）

股权价值 = 实体价值 – 净债务价值 = 7 453.31 – 1 000 = 6 453.31（万元）

依据：《财务成本管理》教材第八章企业价值评估第二节企业价值评估方法现金流量折现模型第206页至第207页。

市盈率模型：

MM公司股权价值计算 = 400×8/0.5 = 6 400（万元）

依据：《财务成本管理》教材第八章企业价值评估第二节企业价值评估方法相对价值评估模型第208页至第209页。

实体现金流量折现模型：

优点：（1）现金流量折现模型在企业价值评估中使用比较广泛，理论比较健全，考虑了企业的增量现金流量、时间价值和风险因素。

（2）其中实体现金流量模型使用加权平均资本成本进行风险估计，受资本结构的影响较小，比较容易估计。

缺点：模型比较复杂，在应用时会碰到较多的技术问题。

市盈率模型：

优点：（1）计算市盈率使用的数据容易获得，并且计算简单。

（2）市盈率把价格和收益联系起来，直观地反映投入和产出的关系。

（3）市盈率涵盖了风险、增长率、股利支付率的影响，具有很高的综合性。

缺点：如果收益是零或者负值，市盈率就失去了意义，因此市盈率模型最适合连续盈利的企业。

依据：《财务成本管理》教材第八章企业价值评估第二节企业价值评估方法第199页至第209页。

5. 根据资料四（一），逐项判断JJ证券公司在辅导期发现的事项是否对首次公开发行上市构成障碍，简要说明理由。

答：

（1）构成上市障碍。

理由：根据《首发管理办法》的规定，发行人应当具有持续盈利能力，不得有下列影响持续盈利能力的情形：如发行人在用的商标、专利、专有技术以及特许经营权等重要资产或技术的取得或者使用存在重大不利变化的风险。悦来悦公司的自有品牌在用商标存在未决诉讼，该或有事项可能影响公司的持续盈利能力，因此对首发上市构成障碍。

依据：《经济法》教材第七章证券法律制度第二节股票的发行首次公开发行股票并上市第254页。

（2）构成上市障碍。

理由：股份有限公司不得直接或者通过子公司向董事、监事、高级管理人员提供借款。违反了董监高的忠实义务。

依据：《经济法》教材第六章公司法律制度董监高制度第164页，第183页至第184页。

（3）构成上市障碍。

理由：根据《首发管理办法》的规定，发行人的财务管理需规范，其内部控制在所有重大方面应是有效的，并由注册会计师出具无保留结论的内部控制鉴证报告，发行人完整披露关联方关系并按照重要性原则恰当披露关联方交易。资料中情况所述的关联方关系未被公司管理层识别并披露，存在内控缺陷。

依据：《经济法》教材第七章证券法律制度第二节股票的发行首次公开发行股票并上市第254页。

6. 根据资料四（二），逐项说明JJ证券公司建议悦来悦公司增加的公司章程条款所属于的保护中小股东权益的制度安排类型，简要说明理由。

答：

（1）股东退出机制（或退股安排）。

理由：该条款安排属于股东退出机制中的退股安排，退股是指在特定条件下股东要求公司以公平合理的价格回购其股份从而退出公司。因此对股东大会决议有异议的股东可以要求公司回购股票属于股东退出机制（或者退股安排）。

（2）股东民事赔偿制度。

理由：该条款安排下，股东滥用股东权利给公司或其他股东造成损失的，应当依法承担赔偿责任，因此属于股东民事赔偿制度。

（3）表决权排除制度。

理由：该条款安排下，对担保事项有利害关系的股东不得参与表决，因此属于表决权排除制度。

(4) 代理投票制度。

理由：代理投票制是指股东委托代理人参加股东大会并代行投票表决，因此该条款属于代理投票制度安排。

依据：《公司战略与风险管理》教材第五章公司治理第二节三大公司治理问题第328页至第331页。

7. 根据资料四（三），结合经济法相关制度和战略与风险管理相关理论，逐项判断罗文山和黄安迪联合法务部所提建议有无不妥之处，简要说明理由。

答：

（1）有不妥之处。

理由：根据《上市公司独立董事规则》的规定，上市公司董事会成员中应当至少包括三分之一独立董事。悦来悦公司现有共7位董事，其中2位为独立董事，不满足三分之一的要求。

依据：《经济法》教材第六章公司法律制度上市公司独立董事制度第196页。

（2）无不妥之处。

理由：审计委员会中至少有一名独立董事是会计专业人士，这点孙英伟符合条件。另外《上市公司独立董事规则》中规定，为上市公司或者其附属企业提供财务、法律、咨询等服务的人员不得担任独立董事。但孙英伟于2015~2018年（MM未被悦来悦收购之前）在WW会计师事务所任MM公司审计项目合伙人，并未直接为悦来悦公司提供审计服务，他的独立性没有受到侵害。

依据：《经济法》教材第六章公司法律制度上市公司独立董事制度第196页。

（3）无不妥之处。

理由：具备条件的企业，董事会可下设风险管理委员会，该委员会的召集人应由不兼任总经理的董事长担任。李悦峰为董事长，罗文山为总经理，故李悦峰可担任风险管理委员会召集人。

依据：《公司战略与风险管理》教材第六章风险与风险管理风险管理的组织职能体系第417页至第418页。

（4）有不妥之处。

理由：审计委员会批准内部审计主管的任命和解聘，而非总经理。

依据：《公司战略与风险管理》教材第六章风险与风险管理风险管理的组织职能体系第418页至第419页。

8. 根据资料五（一），分别运用净现值法和现值指数法作出项目决策，并说明两种方法的决策原则和优缺点。结合财务管理相关理论，逐项判断方玉的观点是否正确，并简要说明理由。

答：

净现值法：

A项目净现值 = 3 759.56 - 3 000 = 759.56

B项目净现值 = 5 306.07 - 4 500 = 806.07

利用净现值法，B项目净现值 > A项目净现值，选择B方案。

现值指数法：
A 项目的现值指数 = 3 759.56/3 000 = 1.25
B 项目的现值指数 = 5 306.07/4 500 = 1.18
利用现值指数法，A 项目现值指数＞B 项目现值指数，选择 A 方案。
因为两个互斥项目，如果期限相同，但初始投资额不同，应利用净现值法选取 B 项目方案。
净现值法决策原则：净现值 NPV = 未来现金净流量现值 – 原始投资额现值＞0 时，说明项目可以增加股东财富，应予采纳。
净现值法优点：具有广泛适用性，在理论上也比其他方法更完善。
净现值法缺点：绝对值在比较投资额不同的项目时有一定局限性。
现值指数法决策原则：现值指数 PI = 未来现金净流量现值/原始投资额总现值＞1，说明单位投入可以增加股东财富，应予采纳。
现值指数法优点：相对数消除了投资额差异，便于比较投资额不同的项目。
现值指数法缺点：没有消除项目期限的差异。
依据：《财务成本管理》教材第五章投资项目资本预算第二节投资项目的评价方法第 123 页至第 125 页、第 129 页。
方玉有关投资项目评价方法的观点：
（1）不正确。
理由：内含报酬率高于资本成本的项目为可行项目。
依据：《财务成本管理》教材第五章投资项目资本预算第二节投资项目的评价方法第 125 页至第 127 页。
（2）不正确。
理由：相关成本是指与特定决策有关的、在分析评价时必须加以考虑的成本。与之相反，与特定决策无关的、在分析评价时不必加以考虑的成本是非相关成本。在选择 A 项目或 B 项目之前，购买公关公司分析报告的费用已经发生，无论投资 A 项目还是 B 项目，该费用均已经无法收回，与公司未来总现金流量无关。
依据：《财务成本管理》教材第五章投资项目资本预算第三节投资项目现金流量的估计第 133 页。
（3）不正确。
理由：在进行敏感分析时，只允许一个变量发生变动，而假设其他变量保持不变。
依据：《财务成本管理》教材第五章投资项目资本预算第五节投资项目的敏感分析第 147 页。

9. 根据资料五（二），计算"消暑蜜豆青柠茶"和"清爽椰香牛乳茶"两种产品 2022 年加权平均边际贡献率和保本销售总额；假定两种产品的销售结构不变，计算"消暑蜜豆青柠茶"的盈亏平衡销售额、盈亏平衡销售量和盈亏临界点作业率。
答：
加权平均边际贡献率 = $\sum$ 各产品边际贡献/$\sum$ 各产品销售收入×100%
= (15 000×8 + 12 000×10)/(15 000×15 + 12 000×20)×100%
= 51.61%

或：$\sum$（各产品边际贡献率×各产品销售占总销售比重）=（8/15）×[（15 000×15）/（15 000×15+12 000×20）]+（10/20）×[（12 000×20）/（15 000×15+12 000×20）]=51.61%

保本销售总额=固定成本总额/加权平均边际贡献率
　　　　　　=（100 000+120 000）/51.61%=426 273.98（元）

消暑蜜豆青柠茶的盈亏平衡销售额=保本销售总额×A产品的销售百分比
　　　　　　　　　　　　　　=426 273.98×225 000/465 000=206 261.60（元）

消暑蜜豆青柠茶的盈亏平衡销售量=盈亏平衡销售额/单价
　　　　　　　　　　　　　　=206 261.60/15=13 750.77（杯）

消暑蜜豆青柠茶的盈亏临界点作业率=盈亏平衡销售量/销售量
　　　　　　　　　　　　　　　=13 750/15 000=91.67%

依据：《财务成本管理》教材第十六章本量利分析第二节保本分析第406页至第407页。

10. 根据资料六（一）至（三），结合职能战略和财务管理相关理论，逐项判断各部门提出的建议是否合理，如不合理，简要说明理由。根据资料六（二），结合财务管理相关理论，简要说明如何确定存货的合理保险储备量。

答：

（一）营销总监的观点：

1. 合理。

依据：《公司战略与风险管理》教材第三章第三节职能战略市场营销战略目标市场选择第185页。

2. 不合理。

理由：对于市场还有很大的未被满足的需求，企业推出的产品有自己的特色，在能与竞争产品媲美的前提下，应选择与竞争者并存和对峙的市场策略。

依据：《公司战略与风险管理》教材第三章第三节职能战略市场营销战略市场定位第186页。

3. 不合理。

理由：渗透定价法是在新产品上市之初确定非常低的价格，以便抢占销售渠道和消费者群体，从而使竞争者较难进入市场。这是通过牺牲短期利润来换取长期利润的策略。（或撇脂定价法是在新产品上市之初确定较高的价格，并随着生产能力的提高逐渐降低价格。这一方法旨在产品生命周期的最初阶段获取较高的单位利润。）

依据：《公司战略与风险管理》教材第三章第三节职能战略市场营销战略新产品定价策略第191页。《财务成本管理》教材第十七章短期经营决策定价决策第426页。

（二）采购总监的观点：

1. 不合理。

理由：VMI采购模式的特点是需要企业与供应商建立了长期稳定的深层次合作关系，公开招标方式引入新供应商不适合VMI采购模式。

依据：《公司战略与风险管理》教材第三章第三节职能战略采购战略采购模式第

205 页。

2. 合理。

依据：《公司战略与风险管理》教材第三章第三节职能战略采购战略采购模式第 205 页。

3. 合理。

依据：《财务成本管理》教材第十二章营运资本管理第四节存货管理第 321 页至第 322 页。

（三）人力总监的观点：

1. 不合理。

理由：对特别关键、影响企业整体价值的指标可设立"一票否决"制度，即如果某项关键绩效指标未完成，无论其他指标是否完成，均视为未完成绩效目标。

依据：《财务成本管理》教材第二十章业绩评价第二节关键绩效指标法第 464 页。

2. 不合理。

理由：根据《公司法》规定，公司不得收购本公司股份，但将股份用于员工持股计划或者股权激励的情形除外。属于上述情形的，公司合计持有的本公司股份数不得超过本公司已发行股份总额的 10%。题目中 15% 已超过限制。

依据：《经济法》教材第六章公司法股份回购第 202 页至第 203 页。

简要说明如何确定存货的合理保险储备量。

合理的保险储备量需使缺货或供应中断损失和储备成本之和最小。方法上可先计算出各不同保险储备量的总成本，然后再对总成本进行比较，选定其中最低的。（或答：使缺货或供应中断损失和储备成本之和最小）

依据：《财务成本管理》教材第十二章营运资本管理第四节存货管理第 321 页至第 322 页。

11. 根据资料七（一），指出悦来悦公司管理层提出的转型方案属于何种战略，分别阐述该战略下的技术手段对公司经营模式的影响、对产品和服务的影响以及该战略转型面临的困难。

答：属于数字化战略。

1. 数字化技术对经营模式的影响：

（1）互联网思维的影响："利用数字化赋能门店""提供一站式互联网服务"。

（2）多元化经营的影响："通过加大数字化管理与技术投入，推动线上线下融合""加强供应链管理"。

（3）消费者参与的影响："利用数字化技术优化服务""提高会员活跃度，完善会员管理""借助网络平台与消费者互动""为用户提供更好的智能化使用体验"。

2. 数字化技术对产品和服务的影响：

（1）个性化：数字化时代，个性化成为消费者需求的重要特征。企业可"利用数据获取和分析工具提取消费者偏好信息，发现隐性和个性化需求"。

（2）智能化：以数字化为标志的新时代，产品的重要特征为智能化，通过智能产品对数据的实时抓取，企业可用于分析消费者的使用行为，以便为消费者提供更好的使用体验,"加强消费者使用行为数据分析,完善手机 APP,为用户提供更好的智能化使用体验"。

(3) 连接性:这种连接不但发生在产品之间,而且发生在所有事物之间,即万物互联。通过智能产品之间的连接,将看似不相关的活动主题连接起来,创造出更多的商业机会。"开发引入购买行为之外的系列相关活动,连接相关平台并引流,创造营销机会"。

(4) 生态化:消费者对于生态产品的需求迫使企业依靠科技创新实现生产技术的更新换代,从而在根本上实现整个行业转型升级,"搭建数字化平台,关注产品和服务的生态属性,促进低碳化发展,实现数字化赋能生态发展"。

依据:《公司战略与风险管理》教材第四章战略实施第四节公司战略与数字化技术数字化技术对公司战略的影响第 303 页至第 307 页。

数字化战略转型的主要困难:

(1) 网络安全与个人信息保护问题:网络数据云化以后,数据安全性和非法访问风险加剧。公司需防范数据被非法访问以及不法分子盗用的风险。

(2) 数据容量问题:海量数据处理时发生的效率不高,海量业务数据存储困难。

(3) "数据孤岛"问题:内部各个独立信息系统存在"数据孤岛"问题。

(4) 核心数字技术问题:数据处理软件开发能力有待提高。

依据:《公司战略与风险管理》教材第四章战略实施第四节公司战略与数字化技术数字化战略转型的任务第 310 页至第 311 页。

12. 根据资料七(二),按各项财务指标逐项判断该收购事项是否构成重大资产重组,简要说明理由。逐项判断吴刚提出的方案有无不当之处,简要说明理由。

答:构成重大资产重组。

根据《上市公司重大资产重组管理办法》规定,收购事项达到以下条件之一,构成重大资产重组:

(1) 购买、出售的资产总额占上市公司最近一个会计年度经审计的合并财务会计报告期末资产总额的比例达到 50% 以上;购买的资产为股权的,其资产总额以被投资企业的资产总额与该项投资所占股权比例的乘积和成交金额两者中的较高者为准。

资产总额比 = MAX (200 000 × 40%, 70 000)/360 000 = 22.22%,没有达到 50%。

(2) 购买、出售的资产在最近一个会计年度所产生的营业收入占上市公司同期经审计的合并财务会计报告营业收入的比例达到 50% 以上;购买的资产为股权的,其营业收入以被投资企业的营业收入与该项投资所占股权比例的乘积为准。

营业收入比 = 28 000 × 40%/40 000 = 28%,没有达到 50%。

(3) 购买、出售的资产净额占上市公司最近一个会计年度经审计的合并财务会计报告期末净资产额的比例达到 50% 以上,且超过 5 000 万元人民币;购买的资产为股权的,资产净额以被投资企业的净资产额与该项投资所占股权比例的乘积和成交金额两者中的较高者为准。

资产净额比 = MAX (172 000 × 40%, 70 000)/135 000 = 51.85%,且超过 5 000 万元,故构成重大资产重组。

依据:《经济法》教材第七章证券法第五节上市公司收购和重组第 302 页。

吴刚草拟的方案：

(1) 无不当之处。

依据：《经济法》教材第七章证券法第五节上市公司收购和重组第305页。

(2) 有不当之处。

理由：上市公司股东大会就重大资产重组事项作出决议，必须经出席会议的股东所持表决权的三分之二以上通过。

依据：《经济法》教材第七章证券法第五节上市公司收购和重组第306页。

(3) 有不当之处。

理由：虽然普通重大资产重组的交易无需经过证监会核准，只有特殊重大资产重组的交易需经过证监会核准，但是对于借壳上市或者发行股份购买资产申请，也需要证监会出具审核意见。

依据：《经济法》教材第七章证券法第五节上市公司收购和重组第306页。

(4) 有不当之处。

理由：上市公司发行股份购买资产的，发行价格不得低于市场参考价的90%。题目中市场参考价40元，而发行价格为35元（70 000/2 000），是市场参考价的87.5%，低于90%。

依据：《经济法》教材第七章证券法第五节上市公司收购和重组第305页。

2021 年注册会计师全国统一考试

职业能力综合测试
（试卷一）试题、答案及依据

说明：本试卷共 50 分。

A 公司主要从事电子产品生产和销售，于 2×10 年首次公开发行 A 股股票并上市。A 公司为增值税一般纳税人，适用的企业所得税税率为 25%。

A 公司 2×19 年度财务报表由汇泰会计师事务所审计。明星会计师事务所于 2×20 年上半年接受委托审计 A 公司 2×20 年度财务报表，并委派注册会计师甲担任审计项目合伙人。

此外，明星会计师事务所还首次接受 A 公司下属若干子公司委托，审计其各自 2×20 年度财务报表，并分别出具审计报告。

资料一

1. 2×18 年 1 月 1 日，A 公司控股股东 G 公司以现金 3 000 万元向某非关联公司购入其所持全资子公司 B 公司全部股权，并自该日起对 B 公司实施控制。2×18 年 1 月 1 日，B 公司可辨认净资产公允价值和账面价值分别为 3 000 万元和 2 000 万元，除无形资产（土地使用权）公允价值高于账面价值 1 000 万元外，B 公司其他资产和负债的公允价值与账面价值相同。该土地使用权净残值为 0，并按直线法摊销，2×18 年 1 月 1 日起的剩余摊销期限为 40 年。2×18 年 1 月 1 日至 2×20 年 12 月 31 日，B 公司实现净利润 1 000 万元，除此之外无其他净资产变动。B 公司与 G 公司和 A 公司均未发生任何交易。

2×20 年 12 月 31 日，A 公司以现金 5 000 万元向 G 公司购入 B 公司全部股权，并自该日起对 B 公司实施控制。2×20 年 12 月 31 日，B 公司财务报表中的可辨认净资产账面价值为 3 000 万元（2 000 万元 + 1 000 万元），可辨认净资产公允价值为 5 000 万元。

2×20 年 12 月 31 日，A 公司在其个别财务报表中，将上述支付的 5 000 万元现金对价作为对 B 公司长期股权投资的入账价值；A 公司在其合并财务报表中，将纳入合并范围的 B 公司各项资产、负债按其在 B 公司财务报表中的账面价值计量，上述支付的 5 000 万元现金对价与 B 公司财务报表中的净资产账面价值 3 000 万元之间的差额 2 000 万元，调整资本公积。

2. A公司2×18年初与非关联公司F公司分别出资800万元和200万元设立C公司，A公司持有C公司80%股权，能对C公司实施控制。C公司2×18年度和2×19年度共实现净利润300万元，除此之外无其他净资产变动，A公司与C公司未发生任何交易。2×20年1月1日，C公司股东决定以未分配利润125万元转增实收资本，同时F公司以现金对C公司增资300万元，增资后A公司持股比例为75%，仍能对C公司实施控制。

2×20年1月1日，对上述C公司未分配利润转增实收资本，A公司在其个别财务报表中，增加长期股权投资账面价值100万元（125万元×80%），同时确认投资收益100万元；对上述F公司对C公司增资的影响，A公司在其合并财务报表中，将A公司按增资前持股比例计算享有的增资前C公司账面净资产份额1 040万元[（800万元+200万元+300万元）×80%]与按增资后新持股比例计算享有的增资后C公司账面净资产份额1 200万元[（800万元+200万元+300万元+300万元）×75%]的差额160万元计入投资收益。

资料二

A公司2×20年12月与某客户签订一项合同，向其销售甲、乙两种产品，合同约定价款为10万元（不含增值税），其中甲产品价款为6万元（不含增值税），乙产品价款为4万元（不含增值税）。两种产品分别构成单项履约义务，甲产品于合同开始日交付，乙产品在两个月后交付，只有当甲乙两种产品全部交付后，A公司才有权收取10万元合同对价。甲产品和乙产品的单独售价均为6万元（不含增值税）。2×20年12月客户取得甲产品控制权，A公司确认甲产品营业收入6万元，同时确认应收账款。

资料三

1. A公司2×20年初购入了一批专门用于生产某产品的某原材料，2×20年12月31日，结存的该原材料账面成本为500万元，A公司计划将其继续用于生产该产品。2×20年12月31日，A公司预计上述结存原材料所生产的该产品的估计售价减去至完工时估计将要发生的成本、估计的销售费用和相关税费后的金额为450万元，但如对外转让上述结存原材料，其估计售价减去估计的销售费用和相关税费后的金额为480万元。2×20年12月31日，A公司对上述结存原材料计提存货跌价准备20万元。

2. A公司2×20年1月与某非关联公司签订租赁合同，自该月起向其租用某办公楼的一层楼，不可撤销租赁期为3年，并拥有1年的续租选择权。租赁合同约定，初始租赁期内年租金为200万元，续租期年租金为210万元（预计显著低于续租时的市场租金水平）。A公司为评估是否开展此项租赁交易而发生的差旅费和法律费用共2万元，向促成此租赁交易的房地产中介支付佣金10万元。2×20年1月，A公司以3年共计600万元的租赁付款额为基础计量租赁负债，并以所计量的租赁负债和支付的上述12万元费用的合计金额作为使用权资产的初始成本。

3. 2×20年1月1日，A公司从某银行取得一笔5 000万元借款，借款期限为3年，年利率为6%，按年付息，借款合同注明用途为建造某自用工程项目。2×20年2月1日，A公司正式动工兴建该工程项目（工期预计为1年半），并于当日支付了第一笔工程款1 000万元。2×20年6月1日，因工程所在地进入雨季，工程施工因此中断，直至2×20年9月30日雨季结束恢复施工。2×20年A公司上述借款发生利息支出300万元，A公司将其中200万元予以资本化，计入上述工程项目在建工程成本。

4. 2×20年12月，A公司以500万元的价格购入一套公寓，并以400万元的价格出售给总部某管理人员。售房协议约定，该管理人员在取得公寓后，必须在A公司服务3年，如提前离开，则应退回部分差价。2×20年12月，A公司将上述公寓购买价格与出售给该管理人员的价格之间的差额100万元作为资产处置损失计入当期损益。

5. A公司于2×20年12月31日对外出租某自用房产，将其转换为采用公允价值模式后续计量的投资性房地产核算。2×20年12月31日（转换日），该房产原价1 000万元，累计已提折旧300万元，公允价值800万元。该日，A公司冲减上述房产的固定资产原价1 000万元和累计折旧300万元，确认投资性房地产800万元，并将差额100万元计入公允价值变动损益，同时确认相关递延所得税负债和所得税费用25万元。

资料四

D公司系A公司的全资子公司，明星会计师事务所接受委托，对D公司2×20年度财务报表进行审计，并发表审计意见。注册会计师甲在复核审计项目组成员编制的D公司2×20年度审计工作底稿时，注意到以下事项：

1. 审计项目组对D公司2×20年营业收入实施了实质性程序，相关审计工作底稿部分内容摘录如下：

营业收入前五大客户明细表

单位：万元

客户名称	2×20年	2×19年	审计说明
M公司	2 500	2 200	1
N公司	2 100	0	2
O公司	1 800	1 500	3
P公司	1 500	800	4
（略）	（略）	（略）	（略）

审计说明：
1. 审计项目组注意到，D公司2×20年12月末对M公司确认了一笔500万元营业收入，对应的产品出库单日期为2×20年12月28日，相应送货单注明M公司签收日期为2×21年1月2日。D公司财务人员说明，相关产品实际于2×20年12月31日送达M公司，但由于元旦假期，M公司于2×21年1月2日才完成签收手续。审计项目组检查了上述交易的销售发票和发货记录，未发现差异。无需作进一步审计处理。
2. 审计项目组查询了N公司的工商登记信息，注意到该公司成立于2×20年10月，注册资本100万元。审计项目组就D公司2×20年对N公司的营业收入金额向N公司实施了函证程序，回函显示金额相符。无需作进一步审计处理。
3. 审计项目组注意到，O公司是D公司重要供应商之一，D公司2×20年向其采购了1 700万元的某原材料，专门用于生产仅销售给O公司的指定产品。审计项目组检查了向O公司销售指定产品的销售发票、发货和签收记录，未发现差异。无需作进一步审计处理。
4. D公司财务人员说明，对P公司营业收入相比上年大幅上升的原因，是根据D公司2×20年初与P公司签订的销售合同，从2×20年1月1日起，D公司基于P公司当年向D公司采购金额的一定比例向P公司提供返利，而以前年度从未向P公司提供过此类返利，上述变化导致P公司2×20年加大了向D公司采购的力度。审计项目组检查了对P公司营业收入的销售发票、发货和签收记录，未发现差异。无需作进一步审计处理。
（略）

2. 审计项目组对D公司2×20年度销售费用实施了实质性程序，相关审计工作底稿部分内容摘录如下：

2×20 年度销售费用分析表

单位：万元

项目	第一季度	第二季度	第三季度	第四季度	2×20 年合计	2×19 年合计	审计说明
销售人员薪酬	300	50	55	50	455	600	1
运输费	400	330	350	250	1 330	1 300	2
（略）	（略）	（略）	（略）	（略）	（略）	（略）	（略）

2×20 年度营业收入分季度数据

单位：万元

项目	第一季度	第二季度	第三季度	第四季度	2×20 年合计	2×19 年合计	审计说明
营业收入	3 500	3 000	3 000	6 000	15 500	12 000	（略）

审计说明：
1. D 公司财务人员说明，2×20 年一季度销售人员薪酬金额较大，是由于 D 公司 2×20 年 3 月发放 2×19 年销售人员年终奖所致。审计项目组核对了上述销售人员年终奖的发放记录，未发现差异。无需作进一步审计处理。
2. D 公司财务人员说明，2×20 年四季度运输费下降是由于对部分客户的交货方式由送达客户指定仓库改为客户至 D 公司仓库自提所致。审计项目组抽查了各季度运输费对应的结算单据，未发现差异。无需作进一步审计处理。
（略）

3. 审计项目组对 D 公司 2×20 年 12 月 31 日固定资产减值准备执行了审计程序，相关审计工作底稿部分内容摘录如下：

固定资产成本及减值准备汇总表

单位：万元

资产名称	原价	累计折旧	减值准备	账面价值	审计说明
P1 生产线	3 000	500	0	2 500	1
P2 生产线	3 500	1 500	0	2 000	2
P3 生产线	4 000	1 300	0	2 700	3
（略）	（略）	（略）	（略）	（略）	（略）
合计	（略）	（略）	（略）	（略）	

审计说明：
1. 2×20 年 12 月起 P1 生产线耗用的某主要原材料价格持续大幅上涨。D 公司财务人员说明，该生产线 2×20 年生产情况正常，所生产产品 2×20 年平均毛利率为 1%，2×20 年末不存在减值迹象。
审计项目组检查了该生产线 2×20 年生产产品的毛利率，未发现异常。无需作进一步审计处理。
2. P2 生产线 2×20 年末存在减值迹象，D 公司对其实施减值测试时编制的该生产线预计未来现金流量现值计算表内容如下：

P2 生产线预计未来现金流量现值计算表

单位：万元

年份	预计未来现金流量	折现系数	预计未来现金流量的现值
2×21 年	200	（略）	（略）
2×22 年	210	（略）	（略）
2×23 年	600	（略）	（略）
2×24 年	700	（略）	（略）
（略）	（略）	（略）	（略）
合计			2 500

由于在 2×20 年末，P2 生产线预计未来现金流量现值高于其账面价值，因此 D 公司未对其计提固定资产减值准备。审计项目组注意到该生产线 2×23 年及以后年度的预计未来现金流量明显高于 2×21 年和 2×22 年。D 公司财务人员说明，上述变化是由于 D 公司计划在 2×22 年对该生产线进行更新以改良资产绩效，因此提高了该生产线的未来现金流量。审计项目组获取并检查了 D 公司上述 P2 生产线改良计划，未发现异常。无需作进一步审计处理。
3. P3 生产线 2×20 年末存在减值迹象，D 公司管理层委托某评估公司对该生产线 2×20 年末可收回金额进行评估，并出具评估报告。该评估公司出具的评估报告结果显示，P3 生产线 2×20 年末可收回金额高于账面价值，因此 D 公司未对其计提固定资产减值准备。
审计项目组聘请某评估专家对该评估报告进行复核，并出具复核意见。审计项目组获取了复核意见，对复核结果的计算过程实施了重新计算，未发现差异。无需作进一步审计处理。
（略）

4. 2×20年12月31日，审计项目组对D公司的存货进行了监盘，并按计划抽取若干存货样本实施了抽盘程序，相关审计工作底稿部分内容摘录如下：

项目	账面结存数 a	盘点数 b	差异（1） c = b − a	实际抽盘数 d	差异（2） e = d − b	审计说明
存货A	200件	400件	200件	400件	0	1
存货B	200件	210件	10件	200件	−10件	2
存货C	300件	300件	0	300件	0	
存货D	150件	148件	−2件	150件	2件	2
存货E	250件	250件	0	250件	0	
存货F	110件	113件	3件	110件	−3件	2
（略）	（略）	（略）	（略）	（略）	（略）	（略）

审计说明：
1. 差异（1）是2×20年12月末D公司已开具销售发票，但客户尚未提取的200件存货A。审计项目组检查了D公司对上述200件存货A开具的销售发票，发票日期为2×20年12月30日，未发现差异。无需作进一步审计处理。
2. 差异（1）是由于D公司在盘点时计数有误所致。该存货实际结存数与账面结存数一致，也与审计项目组实际抽盘数一致。D公司已按审计项目组实际抽盘数更正了相关存货盘点结果。无需作进一步审计处理。
（略）

资料五

1. A公司2×20年接受管理咨询服务而向某咨询公司支付了若干咨询费，接受贷款服务而向某贷款银行支付了与贷款直接相关的若干咨询费。A公司在申报2×20年度应交增值税时，将取得的上述咨询费增值税专用发票中注明的进项税额从销项税额中作了全额抵扣。

2. A公司2×20年通过银行对外提供委托贷款，取得若干利息收入；通过购买某银行的理财产品（非保本），取得若干理财收益。对上述交易，A公司在申报2×20年度应交增值税时，按取得的利息收入和理财收益金额计算申报应交增值税的销项税额。

3. A公司2×20年12月31日向某客户销售了一批产品，合同价款为100万元（不含增值税），同时A公司同意在此基础上给予该客户折扣5万元（不含增值税），如该客户在10天内付款则再给予折扣3万元（不含增值税）。A公司预计该客户将在10天内付款，在开具增值税发票时，A公司在同一张发票上的"金额"栏中将100万元价款和8万元折扣额分别注明。对该批产品的销售，A公司在申报2×20年度应交增值税时，以折扣后的销售额92万元计算应交增值税销项税额。

4. A公司2×20年购买国债和中国铁路总公司2×20年发行并以其自身为偿还主体的债券取得若干利息收入。A公司在申报2×20年度企业所得税时，将上述债券利息收入全额作为免税收入处理。

5. A公司若干年前出资100万元与某非关联公司共同投资设立Z公司（为居民企业），持有其40%股权。2×20年1月因战略调整需要，Z公司股东决定对Z公司实施清算。2×20年内Z公司清算完毕，最终可供清算分配给股东的净资产为450万元（其中实收资本 250 万元，资本公积 50 万元，盈余公积 15 万元，未分配利润 135 万元），A 公司分得剩余资产 180 万元。A 公司在申报 2×20 年度企业所得税时，将分得的剩余资产 180 万元与股权投资成本 100 万元的差额 80 万元作为投资转让所得纳入应纳税所得额。

6. A 公司 2×20 年与某具有合法经营资格的中介服务机构签订服务合同，向该机构支付了 8 万元佣金（按与该机构所签订服务合同确认的收入金额的 8% 计算确定）。A 公司在申报 2×20 年度企业所得税时，将上述 8 万元佣金支出在应纳税所得额中作了全额税前扣除。

7. A 公司 2×20 年 1 月 1 日将一处房产租赁给某承租人，租期为两年，并于当日一次性预收了两年共 100 万元租金。对上述交易，A 公司在申报 2×20 年度应交增值税时，按 50 万元租金收入计算申报应交增值税销项税额，在申报 2×20 年度企业所得税时，按 50 万元租金收入纳入应纳税所得额。

资料六

A 公司财务总监就以下事项征询注册会计师甲的意见：

1. A 公司拟于 2×21 年向公司部分高级管理人员授予 A 公司股票期权，如这些管理人员自授予日起在 A 公司连续服务满 3 年，即可以某一固定价格购买若干 A 公司股票。

A 公司财务总监希望注册会计师甲就该股份支付在授予日、等待期和行权日的企业所得税税务处理分别提出分析意见。

2. A 公司 2×20 年 6 月与某客户（经销商）签订合同，在 1 年内以固定单价向该客户交付 1 000 件丙产品，合同无折扣、折让等金额可变条款，且根据 A 公司已公开宣布的政策、特定声明或者以往的习惯做法等相关事实和情况表明，A 公司不会提供价格折让等可能导致对价金额可变的安排。A 公司 2×20 年已交付共 500 件丙产品，受疫情影响，该客户采购的丙产品销售状况欠佳。

2×21 年初，为维护客户关系，A 公司与该客户协商拟对上述合同进行变更，可能采取以下两个方案中的其中一个：

方案 1：A 公司对原合同总价打九折，继续向该客户交付剩余的 500 件丙产品；

方案 2：继续按原约定价格向该客户交付剩余的 500 件丙产品，但 A 公司将在 2×21 年向该客户免费提供 100 件可单独销售的丁产品。

A 公司财务总监希望注册会计师甲对上述两个方案涉及的相关合同变更应如何进行会计处理（包括如何确定剩余 500 件丙产品交易价格）分别提出分析意见。

要求：

1. 针对资料一第 1 项和第 2 项，假定不考虑其他条件，指出 A 公司在个别财务报表层面和合并财务报表层面的会计处理是否存在不当之处。如果存在不当之处，提出恰当的处理意见（不考虑相关税费或递延所得税的影响）。

2. 针对资料二，假定不考虑其他条件，指出 A 公司收入确认相关的会计处理是否存在不当之处。如果存在不当之处，提出恰当的处理意见（不考虑相关税费或递延所得税的影响）。

3. 针对资料三第 1 项至第 4 项，假定不考虑其他条件，指出 A 公司的会计处理是否存在不当之处。如果存在不当之处，提出恰当的处理意见（不考虑相关税费或递延所得税的影响）。

4. 针对资料三第 5 项，假定不考虑其他条件，指出 A 公司的会计处理是否存在不当之处。如果存在不当之处，提出恰当的处理意见。

5. 针对资料四第 1 项至第 4 项，假定不考虑其他条件，指出注册会计师甲在复核审计项目组成员编制的审计工作底稿时，针对审计项目组成员的审计处理，应当提出哪些质疑和改进建议。

6. 针对资料五第 1 项至第 3 项，假定不考虑其他条件，指出 A 公司的增值税处理是否存在不当之处。如果存在不当之处，提出恰当的处理意见。

7. 针对资料五第 4 项至第 6 项，假定不考虑其他条件，指出 A 公司的企业所得税处理是否存在不当之处。如果存在不当之处，提出恰当的处理意见。

8. 针对资料五第 7 项，假定不考虑其他条件，分别指出 A 公司的增值税和企业所得税处理是否存在不当之处。如果存在不当之处，提出恰当的处理意见。

9. 针对资料六第 1 项和第 2 项，假定不考虑《中国注册会计师职业道德守则》的规定，代注册会计师甲回答 A 公司财务总监提出的问题（不考虑递延所得税的影响）。

参考答案：

1. 针对资料一第 1 项和第 2 项，假定不考虑其他条件，指出 A 公司在个别财务报表层面和合并财务报表层面的会计处理是否存在不当之处。如果存在不当之处，提出恰当的处理意见（不考虑相关税费或递延所得税的影响）。

答：

（1）个别财务报表层面的会计处理存在不当之处。

处理意见：A 公司应在 2×20 年 12 月 31 日按 B 公司在最终控制方 G 公司合并财务报表中的账面价值的份额 3 925 万元（3 000 万元 + 1 000 万元 − 1 000 万元/40 × 3）作为长期股权投资的初始投资成本，其与支付的现金对价 5 000 万元之间的差额 1 075 万元应调整资本公积，资本公积余额不足冲减的，调整留存收益。

合并财务报表层面的会计处理存在不当之处。

处理意见：2×20 年 12 月 31 日，A 公司应将纳入合并范围的 B 公司各项资产、负债按其在最终控制方 G 公司合并财务报表中的账面价值计量，A 公司支付的现金对价 5 000 万元与 B 公司在 G 公司合并财务报表中各项资产、负债账面价值的份额 3 925 万元（3 000 万元 + 1 000 万元 − 1 000 万元/40 × 3）之间的差额 1 075 万元调整资本公积，资本公积余额不足冲减的，调整留存收益。

依据：《会计》教材第六章第二节第 82 页至第 83 页、第二十七章第四节第 570 页。

（2）个别财务报表层面的会计处理存在不当之处。

处理意见：C 公司将未分配利润转增实收资本，A 公司不应调整长期股权投资账面价值和确认相关的投资收益。

合并财务报表层面的会计处理存在不当之处。

处理意见：由于 C 公司少数股东对 C 公司进行增资，导致 A 公司股权稀释，A 公司按增资前持股比例计算享有的增资前 C 公司账面净资产份额 1 040 万元与按增资后新持股比例计算享有的增资后 C 公司账面净资产份额 1 200 万元的差额 160 万元应计入资本公积。

依据：《会计》教材第六章第三节第 89 页、第二十七章第十节第 660 页。

2. 针对资料二，假定不考虑其他条件，指出 A 公司收入确认相关的会计处理是否存在不当之处。如果存在不当之处，提出恰当的处理意见（不考虑相关税费或递延所得税的影响）。

答：

存在不当之处。

处理意见：合同中包含交付甲产品和乙产品两项履约义务，应按甲产品和乙产品的单独售价（均为 6 万元）的相对比例，将交易价格（10 万元）分摊至甲产品和乙产品，其中分摊至甲产品的合同价款为 5 万元，A 公司应在客户取得甲产品控制权时确认甲产品营业收入 5 万元；合同约定，只有当甲乙两种产品全部交付后，A 公司才有权收取合同对价，在 A 公司 2×20 年 12 月仅完成甲产品交付并确认甲产品营业收入时，应相应确认合同资产，不应确认应收账款。

依据：《会计》教材第十七章第一节第 352 页。

3. 针对资料三第 1 项至第 4 项，假定不考虑其他条件，指出 A 公司的会计处理是否存在不当之处。如果存在不当之处，提出恰当的处理意见（不考虑相关税费或递延所得税的影响）。

答：

（1）存在不当之处。

处理意见：A 公司计划将该结存原材料继续用于生产相应产品，应按所生产的产成品的估计售价减去至完工时估计将要发生的成本、估计的销售费用和相关税费后的金额 450 万元，确定该结存原材料的可变现净值，计提存货跌价准备 50 万元。

依据：《会计》教材第二章第三节第 25 页。

（2）存在不当之处。

处理意见：承租人有续租选择权，且合理确定将行使该选择权的，租赁期还应当包含续租选择权涵盖的期间，该租赁合同约定的续租期年租金预计显著低于续租时的市场租金水平，可以合理确定 A 公司将行使该选择权，应以 4 年的租赁付款额为基础计量租赁负债；使用权资产所包含的承租人发生的初始直接费用，是为达成租赁所发生的增量成本，为评估是否开展此项租赁交易而发生的差旅费和法律费用 2 万元不属于初始直接费用，不应计入使用权资产的初始成本。

依据：《会计》教材第十四章第一节第 283 页至第 284 页、第二节第 287 页至第 288 页。

（3）存在不当之处。

处理意见：借款费用开始资本化的时点必须同时满足资产支出已经发生、借款费用已经发生、为使资产达到预定可使用或者可销售状态所必要的购建或者生产活动已经开始，因此 A 公司建造该工程项目借款利息资本化的时点为 2×20 年 2 月 1 日；符合资本化条件的资产在购建过程中发生正常中断的，相关借款费用仍可资本化，因工程所在地进入雨季，是可预见的不可抗力因素，属于正常中断。因此，2×20 年资本化计入该工程项目在建工程成本的该借款利息支出金额应为275万元（5 000万元×6%×11/12）。

依据：《会计》教材第十一章第二节第186页至第187页。

（4）存在不当之处。

处理意见：A公司在出售公寓给该管理人员时，应将公寓的公允价值500万元与其内部售价400万元之间的差额100万元计入长期待摊费用，在售房协议约定该管理人员购得公寓后应提供服务的年限（3年）内平均摊销，计入当期损益。

依据：《会计》教材第九章第二节第155页。

4. 针对资料三第5项，假定不考虑其他条件，指出A公司的会计处理是否存在不当之处。如果存在不当之处，提出恰当的处理意见。

答：

存在不当之处。

处理意见：A公司自用房地产转换为投资性房地产，转换日公允价值800万元与账面价值700万元的差额100万元应计入其他综合收益；相应确认的递延所得税负债25万元也应计入其他综合收益。

依据：《会计》教材第五章第四节第74页、第十九章第四节第417页。

5. 针对资料四第1项至第4项，假定不考虑其他条件，指出注册会计师甲在复核审计项目组成员编制的审计工作底稿时，针对审计项目组成员的审计处理，应当提出哪些质疑和改进建议。

答：

（1）质疑：对D公司2×20年12月末对M公司确认的该500万元营业收入，审计项目组未对其确认时点的恰当性进行充分核实。

改进建议：审计项目组应进一步检查相关交易合同，以确定按合同约定，相关产品控制权转移时点是在产品送达M公司时还是M公司完成签收时。如双方约定M公司完成签收才取得该产品控制权，应建议D公司冲回其在2×20年12月确认的该500万元营业收入。

依据：《审计》教材第九章第五节第220页；《会计》教材第十七章第一节第361页至第364页。

质疑：N公司成立于2×20年10月，注册资本仅100万元，N公司规模与其交易规模不匹配，审计项目组未对上述异常情况予以充分关注。

改进建议：审计项目组应评价与N公司交易的商业合理性，并实施"延伸检查"程序。例如，访谈N公司管理层及相关人员，对N公司进行实地走访，观察其生产经营场所，判断其与D公司的交易规模是否与其生产经营规模匹配，了解N公司采购D公司产品的用途、去向和最终销售实现情况，实地查看N公司相关产品的库存情况等。

依据：《审计》教材第九章第三节第209页、第九章第五节第221页至第222页。

质疑：D公司2×20年度向O公司采购原材料，专门用于生产仅销售给O公司的指定产品，并且从采购和销售规模对比情况看，相关产品的毛利率可能较低，审计项目组未充分关注，在与O公司的相关交易中，D公司是作为代理人为O公司提供受托加工服务，还是作为主要责任人向O公司销售相关产品。

改进建议：审计项目组应进一步实施检查相关合同、访谈O公司管理层及相关人员等程序，根据合同条款和业务实质判断D公司是否已取得向O公司采购原材料的控制权，即D公司是否有权主导相关原材料的使用并获得几乎全部经济利益，例如，原材料的性质是否为销售给O公司的产品所特有，D公司是否有权按自身意愿使用或处置该原材料，是否承担除因其保管不善之外的原因导致的该原材料毁损灭失的风险，是否承担该原材料价格变动的风险，是否能够取得与该原材料所有权有关的报酬等，以判断D公司是应作为代理人为O公司提供受托加工服务，按净额确认受托加工服务收入，还是应作为主要责任人向O公司销售相关产品，按总额确认营业收入。

依据：《审计》教材第九章第五节第218页、《会计》教材第十七章第一节第372页至第375页。

质疑：审计项目组未充分关注向P公司提供返利对D公司2×20年度收入确认可能存在的影响。

改进建议：审计项目组应获取D公司与P公司签订的销售合同，按双方约定的返利比例重新测算2×20年应向P公司提供返利的金额，将测算结果与相关返利账面发生额进行比较，检查D公司2×20年度确认的相关返利是否充分，以及在确认2×20年度对P公司营业收入时，是否已将上述返利作为可变对价计入交易价格。

依据：《审计》教材第九章第五节第221页、《会计》教材第十七章第一节第348页至第349页。

（2）质疑：审计项目组未充分关注年终奖入账存在的截止性差异；此外，D公司2×20年营业收入上升，但销售人员薪酬明显下降，审计项目组未充分关注上述异常情况可能显示2×20年D公司存在少计销售人员薪酬的风险。

改进建议：应建议D公司将2×19年年终奖调整计入2×19年损益。

同时询问管理层2×20年销售人员薪酬占营业收入的比例明显低于2×19年的原因，并评价其合理性；获取销售人员薪酬标准和业绩奖励规定，重新测算2×20年全年销售人员工资和奖金的计提数，将计算结果与账面计提数进行比较，就所发现的差异获取管理层的解释，并评价其合理性；实施销售人员薪酬截止性测试，通过检查2×21年初销售人员工资和年终奖付款及入账记录，识别是否存在应在2×20年入账的销售人员薪酬。

依据：《审计》教材第十章第五节第243页。

质疑：D公司2×20年第四季度营业收入上升，但运输费反而明显下降，审计项目组未充分关注上述异常情况可能显示2×20年第四季度D公司存在少计运输费的风险。

改进建议：访谈D公司销售部门，了解对客户交货方式的变化情况，抽取一定数量的各季度营业收入相关合同，检查是否存在D公司财务人员所述交货方式的变化，并核对相关合同对应产品的物流和运输费结算情况是否与相关合同约定一致；实施运输费截止性测试，通过检查2×21年初运输费的付款及入账记录，识别是否存在应在2×20年入账的运输费。

依据：《审计》教材第十章第五节第243页。

质疑：D公司2×20年营业收入上升，特别是第四季度营业收入上升明显，但2×20年销售人员薪酬和第四季度运输费明显下降，审计项目组未充分关注上述异常情况可能显示2×20年D公司存在虚增营业收入的风险。

改进建议：对营业收入和毛利率实施分析程序，将本年度各月各类营业收入、营业成本和毛利率与上年度进行比较，将本年度主要产品的销售额及毛利率与上年度/同行业企业进行比较，将本年度重要客户的销售额及毛利率与上年度进行比较，分析其变动的合理性；检查营业收入确认的条件与方法是否符合企业会计准则，前后期是否一致，关注本期实现的销售是否符合收入确认原则；对本期交易额进行测试，抽取本期营业收入账面记录，核查至发运凭证、客户签收记录等原始单据；结合应收账款的函证程序，选择主要客户函证本期的销售额；通过实施从营业收入明细账中抽取资产负债表日前后的若干交易记录，核查至发运凭证、客户签收记录等原始单据等审计程序，对营业收入进行截止性测试；检查是否存在期后重大的销售退回情况，核查至原始单据；对存在异常迹象的营业收入，评价相关交易的商业合理性，并实施"延伸检查"程序。

依据：《审计》教材第九章第五节第217页至第222页。

（3）质疑：P1生产线2×20年所生产产品的平均毛利率仅为1%，但2×20年12月起该生产线耗用的某主要原材料价格持续大幅上涨，显示P1生产线在2×20年末已存在减值迹象，审计项目组未对此加以充分关注。

改进建议：审计项目组应建议D公司结合该生产线所耗用主要原材料价格变动，及所生产的相关产品预期销售情况等因素，对P1生产线实施减值测试。如测试结果显示该生产线预计可收回金额低于账面价值，应建议D公司对其计提固定资产减值准备。

依据：《审计》教材第七章第五节第167页。

质疑：审计项目组未充分关注管理层预计P2生产线未来现金流量现值所采用数据的恰当性，特别是不应包括与资产改良有关的预计未来现金流量，以及未充分关注管理层运用的假设、重大估计和判断的合理性。

改进建议：审计项目组应建议D公司管理层以P2生产线的当前状况为基础预计未来现金流量实施减值测试。此外，审计项目组应将P2生产线本年度的实际结果与以前年度相应的预测数据进行比较，以评价管理层对现金流量的预测是否可靠；将预测期收入增长率与公司的历史收入增长率以及行业历史数据进行比较；将预测的毛利率与以往业绩进行比较，并考虑市场趋势；通过考虑并重新计算P2生产线及同行业可比公司的加权平均资本成本，评估管理层采用的折现率；将现金流量预测所使用的数据，与历史数据、已批准的预算及商业计划进行比较，检查录入数据与支持证据的一致性；对减值测试中采用的折现率、主要经营和财务假设执行敏感性分析，考虑这些参数和假设在合理变动时对减值测试结果的潜在影响。

依据：《审计》教材第十七章第一节第365页至第367页、《会计》教材第七章第二节第118页。

质疑：审计项目组利用专家的工作实施的程序不应仅限于获取专家的复核意见及对专家的复核意见实施重新计算。

改进建议：审计项目组应评价专家的胜任能力、专业素质和客观性；了解专家的专长领域；就注册会计师和专家各自的角色和责任、注册会计师和专家沟通的性质、时间安排和范围等与专家达成一致；通过实施询问专家、复核专家的工作底稿和报告、检查已公布的数据、执行详细的分析程序、与具有相关专长的其他专家讨论等程序，评价专家工作结果的相关性和合理性、专家工作涉及使用重要的假设和方法的相关性和合理性、专家工作涉及使用重要的原始数据的相关性、完整性和准确性等。

依据：《审计》教材第十五章第二节第337页至第340页。

（4）质疑：对存货A存在的差异，审计项目组未充分关注客户是否已于2×20年12月31日取得该200件存货A的控制权。

改进建议：审计项目组应检查相关销售合同，访谈D公司、客户及相关人员，除考虑客户是否已取得商品控制权的其他迹象外，重点关注客户未提货的安排是否具有商业实质，该200件存货A是否能够单独识别，是否能够随时交付给客户，D公司是否不能自行使用该200件存货A或将其提供给其他客户等，以确定该200件存货A于2×20年12月31日是否确属"售后代管商品"。如不属于"售后代管商品"，应建议D公司冲回对该200件存货A于2×20年12月确认的营业收入。

依据：《审计》教材第九章第五节第260页至第261页、《会计》教材第十七章第一节第362页至第363页。

质疑：抽盘结果显示D公司的存货盘点在准确性方面等存在较多错误，但审计项目组未进一步考虑其对测试范围的影响。

改进建议：审计项目组应进一步考虑错误的潜在范围和重大程度，在可能的情况下，扩大检查范围以减少错误的发生。

依据：《审计》教材第十一章第五节第260页至第261页。

6. 针对资料五第1项至第3项，假定不考虑其他条件，指出A公司的增值税处理是否存在不当之处。如果存在不当之处，提出恰当的处理意见。

答：

（1）存在不当之处。

处理意见：A公司接受贷款服务向贷款方支付的与贷款直接相关的咨询费，其进项税额不得从销项税额中抵扣。

依据：《税法》教材第二章第五节第68页。

（2）存在不当之处。

处理意见：A公司取得的非保本银行理财产品收益，不属于利息或利息性质的收入，不征收增值税。

依据：《税法》教材第二章第一节第37页。

（3）存在不当之处。

处理意见：在10天内付款给予的折扣3万元是一种融资性质的理财费用，在计算销项税额时不得从销售额中减除。

依据：《税法》教材第二章第五节第57页。

7. 针对资料五第4项至第6项，假定不考虑其他条件，指出A公司的企业所得税处理是否存在不当之处。如果存在不当之处，提出恰当的处理意见。

答：

（1）存在不当之处。

处理意见：以中国铁路总公司为发行和偿还主体的债券利息收入不是免税收入，A公司应按减半征收企业所得税处理。

依据：《税法》教材第四章第二节第173页。

（2）存在不当之处。

处理意见：A公司分得的剩余资产180万元中，相当于Z公司累计未分配利润和累计盈余公积中按A公司所占股份比例计算的部分60万元[（15万元+135万元）×40%]，应确认为股息所得，属于免税收入；A公司应将剩余资产减除股息所得后的余额120万元超过投资成本100万元的部分20万元，作为投资转让所得纳入应纳税所得额。

依据：《税法》教材第四章第二节第171页、第180页。

（3）存在不当之处。

处理意见：A公司支付给具有合法经营资格中介服务机构的佣金支出，以与该机构所签订服务合同确认的收入金额的5%为限作税前扣除。

依据：《税法》教材第四章第二节第190页。

8. 针对资料五第7项，假定不考虑其他条件，分别指出A公司的增值税和企业所得税处理是否存在不当之处。如果存在不当之处，提出恰当的处理意见。

答：

增值税处理存在不当之处。

处理意见：A公司在申报2×20年度应交增值税时，应按100万元收入计算申报应交增值税销项税额。

依据：《税法》教材第二章第十节第123页。

企业所得税处理不存在不当之处。

依据：《税法》教材第四章第二节第172页。

9. 针对资料六第1项和第2项，假定不考虑《中国注册会计师职业道德守则》的规定，代注册会计师甲回答A公司财务总监提出的问题（不考虑递延所得税的影响）。

答：

（1）授予日：不涉及成本费用，无需进行企业所得税税务处理。

等待期：A公司在等待期内确认的相关成本费用，不得在对应年度计算缴纳企业所得税时扣除。

行权日：A公司可根据该股票实际行权日的公允价格与相关高级管理人员实际行权支付价格的差额及数量，计算确定作为当年A公司工资、薪金支出，依照税法规定进行税前扣除。

依据：《税法》教材第四章第二节第183页至第184页。

（2）方案1涉及合同变更的会计处理：A公司应将该合同变更作为原合同终止及新合同订立进行会计处理。对剩余500件丙产品，A公司应在客户取得相关丙产品控制权时，按剩余合同价款[原合同价款（不含增值税）×90% - 原合同固定单价（不含增值税）×500件]确定的单价（剩余合同价款/500件）和交付数量确认收入。

方案2涉及合同变更的会计处理：A公司应将该合同变更作为原合同终止及新合同订立进行会计处理。剩余500件丙产品与100件丁产品构成了两项单项履约义务，A公司应在变更后的合同开始日，按照剩余500件丙产品与100件丁产品单独售价的相对比例，将剩余合同价款［原合同价款（不含增值税）-丙产品原合同固定单价（不含增值税）×500件］分摊至500件丙产品和100件丁产品，并在客户取得相关丙产品和丁产品控制权时，按各自分摊的交易价格确认收入。

依据：《会计》教材第十七章第一节第343页至第344页、第352页至第353页。

2021 年注册会计师全国统一考试

职业能力综合测试
（试卷二）试题、答案及依据

说明：本试卷共 50 分。

资料一

一、随着人民生活水平的日渐提高和健康意识的增强，我国正在推动实施健康中国的战略，重要措施之一就是由以治病为核心转变到以人民健康为中心，为人民群众提供全方位全周期健康服务。这项措施的实施，催生了体检市场，并且该市场发展迅速。国内体检市场主要为医院和体检中心占领。其中，公立医院占较大比重。公立医院享有专业的医技资源，能做到检后即诊，拥有先发优势。但公立医院的布局和发展，需要服从医疗服务体系规划，在数量和规模上受到控制。这导致一二线城市公立医疗资源供不应求、三线及以下城市公立医疗资源相对缺失，无法有效满足当前持续释放的体检需求。2×19 年 6 月，国家相关部委出台了《关于促进社会办医持续健康规范发展的意见》，加大政府支持社会办医力度，拓展社会办医空间，迅速增加了民办医院数量。民办医院也积极参与到体检市场中。最近几年，民营资本纷纷进入体检市场，体检行业竞争迅速形成并不断加剧。面对行业竞争中出现的新情况新问题，为保障人民身心健康，国家对体检行业的监管力度也不断加大。

A 股份有限公司（以下简称 A 公司或公司）是一家于 2×02 年成立的民营健康服务机构。公司创始人兼董事长刘一拥有丰富的三甲医院管理经验，并在业内具有良好的声誉。通过与当地公立医院建立新型的医（医院）检（体检）联合体等方式，A 公司不仅促进了医学技术人才（以下简称医技人才）的相互流动，而且打通了检后转诊的快速通道。在刘一的领导下，A 公司得到快速发展。截至 2×07 年，A 公司已经发展成拥有 22 家体检中心及 3 家牙科诊所的综合健康服务集团，并且在权威健康年会上被评为"中国最具潜力民营健康服务机构 20 强"。因在长三角地区拥有较高的美誉度，A 公司成为区域内众多企事业单位的年度体检定点单位。但 A 公司也面临发展中的诸多困难，其体检业务发展所需资金主要依靠自身积累，受资金规模限制，导致体检中心主要分布在长三角地区的中心城市，向区域外和区域内三线及以下城市拓展的进度缓慢。同时，各体检中心缺少足够资源对信息化管理系统进行改造并引入人工智能等新技术，一定程度上阻碍了医技资源的实时分配及健康数据分析效率的提高。在牙科业务方面，A公司对牙医个人技术依赖度较高，优秀牙医资源的缺乏严重制约牙科业务的发展。为了降低牙医的离职率，A公司牙科业务的经营成本连年上升。

二、2×08年初，为了优化公司战略，明晰经营目标，A公司管理层综合考虑了公司内外部环境，召开战略规划研讨会。

（一）在讨论集团层面发展事宜时，董事长刘一认为：

1. 体检行业发展过程中存在较大的地域差异，主要可分为三类。一类地区：一线及新一线城市。市场规模大，客户成熟度高，经营成本高。二类地区：省会及省级经济发达城市。体检需求逐渐增大，成本适中，单店利润水平较高。三类地区：三级城市，需要下沉市场。市场不成熟但发展潜力较大，现有机构较少。目前A公司的布点主要位于一、二类地区，下一步A公司应率先到三类地区进行布局，抢占先机。

2. 医技人才短缺是现阶段阻碍A公司进一步发展的关键要素。在政策松绑的背景下，应进一步深化医检联合体机制，与著名医院开展战略合作，以实现建立人才充足、技术领先的民营健康服务机构目标。

3. 民营资本纷纷进入体检市场，导致体检行业竞争激烈。A公司应尝试多种融资方式，以改变目前资金来源主要依靠自身积累的情况。

（二）针对牙科业务的发展方向，分管牙科业务的副总经理认为：

1. 招聘经验丰富的已退休牙科医生，进一步降低医生人工成本。

2. 调整现有牙科服务，主推单价更高的牙科美容和正畸服务。

3. 保持现有3家诊所，不再开设新直营门店。条件允许时，逐渐退出牙科业务。

（三）在针对体检业务的讨论中，分管体检业务的副总经理认为：

1. 在长三角区域外，通过直接收购现有体检机构的方式来快速占领市场。

2. 与信息技术公司建立战略合作伙伴关系，利用人工智能等新技术为A公司研发自动化智能辅助诊断平台，提高诊断效率，降低医疗数据分析过程中的人工成本。

3. 设立生物样本库，标准化收集、处理、储存体检过程中产生的生物样本，为外部科研机构的药品研发提供生物材料和分析结论，创造新的收入来源。

资料二

一、为解决体检面临的医技人才不足现象，快速提高医疗数据分析能力，A公司拟收购一家专业从事人工智能医学影像诊断的研发机构——B有限公司（以下简称B公司或目标公司）的股权。在开展尽职调查和谈判前，A公司投资部对B公司的企业价值评估事项展开讨论。

（一）小杨对企业价值评估表达了自己的观点：

1. 企业价值评估旨在取得企业整体的经济价值，而企业作为整体是由各个部分组成的，因此只要对各资产价值进行有效评估，即可将其加总后得出目标公司的整体价值。

2. 在评估各资产价值时应当按现行市场价格计量资产价值。因为市场价格不仅能获得多数股东的认可，也肯定代表了公平。

（二）小李为大家介绍了股权现金流量模型：

1. 此次拟收购目标公司的股权，因此谈判双方应以目标公司的股权价值作为交易对价的基础。

2. 股权现金流量是企业分配给股权投资人的现金流量。在计算股权价值时，以股权资本成本对股权现金流量进行折现。

3. 股权资本成本受债务增加或减少的影响较小，因此股权资本成本估计较加权平均资本成本而言相对简单。

（三）小徐对实体现金流量模型提出自己的看法：

1. 实体现金流量模型的基本形式是将实体自由现金流量以加权平均资本成本折现。加权平均资本成本受资本结构的影响较小，比较容易估计。实务中大多使用此模型。

2. 实体现金流量是企业一定期间内可以提供给所有股权投资人的税后现金流量。实体现金流量可以通过"税后经营净利润－经营营运资本的增加－净经营长期资产的增加"计算得到。

3. 根据实体价值与股权价值之间的关系，在实体价值不变的情况下，投资方可以通过识别出目标公司更多的净债务，从而压低目标公司的股权价值。

二、经过充分讨论，A 公司对 B 公司开展了尽职调查，并了解到以下情况。

（一）B 公司主要从事人工智能医学影像诊断解决方案的研究与开发。人工智能医学影像诊断是诸多学科交叉的前沿研究领域，其复杂程度较高。B 公司未来能否进一步提高诊断准确性，保持行业领先地位存在一定的不确定性。

（二）人工智能医学影像诊断技术在进行神经网络学习时，需要对海量的真实医疗数据进行分析并对算法迭代升级。B 公司使用的医疗数据全部购自医疗数据集成商 H 公司，每年支付 100 万元服务费。H 公司为同类客户提供服务的收费标准为每年 300 万元。但 H 公司是 B 公司的关联方，其口头承诺在 A 公司收购 B 公司后，未来 3 年仍可维持现有服务费水平。

（三）为了提高部分员工实际收入水平，经员工书面同意，B 公司将部分工资采用费用报销的形式支付，从而达到降低员工个人所得税的目的。

（四）B 公司客户资源主要由其销售副总经理开发和维护，该副总经理近期已向 B 公司提出离职申请。

（五）B 公司保险箱内存有一张面值 50 万元的银行承兑汇票。财务人员解释，由于 H 公司资金短缺，在未发生真实交易的情况下以 48 万元的价格直接将该票据背书给 B 公司。

（六）B 公司最近三年仅有一笔金额较大的为某民营医疗机构提供信息系统设计和部署的收入，毛利较高，属于前年新开发的业务。后因未及时扩招相关技术人员而搁置对此业务的进一步拓展。目前已有其他竞争对手开展此类业务并迅速扩张，B 公司在可预见的将来不再开展此类业务。

经过多轮谈判后，A 公司最终收购了 B 公司全部股权。

资料三

一、为聚焦体检业务，2×10 年底 A 公司出售了 3 家牙科诊所。随后几年，A 公司一方面在长三角区域外通过收购已有体检机构的方式，有效避开新设公司的各项审批手续，并充分利用现有资源和医技人员，快速切入当地市场，避免恶性竞争；另一方面在长三角区域内通过新设体检机构的方式，快速将相关业务下沉至三线及以下城市。两种模式双管齐下，A公司很快在全国拥有60余家体检机构，实现了快速扩张。2×12年，A公司召开管理层会议，总结经验，研究解决前一阶段公司发展中遇到的问题。

（一）针对并购扩张过程中遇到的问题，负责外部业务收购的副总经理指出：

1. 在前一阶段的收购中，高估了某些区域民众对高端体检的接受程度，购入的部分高端体检中心的经营效益不及预期。

2. 通过收购方式经营的体检中心，没有及时更新业务信息系统，导致A公司无法在公司范围内实现人力资源和健康数据的互通。

3. 在前一阶段收购中发现，由于尽职调查不充分，没有很好识别利润表中大额非持续性业务产生的利润，从而虚增部分体检中心的估值。

（二）分管财务的副总经理表示，前一阶段收购的部分体检中心，没有实现预期的业绩，从而有可能影响公司后续的上市进程。建议通过设立并购基金，采用"先参后控"方式进行下一阶段的收购。这样不仅可以降低短期资金压力，而且还可以减少并购导致的业绩不确定性对A公司利润的影响。

二、经过讨论，A公司决定采用"先参后控"的方式实施并购，并由公司法务部就设立并购基金草拟了合伙协议。公司法务部提出的设立并购基金的主要思路如下：

（一）设立A产业基金合伙企业（有限合伙）（以下简称A产业基金或基金），基金规模1亿元人民币。设立A投资管理合伙企业（有限合伙）（以下简称A合伙企业），作为基金普通合伙人并担任管理人。A合伙企业保证在基金募集资金前已在中国证券投资基金业协会登记为私募基金管理人。同时，基金仅接纳一名普通合伙人，即A合伙企业。

（二）A合伙企业按照以后年度基金管理费折合出资人民币200万元。基金在存续期间不再向A合伙企业支付任何管理费，其余资金向其他有限合伙人募集。其他有限合伙人在健康产业有相关经验或拟以其资源帮助基金顺利实现收购的，可选择以拟收购过程中投入的劳务进行出资。

（三）基金合伙协议拟约定基金经营期限为4年，自合伙企业的营业执照签发之日起计算。普通合伙人可以在适当的时候独立决定是否延长基金存续期限，其他合伙人应给予必要配合。

（四）基金合伙协议拟约定普通合伙人享有对基金事务的执行权，可独立对外代表基金开展经营活动。特殊情况下，有限合伙人经所有合伙人半数以上同意，可对外代表基金开展经营活动。

（五）基金合伙协议拟约定基金在投资期结束后进行收益分配。若基金回报未达到有限合伙人出资款按复利计算的年回报率7%时，收益将仅在全部有限合伙人之间进行分配。

（六）基于对外收购有一定的风险性，基金合伙协议拟约定普通合伙人并无义务向任何有限合伙人全部或部分返还其实缴出资额，亦不对有限合伙人的投资收益提供保证。同时，因普通合伙人在基金回报未达到有限合伙人出资款按复利计算的年回报率7%时不享受收益分配，故有限合伙人不得要求普通合伙人对其作为或不作为所导致的基金损失负责。

（七）为防止普通合伙人疏于履职，基金合伙协议拟约定由有限合伙人选举产生3位有限合伙人代表组成有限合伙人委员会。该委员会可对基金的经营管理提出建议；并在普通合伙人怠于行使对基金的事务执行权时，全权代理基金事务的决策活动。

（八）为充分体现公平，未来新加入的有限合伙人对入伙前基金的债务不承担责任，对入伙后基金的债务以其认缴的出资额为限承担责任。

资料四

随着A公司业务的发展和规模的增大，需要通过上市解决资金瓶颈。在中介机构的帮助下，A公司计划通过由上海证券交易所上市的J公司发行2.6亿股股票（作价12.6亿元）收购A公司100%股权间接实现上市目的。J公司预计董事会对该重组事项决议前股份总数不会发生变化。J公司发行股票收购A公司后，由A公司控股股东获得J公司控制权。

A公司与J公司最近一年经审计的财务数据如下：

单位：万元

项目	A公司	J公司
资产总额	100 000	130 000
资产净额	90 000	96 000
营业收入	30 000	10 000
净利润	8 000	600
股份总数	60 000	84 000

投资部经理就上述交易安排提出以下观点：

1. 无论J公司购买资产是否构成特殊重大资产重组，均需要对此次交易作出充分说明和披露，并且报经中国证监会核准。

2. 此次资产重组事项，J公司的控股股东与A公司已经就受让上市公司股权达成一致。该事项应在J公司董事会决议基础上召开股东大会，并由出席股东大会的股东所持表决权的2/3以上通过方可实施。

3. 股东大会应当以现场会议形式召开。股东若因疫情原因无法出席股东大会的，除非书面委托其他股东进行表决，否则不得参与该事项的表决。

4. 经计算，此次J公司拟非公开发行股份购买A公司资产的发行价格为市场参考价的87%，对发行不构成障碍。

5. 在重组完成后，A公司控股股东刘一成为J公司的实际控制人，其应当公开承诺在本次交易完成后12个月内，不转让其在上市公司中的股份。

6. 在重组完成后，J公司的控股结构发生了重大变化，董事会应当对公司章程进行修订，并须由全体董事人数过半数通过予以实施。

经过各方共同努力和对重组方案的不断调整完善，交易最终得以实现。

资料五

在A公司控股股东获得J公司控制权后公司财务部拟订下一步融资方案，对相关事项进行了讨论。

小陈针对长期借款筹资表达了自己的看法：

1. 长期借款归还期较长，公司可对偿债时间进行从容安排。同时，债权人通常不会对借款人的经营活动进行限制，更不会影响股东对企业的控制权。建议向银行举借长期借款。

2. 通过负债筹资可以降低公司的资本成本，因此通过借款筹资越多，企业价值越大。

3. 根据有税 MM 理论，进行债务筹资时应当权衡债务利息抵税的效果和权益资本成本上升的影响。若利息抵税的效果小于权益资本成本上升的影响，则采用债务筹资会降低企业价值。

小杜针对配股筹资提出以下观点：

1. 通过配股筹资不会分散公司的控制权，建议采用配股筹资方案。

2. 配股筹资在认配数量方面给予控股股东较高的灵活性。控股股东可以在召开股东大会后，视股东的参与程度来决定认配股份的数量。

3. 配股筹资存在一定的不确定性。若代销期满，原股东认购股票的数量未达到拟配售数量，发行人应当按照发行价并加算银行同期存款利息返还给已经认购的股东。

小蒋对发行债券筹资方案表达了自己的观点：

1. 附认股权证债券与可转换债券有一定的相似性，均使得公司可以较低的票面利率获得资金。因此在设计筹资方案时可考虑发行附认股权证债券或可转换债券。

2. 与可转债不同，发行附认股权证债券可以于发行债券时获取一次融资，于债券持有人认购股票时再次获得一次融资，因此可实现两次现金流入。

3. 与附认股权证债券不同，可转换债券可设置强制性转换条款。该条款可以保证债券转为普通股，因此有利于保护投资人的利益。

小陶结合 J 公司生产经营的实际情况，认为可以考虑通过租赁方式筹资：

1. 通过租赁净现值模型决策是否使用租赁来获取一项资产时，应当比较两个筹资方案下获得同一资产为企业带来的营业现金流入现值。

2. 一个投资项目按照常规筹资方法进行购置，经计算得出的净现值若为负值，说明该投资项目本身不具备投资价值。即使租赁筹资可以抵补投资项目的负净现值，也不应当进行投资。

经过充分讨论，J 公司采用了恰当的融资方式，对战略和经营目标的实现起到积极作用。

要求：

1. 根据资料一，运用 SWOT 分析方法，对 A 公司所面临的优势、劣势、机会以及威胁进行分析，简要说明理由；分别指出董事长刘一提出的三个战略在 SWOT 战略分析中所属的类型及理由。

2. 根据资料一，逐条指出两位副总经理提出的战略规划分别属于企业总体战略中的何种战略类型，简要说明理由（如战略类型可进一步细分，应将其细分说明）；针对分管体检业务的副总经理提出的战略规划，逐条说明其实现途径。

3. 根据资料二，结合财务管理有关理论，逐项判断小杨、小李与小徐的观点是否正确。如不正确，简要说明理由。

4. 根据资料二，逐条说明 B 公司所面临的风险并予以分析，并结合现金流量模型的相关理论，逐条说明面临的各项风险对此次收购的价格谈判产生的影响。

5. 根据资料三，简要分析A公司采取并购战略的动机。根据负责外部业务收购的副总经理提出的观点，简要分析A公司的并购战略没有达到预期目标的原因。

6. 根据资料三，结合合伙企业法律制度，逐项判断法务部草拟的合伙协议主要条款是否符合相关法律规定。如不符合，简要说明理由。

7. 根据资料四，结合《证券法》的相关规定，从业务指标、财务指标的角度简要分析J公司与A公司的重组方案是否构成上市公司的特殊重大资产重组，简要说明理由。

8. 根据资料四，逐项判断投资部经理提出的观点是否恰当。如不恰当，简要说明理由。

9. 根据资料五，逐项判断小陈、小杜、小蒋和小陶提出的观点是否正确。如不正确，简要说明理由。

参考答案：

1. 根据资料一，运用SWOT分析方法，对A公司所面临的优势、劣势、机会以及威胁进行分析，简要说明理由；分别指出董事长刘一提出的三个战略在SWOT战略分析中所属的类型及理由。

答：

（1）SWOT分析。

①优势：

● 公司创始人兼董事长刘一拥有丰富的三甲医院管理经验，并在业内具有良好的声誉。

● 通过与当地公立医院建立新型的医（医院）检（体检）联合体等方式，A公司不仅促进了医技人才的相互流动，而且打通了检后转诊的快速通道。

● 至2×07年，A公司已经发展成拥有22家体检中心及3家牙科诊所的综合健康服务集团，并且在权威健康年会上被评为"中国最具潜力民营健康服务机构20强"。

● A公司成为区域内众多企事业单位的年度体检定点单位。

②劣势：

● 体检业务发展所需资金主要依靠自身积累，受资金规模限制，导致体检中心主要分布在长三角地区的中心城市，向区域外和区域内三线及以下城市拓展的进度缓慢。

● 各体检中心缺少足够资源对信息化管理系统进行改造并引入人工智能等新技术，一定程度上阻碍了医技资源的实时分配及健康数据分析效率的提高。

● A公司对牙医个人技术依赖度较高，优秀牙医资源的缺乏严重制约牙科业务的发展。

● 为了降低牙医的离职率，A公司牙科业务的经营成本连年上升。

③机会：

● 随着人民生活水平的日渐提高和健康意识的增强，我国正在推动实施健康中国的战略，重要措施之一就是由以治病为核心转变到以人民健康为中心，为人民群众提供全方位全周期健康服务。

● 这项措施的实施，催生了体检市场，并且该市场发展迅速。

- 公立医院的布局和发展，需要服从医疗服务体系规划，在数量和规模上受到控制。这导致一二线城市公立医疗资源供不应求、三线及以下城市公立医疗资源相对缺失，无法有效满足当前持续释放的体检需求。
- 2×19年6月，国家相关部委出台了《关于促进社会办医持续健康规范发展的意见》，加大政府支持社会办医力度，拓展社会办医空间。

④ 威胁：
- 国内体检市场主要为医院和体检中心占领。其中，公立医院占较大比重。
- 公立医院享有专业的医技资源，能做到检后即诊，拥有先发优势。
- 民办医院也积极参与到体检市场中。
- 最近几年，民营资本纷纷进入体检市场，体检行业竞争迅速形成并不断加剧。
- 面对行业竞争中出现的新情况新问题，为保障人民身心健康，国家对体检行业的监管力度也不断加大。

（2）战略类型。

① "率先到三类地区进行布局，抢占先机"属于扭转型战略"WO战略"。

理由：该战略是为了扭转A公司体检中心主要分布在长三角地区的中心城市，向区域外和区域内三线及以下城市拓展的进度缓慢的劣势（W），抓住三线及以下城市公立医疗资源相对缺失，而体检需求持续释放的机会（O）而作出的，属于扭转型战略。

② "进一步深化医检联合体机制"属于增长型战略"SO战略"。

理由：该战略系针对A公司通过与当地公立医院建立新型的医检联合体等方式，促进了医技人才的相互流动，打通了检后转诊的快速通道的优势（S），结合相关部委支持社会办医力度，拓展社会办医空间的机会（O）作出的，属于增长型战略。

③ "尝试多种融资方式"属于防御型战略"WT战略"。

理由：该战略是考虑到A公司发展所需资金主要依靠自身积累的劣势（W），然而民营资本纷纷进入体检市场，导致体检行业竞争激烈的威胁（T）而作出的，属于防御型战略。

依据：《公司战略与风险管理》教材第二章第三节SWOT分析第90页至第92页。

2. 根据资料一，逐条指出两位副总经理提出的战略规划分别属于企业总体战略中的何种战略类型，简要说明理由（如战略类型可进一步细分，应将其细分说明）；针对分管体检业务的副总经理提出的战略规划，逐条说明其实现途径。

答：

（1）分管牙科业务的副总经理提出的战略。

① "招聘经验丰富的已退休牙科医生，进一步降低医生人工成本"是收缩战略——紧缩与集中战略。

理由：紧缩与集中战略通常集中于短期效益，主要是采取补救措施制止利润下滑，以期立即产生效果。具体采取的措施是消减成本战略。

② "调整现有牙科服务，主推单价更高的牙科美容和正畸服务"是收缩战略——转向战略。

理由：转向战略更多涉及企业经营方向或经营策略的改变。例如重新定位或调整现有的产品与服务。

③ "保持现有3家诊所，不再开设新直营门店。条件允许时，逐渐退出牙科业务"是收缩战略——放弃战略。

理由：放弃战略涉及企业（或：子公司）产权的变更，是比较彻底的撤退方式。副总经理提出的"逐渐退出牙科业务"是A公司放弃牙科业务的战略。

(2) 分管体检业务的副总经理提出的战略。

① "在长三角区域外，通过直接收购现有体检机构的方式来快速占领市场"是发展战略——一体化战略——横向一体化战略。

理由：长三角区域外的体检机构是A公司的竞争对手，收购此类标的，是企业向产业价值链相同阶段方向扩张，属于横向一体化。

实现路径：外部发展（并购）。

② "与信息技术公司建立战略合作伙伴关系"是发展战略——一体化战略——后向一体化战略。

理由：信息技术公司是供应商，此战略系为了获得供应商的所有权或加强对其控制权而作出的，属于后向一体化。

实现途径：战略联盟。

③ "设立生物样本库，创造新的收入来源"是发展战略——密集型战略——多元化战略。

理由：生物样本库及相关服务属于新产品和新市场的组合，指企业进入与现有产品和市场不同的领域，属于多元化战略。（或：企业以现有市场为基础进入相关产业或市场的战略，属于相关多元化战略。）

实现途径：内部发展（新建）。

依据：《公司战略与风险管理》教材第三章第一节总体战略第96页至第130页。

3. 根据资料二，结合财务管理有关理论，逐项判断小杨、小李与小徐的观点是否正确。如不正确，简要说明理由。

答：

(1) 小杨的观点：

① 不正确。理由：企业的整体价值不是各个部分的简单相加，而是来源于要素的结合方式。

② 不正确。理由：现时市场价值是指按现行市场价格计量的资产价值，它可能是公平的，也可能是不公平的。

(2) 小李的观点：

① 正确。

② 不正确。理由：股权现金流量是一定期间企业可以提供给股权投资人的现金流量。（或：企业分配给股权投资人的现金流量是股利现金流量。）

③ 不正确。理由：与加权平均资本成本相比，股权资本成本受资本结构的影响较大，估计起来比较复杂。

(3) 小徐的观点：

①正确。

②不正确。理由：实体现金流量是企业全部现金流入扣除成本费用和必要投资后的剩余部分，它是企业一定期间可以提供给所有投资人（包括股东和债权人）的税后现金流量。

③正确。

依据：《财务成本管理》教材第二章第二节财务比率分析第58页；第八章第一节企业价值评估的目的和对象第193页至第195页；第八章第二节企业价值评估方法第199页至第206页。

4. 根据资料二，逐条说明B公司所面临的风险并予以分析，并结合现金流量模型的相关理论，逐条说明面临的各项风险对此次收购的价格谈判产生的影响。

答：

(1) 技术风险。

分析：B公司所从事的人工智能医学影像诊断领域本身的复杂性较高，其能否进一步提高准确性并保持行业领先地位存在不确定性。技术创新遭遇失败或停滞不前将严重影响B公司的收入稳定水平和持续经营能力。

对价格谈判的影响：若技术出现变革遭遇研发失败或失去行业领先地位，B公司收入的稳定性将无法保证；其研发费用也可能严重升高，影响其未来盈利水平。上述事项对现金流量折现模型中各年现金流量的金额将产生负面影响，从而影响B公司的估值。买方应审慎考虑技术风险对估值的不利影响。

(2) 市场风险。（或：供应商稳定性风险）

分析：B公司对关联方供应商H公司的依赖性较高，而且目前该服务收费低于市场公允的价格。考虑到收购之后该关联关系可能不复存在，H公司是否还能长期持续为B公司提供影像数据服务存疑。因而B公司存在基础服务充足性、稳定性和价格变化带来的风险。

对价格谈判的影响：应当在谈判中约定H公司在并购后会持续为B公司提供数据库服务，并且对服务费率进行书面约定。

若未约定上述条款，应当在现金流量预测中按服务费市场价格计算对现金流量的影响，即通过调减税后经营净利润从而调减现金流量，最终调低B公司估值。

(3) 法律风险与合规风险。

分析：B公司采用费用报销的形式支付部分工资涉及违反相关法律法规，可能会受到制裁并遭受罚款损失。

对价格谈判的影响：该违规事项可能受到相关部门的追缴及罚款，造成经济利益的流出。

该潜在的负债应当并入净债务的金额中，通过"实体价值－净债务＝股权价值"的关系实现对B公司股权价值的调减。或者在交易条款中约定若发生追缴及罚款，该款项应由原股东承担。

(4) 运营风险。（或：核心人才流失风险）

分析：B公司客户资源主要由其销售副总经理开发和维护。销售副总经理的离职将对客户开发维护产生不利影响，从而影响 B 公司未来收入的稳定性。

对价格谈判的影响：销售收入的不确定性可能严重影响现金流量折现模型中详细预测期中各年现金流量的金额，会对 B 公司的股权价值（估值）产生重大不利影响。买方应当主张调低详细预测期中各年收入额，从而实现调低 B 公司的估值。

（5）法律风险与合规风险。（或：票据无法兑付风险）

分析：未以真实交易关系作为原因关系的背书行为无效，该行为实质上属于票据贴现。票据贴现只有经批准的金融机构才有资格从事。其他组织与个人从事票据贴现业务，可能要承担行政法律责任甚至刑事责任，且转让背书行为无效。因此 B 公司没有获得票据权利，有潜在法律瑕疵，可能造成经济损失或者票据无法兑付。

对价格谈判的影响：若该票据无法兑付，则该票据对应的金额不能用以偿付债务，视同 B 公司实际的净债务金额高于账面净债务。应当据实调增净债务金额，并通过"实体价值－净债务＝股权价值"的关系实现对 B 公司股权价值的调减。

或：应当在交易条款中约定 B 公司退回该票据并与 H 公司结清款项。

（6）战略风险。（或：发展战略实施风险）

分析：B 公司新业务的战略未及时得到跟进。业务搁置期间被竞争对手占领市场，错失了发展机会。对 B 公司的收入多元化和利润水平带来不利的影响。

对价格谈判的影响：历史期间的信息系统设计及部署的业务收入系非持续性收入，未来不会再对 B 公司产生影响。买方应主张视同此部分收入不存在，并将其从详细预测期的现金流量计算中剔除。

依据：《公司战略与风险管理》教材第六章第一节风险与风险管理概述第 362 页至第 367 页；《财务成本管理》教材第八章第二节企业价值评估方法第 200 页至第 203 页；《经济法》教材第九章第二节票据法律制度第 420 页。

5. 根据资料三，简要分析 A 公司采取并购战略的动机。根据负责外部业务收购的副总经理提出的观点，简要分析 A 公司的并购战略没有达到预期目标的原因。

答：

（1）A 公司采取并购战略的动机：

①避开进入壁垒，迅速进入，争取市场机会，规避各种风险。

通过自建进入新市场的速度比并购慢得多，需要完成新设公司的各项审批手续，并重新筹措资源、招募医技人员。通过并购的形式进入新市场则可以大幅减少上述工作，有利于迅速抓住市场机会。

②获得协同效应。

通过并购，A 公司可以实现现有资源和医技人员的共享和优势互补，实现收入水平的增长和成本费用水平的下降。

③克服企业负外部性，减少竞争，增强对市场的控制力。

A 公司拟收购的体检机构是 A 公司的同业竞争对手，竞争的结果往往是两败俱伤。并购可以减少恶性竞争，还能增强自身的竞争优势。

（2）并购战略没有达到预期目标的原因：

①决策不当的并购。

分析：进行并购前，没有认真分析目标公司的潜在成本和效益，并购进行得过于草率，结果无法对并购企业进行合理的管理；或高估并购对象所在产业的吸引力从而高估并购后带来的潜在经济利益，结果遭到失败。A公司高估了某些区域民众对高端体检的接受程度，购入的部分高端体检中心的经营效益不及预期，属于决策不当的并购。

②并购后不能很好地进行企业整合。

分析：企业完成并购后面临着战略、系统、制度、业务和文化等多方面的整合。通过收购方式经营的体检中心的业务信息系统无法与自建体检中心很好地整合，影响到了并购后企业的经营效率。

③支付过高的并购费用。

分析：不论是否通过股票市场，价值评估都是并购战略中买方与卖方较量的焦点。如果不能对并购企业进行准确的价值评估，并购方就可能要承受支付过高并购费用的风险。

依据：《公司战略与风险管理》教材第三章第一节总体战略第119页至第121页。

6. 根据资料三，结合合伙企业法律制度，逐项判断法务部草拟的合伙协议主要条款是否符合相关法律规定。如不符合，简要说明理由。

答：

（1）合规。

（2）不合规。

理由：普通合伙人可以劳务出资，而有限合伙人不得以劳务出资。

（3）合规。

（4）不合规。

理由：有限合伙企业由普通合伙人执行合伙事务，有限合伙人不执行合伙事务，不得对外代表有限合伙企业。

（5）合规。

（6）不合规。

理由：合伙人执行合伙事务，给合伙企业或者其他合伙人造成损失的，依法承担赔偿责任。

（7）不合规。

理由：有限合伙企业由普通合伙人执行合伙事务，有限合伙人不执行合伙事务。全权代理基金事务的决策活动属于执行合伙事务，因此该条款不合规。

（8）不合规。

理由：未来新入伙的有限合伙人对入伙前有限合伙企业的债务，以其认缴的出资额为限承担责任。

依据：《经济法》教材第五章第三节有限合伙企业第152页至第156页。

7. 根据资料四，结合《证券法》的相关规定，从业务指标、财务指标的角度简要分析J公司与A公司的重组方案是否构成上市公司的特殊重大资产重组，简要说明理由。

答：

（1）上市公司自控制权发生变更之日起36个月内，向收购人及其关联人购买资产，导致上市公司发生以下根本变化情形之一的，构成特殊重大资产重组，应当按照《重组办法》的规定报经中国证监会核准：

①购买的资产总额占上市公司控制权发生变更的前一个会计年度经审计的合并财务会计报告期末资产总额的比例达到100%以上的。

购买股权导致上市公司取得被投资企业控股权的，其资产总额以被投资企业的资产总额和成交金额两者中的较高者为准。

②购买的资产总额在最近一个会计年度所产生的营业收入占上市公司控制权发生变更前一个会计年度经审计的合并财务会计报告营业收入的比例达到100%以上。

购买股权导致上市公司取得被投资企业控股权的，其营业收入以被投资企业的营业收入为准。

③购买的资产净额占上市公司控制权发生变更的前一个会计年度经审计的合并财务会计报告期末净资产额的比例达到100%以上。

购买股权导致上市公司取得被投资企业控股权的，其资产净额以被投资企业的资产净额和成交金额两者中的较高者为准。

④为购买资产发行的股份占上市公司首次向收购人及其关联人购买资产的董事会决议前一个交易日的股份的比例达到100%以上。

⑤上市公司向收购人及其关联人购买资产可能导致上市公司主营业务发生根本变化。

（2）此次重组方案中，财务指标方面：

资产总额比 = max(126 000, 100 000)/130 000 = 0.97

营业收入比 = 30 000/10 000 = 3

资产净额比 = max(126 000, 90 000)/96 000 = 1.31

股份比 = 26 000/84 000 = 0.31

其中，营业收入指标和资产净额指标均超过100%，构成上市公司的特殊重大资产重组。

从业务角度来看，A公司的主营业务收入将占重组后的公司收入的75% = 30 000/(30 000 + 10 000)，因而上市公司主营业务发生了根本变化，构成上市公司的特殊重大资产重组。

依据：《经济法》教材第七章第五节上市公司收购和重组第296页至第297页。

8. 根据资料四，逐项判断投资部经理提出的观点是否恰当。如不恰当，简要说明理由。

答：

（1）不恰当。

理由：重大资产重组涉及上市公司的重大变化，属于重大信息，上市公司应当就本次交易作出充分说明并予以披露。若构成特殊重大资产重组，应当报经中国证监会核准。因此，重大资产重组需要进行充分披露，其中构成特殊重大资产重组的，除披露外还需要证监会核准。

（2）不恰当。

理由：股东大会就重大资产重组事项进行表决的，应当经出席股东大会的股东所持表决权2/3以上通过。交易对方已经与上市公司控股股东就受让上市公司股权达成协议或者默契，可能导致上市公司的实际控制权发生变化的，上市公司控股股东及其关联人应当回避表决。

(3) 不恰当。

理由：上市公司就重大资产重组事宜召开股东大会，应当以现场会议形式召开，并应当提供网络投票或者其他方式为股东参加股东大会提供便利。

(4) 不恰当。

理由：上市公司发行股份购买资产的，发行价格不得低于市场参考价的90%。

(5) 不恰当。

理由：特殊重大资产重组中，上市公司原控股股东、原实际控制人及其控制的关联人，以及在交易过程中从该等主体直接或间接受让该上市公司股份的特定对象应当公开承诺，在本次交易完成后36个月内不转让其在上市公司中拥有权益的股份。

(6) 不恰当。

理由：修改公司章程应当由出席股东大会的股东所持表决权的2/3以上通过。(或：修改公司章程应当由股东大会决议通过。)

依据：《经济法》教材第七章第五节上市公司收购和重组第298页至第300页；第六章第二节股份有限公司第189页。

9. 根据资料五，逐项判断小陈、小杜、小蒋和小陶提出的观点是否正确。如不正确，简要说明理由。

答：

(1) 小陈的观点：

①不正确。

理由：针对长期借款，企业与金融机构签订的借款合同中，一般都有较多的限制条款，这些条款可能限制企业的经营活动。

②不正确。

理由：适当利用负债可以降低公司资本成本，但当债务比率过高时，杠杆利益会被债务成本抵消，公司面临较大财务风险。因此，应当确定最佳债务比率（资本结构），使加权平均资本成本最低，企业价值最大。

③不正确。

理由：根据有税MM理论，随着企业负债比例的提高，企业价值也随之提高。在理论上，全部融资来源于负债时，企业价值最大。

(2) 小杜的观点：

①正确。

②不正确。

理由：我国《上市公司证券发行管理办法》要求，配股时控股股东应当在股东大会召开前公开认配股份的数量。

③不正确。

理由：代销期届满，原股东认购股票的数量未达到拟配售数量70%的，发行人应当按照发行价并加算银行同期存款利息返还给已经认购的股东。

（3）小蒋的观点：

①正确。

②正确。

③不正确。

理由：强制性转换条款是在某些条件具备之后，债券持有人必须将可转债转换为股票，无权要求偿还本金的规定，是为了保证可转债顺利转换成股票，实现发行公司扩大权益筹资的目的，是为保护发行公司的利益。

（4）小陶的观点：

①不正确。

理由：根据财务管理的基本原理，为获得同一资产的两个方案，现金流出的现值较小的方案是优选方案。因此用租赁净现值分析模型进行租赁决策时，应当计算不同筹资方案下取得该资产现金流出的现值，并对不同方案的现金流出现值进行比较。

②不正确。

理由：有时一个投资项目按常规筹资有负的净现值，如果租赁的价值较大，抵补常规分析负的净现值后还有剩余，则采用租赁筹资可能使该项目具有投资价值。

依据：《财务成本管理》教材第十章第一节长期债务筹资第238页至第240页；《财务成本管理》教材第十章第二节普通股筹资第249页至第250页；《财务成本管理》教材第十章第三节混合筹资第257页至第260页；《财务成本管理》教材第十章第四节租赁筹资第269页至第273页；《财务成本管理》教材第九章第一节资本结构理论第217页；《财务成本管理》教材第九章第二节资本结构决策分析第225页。

2020 年注册会计师全国统一考试

职业能力综合测试
（试卷一）试题、答案及依据

说明：本试卷共 50 分。

A 公司主要从事电子产品的生产和销售，于 2×10 年首次公开发行 A 股股票并上市。A 公司为增值税一般纳税人。A 公司适用的企业所得税税率为 25%。

A 公司 2×18 年度财务报表由汇泰会计师事务所审计。明星会计师事务所于 2×19 上半年接受委托审计 A 公司 2×19 年度财务报表，并委派注册会计师甲担任审计项目合伙人。

资料一

A 公司的控股股东 B 公司若干年前与非关联公司 C 公司共同出资设立 S 公司，B 公司持有 S 公司 60% 股权，能控制 S 公司，C 公司持有 S 公司 40% 股权。A 公司 2×19 年 3 月 31 日分别向 B 公司和 C 公司支付 6 000 万元和 4 000 万元现金作为收购对价，收购该两家公司持有的 S 公司全部股权，并自该日起对 S 公司实施控制。S 公司 2×19 年 3 月 31 日净资产账面价值为 5 000 万元，可辨认净资产公允价值为 8 000 万元。

2×19 年 3 月 31 日，A 公司在其个别财务报表中，将支付的 1 亿元现金对价和为本次股权收购发生的 100 万元评估咨询等中介费用共计 10 100 万元，作为对 S 公司长期股权投资的入账价值；A 公司在其合并财务报表中，将上述 10 100 万元与 S 公司 2×19 年 3 月 31 日可辨认净资产公允价值 8 000 万元之间的差额 2 100 万元确认为商誉。

资料二

1. A 公司 2×19 年与某客户签订一项合同（不含增值税的合同价款为 1 000 万元），按该客户的特定要求制造一台专用设备。A 公司在自己的厂区完成该设备的制造，客户无法控制在建过程中的设备。A 公司如果想把该设备出售给其他客户，需要发生重大的改造成本。合同约定，客户在签订合同日支付合同价款的 10%，在 A 公司完成该专用设备主要部件制造时支付合同价款的 50%，在设备完工交付时一次性支付剩余 40% 合同价款。客户已支付的款项无需返还。如果客户单方面解约，客户需向 A 公司支付相当于合同价款 30% 的违约金。截至 2×19 年末，A 公司已完成该专用设备主要部件制造，并按已收取的

600万元（不含增值税）确认收入。该专用设备预计将在2×20年5月完工并交付给客户。

2. A公司2×19年12月在其官网推出一项针对注册会员的优惠活动。任何用户只需在A公司官网上注册并缴纳500元会员费即可成为白金会员，可在未来12个月以优惠价格购买A公司的若干产品。A公司收取的会员费无需返还，用于补偿A公司为客户进行注册登记、准备会籍资料等初始活动发生的成本。

2×19年12月，某注册用户向A公司缴纳了500元会员费和1万元购货款（指定购买A公司某型号的电子产品），截至2×19年12月末A公司尚未发货。2×19年12月，A公司将收到的500元会员费确认为收入，并将收到的1万元购货款确认为预收账款。

资料三

1. A公司2×18年初与某非关联公司共同出资设立M公司，持有M公司20%股权，能对M公司施加重大影响，并对M公司长期股权投资采用权益法核算。2×18年12月31日，A公司对M公司长期股权投资账面价值为5 000万元。M公司2×19年上半年实现净利润1 000万元，收到控股股东捐赠100万元，除此之外，M公司2×19年上半年无其他净资产变动。2×19年6月30日，A公司对M公司长期股权投资进行权益法调整，增加长期股权投资账面价值220万元，同时分别确认投资收益200万元和其他综合收益20万元。2×19年7月1日，A公司与另一非关联公司签订协议，拟以5 500万元的价格出售所持M公司15%股权。该股权处置交易预计将在2×20年初完成，交易完成后，A公司对M公司将不具有重大影响。该拟出售的M公司15%股权自2×19年7月1日起满足持有待售类别划分条件，A公司将其划分为持有待售资产，并自该日起停止权益法核算。2×19年7月1日，A公司将未划分为持有待售资产的所持M公司剩余5%股权转为以公允价值计量且其变动计入其他综合收益的金融资产（非交易性权益工具投资），并将该剩余5%股权原账面价值与该日公允价值的差额计入投资收益。2×18年和2×19年，A公司和M公司之间无任何交易。

2. A公司2×19年10月31日从二级市场以每股10元的价格购入某上市公司一定数量股票，拟长期持有，不以交易为目的，且A公司不参与被投资单位的财务和经营决策，A公司将其指定为以公允价值计量且其变动计入其他综合收益的金融资产。2×19年11月30日，该股票市价为每股9元，A公司将相关公允价值变动损失计入其他综合收益。2×19年12月，该上市公司出现严重财务困难，股价发生严重下跌。2×19年12月31日该股票市价为每股4元，A公司将之前计入其他综合收益的累计损失从其他综合收益中转出，连同2×19年12月当月的公允价值变动损失一并计入当期损益。

3. A公司2×19年12月从信用状况良好的某客户收到若干由该客户签发的商业承兑汇票和由工商银行承兑的银行承兑汇票。A公司于当月将上述票据全部背书转让给供应商，并将其全部予以终止确认。

4. 2×19年12月，经与A公司协商一致，A公司某客户以公允价值为900万元的房产抵偿其应付A公司的货款。A公司对该客户应收账款的账面余额为1 000万元，已计提坏账准备200万元，账面价值和公允价值均为800万元。A公司于2×19年12月取得上述房产，按该房产公允价值900万元作为其入账价值，将其与终止确认的应收账款账面价值的差额100万元，作为债务重组收益计入投资收益。

5. 2×19年12月，A公司与某非关联公司进行资产交换，将一处账面价值为10 000万元（公允价值为20 000万元）的自用房产与该非关联公司一条公允价值为20 000万元的生产线进行交换。A公司于2×19年12月31日取得上述生产线，并于2×20年1月向对方交付了上述房产。2×19年12月，A公司按公允价值20 000万元作为该换入生产线入账价值计入固定资产，同时终止确认上述换出房产，并将换入生产线公允价值20 000万元与换出房产账面价值10 000万元的差额10 000万元确认为资产处置收益。

6. A公司2×19年12月1日与某非关联仓储公司签订租赁协议，自该日起租用其部分仓库用于储存A公司拟对外销售的产品，租期为24个月，无续租或提前终止租赁选择权。A公司每月使用对方仓库的位置和面积并不固定（视对方仓库当月可用情况而定），而是按实际使用仓库面积基于双方约定的收费标准向对方付费，但每月需至少支付10万元保底租金。2×19年12月1日，A公司确认使用权资产和租赁负债各240万元，自该日起在24个月内按直线法对使用权资产计提折旧并计入当期损益，并将每月支付租金超过10万元的部分作为或有租金，在实际发生时直接计入当期损益。

7. A公司2×19年12月31日收到某地方政府给予的财政补贴，用于支付其拟在当地招聘的部分新员工入职首月的工资。A公司将该项补贴认定为与收益相关的政府补助，于收到时确认为其他收益。

资料四

注册会计师甲在复核审计项目组成员编制的审计工作底稿时，注意到以下事项：

1. 审计项目组对A公司2×19年12月31日应收账款余额实施了函证程序，相关审计工作底稿部分内容摘录如下：

应收账款函证控制表

单位：万元

客户名称	函证编号	账面余额	回函确认金额	差异	（略）	审计说明
D公司	（略）	1 200	1 200	0	（略）	2
E公司	（略）	1 000	1 000	0	（略）	3
F公司	（略）	800	800	0	（略）	4
G公司	（略）	1 500	1 200	300	（略）	5
H公司	（略）	1 000	500	500	（略）	6
（略）	（略）	（略）	（略）	（略）	（略）	（略）

审计说明：
1. 函证实施范围：随机抽取40个客户，对A公司于2×19年12月31日对相关客户的应收账款余额实施函证，但不包括截至发函日已全额回函的应收账款。
2. 受新冠疫情影响，D公司财务人员尚未复工，无法接收和回复审计项目组寄发的询证函。审计项目组已通过微信视频方式向D公司财务人员展示已寄发询证函的复印件，对方在视频中表示金额相符。无需作进一步审计处理。
3. 回函显示金额相符，同时，E公司在回函中备注："本函可能不包括本公司与A公司之间交易的全部信息"。无需作进一步审计处理。
4. F公司通过电子邮件回函，回函显示金额相符。无需作进一步审计处理。
5. 回函显示存在300万元差异，A公司财务人员未能作出合理解释。审计项目组建议A公司就该300万元应收账款差异全额计提坏账准备。
6. A公司财务人员说明，H公司为A公司的代理商，只有在其将从A公司采购的产品完成对外销售时，才有义务向A公司付款，2×19年12月31日，H公司尚有500万元从A公司购入商品未完成对外销售，从而导致上述差异。审计项目组检查了A公司向H公司发出上述500万元产品的发货记录和销售发票，未发现异常。无需作进一步审计处理。
（略）

2. 审计项目组对 A 公司 2×19 年 12 月 31 日银行存款余额实施了实质性程序，相关审计工作底稿部分内容摘录如下：

银行存款函证情况表
单位：万元

开户银行	账号	账面余额	对账单余额	差异	是否函证	是否质押	审计说明
J 银行	（略）	200	0	200	是	否	2
K 银行	（略）	500	不适用	不适用	是	否	3
U 银行	（略）	0	0	0	否	否	4
V 银行	（略）	1 500	1 500	0	是	否	5
（略）	（略）	（略）	（略）	（略）	（略）	（略）	（略）

审计说明：

1. 为核实 A 公司提供的银行账户一览表中银行账户是否完整，审计项目组从 A 公司出纳处获取了其从中国人民银行打印的 2×19 年 12 月 31 日《已开立银行结算账户清单》，并将银行账户一览表中的每个银行账户信息核对至《已开立银行结算账户清单》，发现银行账户一览表中的所有银行账户均包含在《已开立银行结算账户清单》中。无需作进一步审计处理。

2. 经检查 J 银行存款余额调节表，该差异系因为 A 公司为某非关联方 2×19 年初从 J 银行取得 400 万元借款提供担保，因借款人陷入财务困境无力还款，J 银行于 2×19 年 12 月 31 日将 A 公司账户存款余额 200 万元全部扣划，但 A 公司该日未进行账务处理所致。A 公司已于 2×20 年 1 月对上述差异进行账务处理，将被 J 银行扣划的上述 200 万元计入 2×20 年 1 月营业外支出。审计项目组亲自寄发并收回了银行询证函，回函显示与对账单金额相符。无需作进一步审计处理。

3. A 公司财务人员说明，K 银行存款为定期存款。审计项目组向 K 银行寄发的银行询证函未能收回。审计项目组获取并检查了定期存单复印件，未发现差异。无需作进一步审计处理。

4. A 公司财务人员说明，U 银行账户是采购专用账户，2×19 年 12 月前使用较为频繁，12 月起基本不再使用，2×19 年 12 月 31 日余额为零，拟在 2×20 年销户。审计项目组检查了该银行账户 2×19 年 12 月对账单，未发现差异。无需作进一步审计处理。

5. 审计项目组成员在 A 公司财务经理陪同下前往 V 银行跟函，在 V 银行二楼贵宾室亲自将询证函交予银行接待人员，银行接待人员将银行询证函送至一楼办公场所进行处理后，将回函直接交予在贵宾室等待的审计项目组成员，回函显示金额相符。无需作进一步审计处理。

（略）

资料五

T 公司为 A 公司 2×19 年 1 月在境外某国成立的子公司，主要在该国销售 A 公司生产的产品。就 A 公司 2×19 年度合并财务报表而言，T 公司属于具有财务重大性的重要组成部分。注册会计师甲在复核审计项目组成员编制的 T 公司 2×19 年度财务信息审计工作底稿时，注意到以下事项：

1. T 公司 2×19 年 11 月初与非关联公司 W 集团下属的 P 公司签订合同，向 P 公司采购一批机器设备，并按合同约定向 P 公司预付了 2 000 万美元的设备采购款，合同约定设备交货时间为 2×20 年 7 月。审计项目组检查了上述设备采购合同和预付款银行付款单据，未发现差异。审计项目组据此得出"2×19 年 12 月 31 日，T 公司对 P 公司的预付款项余额不存在错报"的结论。

2. 受 T 公司所在国新冠疫情的影响，2×19 年末 T 公司未对存货进行盘点。由于 T 公司存货全部从 A 公司购入，审计项目组检查了构成 T 公司 2×19 年末存货余额的相关采购交易所对应的 A 公司相关产品出库、报关及发运记录，未发现差异。审计项目组据此得出"2×19 年 12 月 31 日，T 公司存货余额不存在错报"的结论。

3. T 公司 2×19 年初向 Q 公司（其控股股东为 A 公司前员工）销售了若干产品（总价款 200 万美元），并相应确认了销售收入。T 公司与 Q 公司之间无其他交易。2×19 年

12月31日应收账款余额中应收Q公司货款余额为200万美元。审计项目组对该应收账款余额向Q公司实施了函证程序，回函显示金额相符。审计项目组据此得出"2×19年度T公司对Q公司的销售收入和2×19年12月31日对Q公司的应收账款余额不存在错报"的结论。

4. T公司2×19年11月向W集团下属的Z公司销售了若干产品，并于当月全额收讫销售货款2 000万美元。T公司与Z公司无其他交易。审计项目组检查了T公司向Z公司销售上述产品的销售合同、发运记录和银行收款单据，未发现差异。审计项目组据此得出"2×19年度T公司对Z公司的销售收入不存在错报"的结论。

资料六

1. A公司2×19年度出售了一处2×18年自建的自用办公楼，相应取得的价款和价外费用共计20 000万元。A公司在当年以上述取得的20 000万元扣除建造该办公楼发生的成本后的余额，按照5%的预征率向相关税务机关预缴增值税税款，并进行相应增值税纳税申报。

2. A公司2×19年以若干自产设备作为出资与某非关联方共同设立一家联营企业。A公司在申报2×19年度应交增值税时，将生产该批设备所耗用原材料的进项税作为不得从销项税额中抵扣的进项税予以转出。

3. A公司于2×19年安排部分员工及其家属赴外地参观新建成的工厂，并全额承担上述人员的机票费用。A公司在申报2×19年度应交增值税时，将取得的上述机票费用合法有效增值税扣税凭证注明的进项税额，从销项税额中作了全额抵扣。

4. A公司控股股东2×19年向A公司赠与一台设备，并在赠与协议中约定，由A公司计入资本公积。A公司收到赠与设备后按上述约定进行了相应会计处理，并以该设备在控股股东的原账面价值作为该资产的企业所得税计税基础。A公司在申报2×19年度企业所得税时，未将上述股东赠与资产所得纳入应纳税所得额。

5. A公司2×19年度通过中国红十字会向洪水受灾地区捐赠了一批物资，该捐赠支出总计金额达A公司2×19年度利润总额的15%。A公司在申报2×19年度企业所得税时，将上述捐赠支出在2×19年度企业所得税应纳税所得额中作了全额税前扣除。

6. A公司2×19年开展研发活动发生若干研究开发费（未形成无形资产），其中包括人员人工费用、直接消耗的材料等。A公司在2×19年对外销售了上述研发过程中直接形成的部分试制品。A公司在申报2×19年度企业所得税时，将上述研究开发费在2×19年度企业所得税应纳税所得额中作了全额税前扣除，并在此基础上按50%作了加计扣除。

7. A公司2×19年末因管理不善发生若干原材料盘亏。在申报2×19年度应交增值税时，A公司将上述盘亏原材料的进项税作为不得从销项税额中抵扣的进项税予以转出。在申报2×19年度企业所得税时，A公司将上述不得抵扣进项税作为不得税前扣除项目，相应调增当年应纳税所得额。

资料七

A公司财务总监就以下事项征询注册会计师甲的意见：

1. A公司拟在2×20年向某商业中心租入一固定位置的店铺，计划重新装修后作为A公司产品的展厅。A公司计划与出租人签订为期12个月的租赁协议，并拟在协议中约定2

年的续租选择权。

针对上述拟签订的租约，A公司财务总监希望注册会计师甲就该租赁是否可以作为不确认使用权资产和租赁负债的短期租赁及其理由提出分析意见。

2. A公司计划在2×20年发行永续债。A公司财务总监希望注册会计师甲就拟发行的永续债需符合哪些条件，A公司支付的永续债利息才能在企业所得税税前扣除提出分析意见。

要求：

1. 针对资料一，假定不考虑其他条件，指出A公司在个别财务报表层面和合并财务报表层面的会计处理是否存在不当之处。如果存在不当之处，提出恰当的处理意见（不考虑相关税费或递延所得税的影响）。

2. 针对资料二第1项和第2项，假定不考虑其他条件，指出A公司收入确认相关的会计处理是否存在不当之处。如果存在不当之处，提出恰当的处理意见（不考虑相关税费或递延所得税的影响）。

3. 针对资料三第1项至第7项，假定不考虑其他条件，指出A公司的会计处理是否存在不当之处。如果存在不当之处，提出恰当的处理意见（不考虑相关税费或递延所得税的影响）。

4. 针对资料四第1项和第2项，假定不考虑其他条件，指出注册会计师甲在复核审计项目组成员的工作底稿时，针对审计项目组成员的审计处理，应提出哪些质疑和改进建议。

5. 针对资料五第1项至第4项，假定不考虑其他条件，指出注册会计师甲在复核审计项目组成员编制的T公司审计工作底稿时，针对审计项目组成员的审计处理，应提出哪些质疑和改进建议。

6. 针对资料六第1项至第3项，假定不考虑其他条件，指出A公司的增值税处理是否存在不当之处。如果存在不当之处，提出恰当的处理意见。

7. 针对资料六第4项至第6项，假定不考虑其他条件，指出A公司的企业所得税处理是否存在不当之处。如果存在不当之处，提出恰当的处理意见。

8. 针对资料六第7项，假定不考虑其他条件，分别指出A公司的增值税处理和企业所得税处理是否存在不当之处。如果存在不当之处，提出恰当的处理意见。

9. 针对资料七第1项和第2项，假定不考虑《中国注册会计师职业道德守则》的规定，代注册会计师甲回答A公司财务总监提出的问题。

参考答案：

1. 针对资料一，假定不考虑其他条件，指出A公司在个别财务报表层面和合并财务报表层面的会计处理是否存在不当之处。如果存在不当之处，提出恰当的处理意见（不考虑相关税费或递延所得税的影响）。

答：

个别财务报表层面的会计处理存在不当之处。

处理意见：为收购发生的评估咨询等中介费用应于发生时计入当期损益。

对从 B 公司取得的 S 公司 60% 股权，应作为同一控制下企业合并取得的长期股权投资处理，应在 2×19 年 3 月 31 日按照取得 S 公司净资产账面价值的份额 3 000 万元（5 000 万元×60%）作为该部分长期股权投资的投资成本，其与支付的合并对价 6 000 万元之间的差额 3 000 万元，应调整资本公积，资本公积（股本溢价）余额不足冲减的，冲减留存收益；对从 C 公司取得的 S 公司 40% 股权，应作为购买少数股东权益形成的长期股权投资处理，应以支付的现金对价 4 000 万元作为该部分长期股权投资的投资成本。上述两项投资成本之和 7 000 万元作为取得的 S 公司 100% 股权的初始投资成本。

合并财务报表层面的会计处理存在不当之处。

处理意见：为收购发生的评估咨询等中介费用应于发生时计入当期损益。

该项交易应作为同一控制下企业合并和购买少数股东权益处理。A 公司所支付的对价 10 000 万元与 2×19 年 3 月 31 日 S 公司净资产账面价值 5 000 万元之间的差额 5 000 万元，应调整资本公积，资本公积（股本溢价）余额不足冲减的，冲减留存收益。

依据：《会计》教材第七章第二节第 96 页、第 101 页。

2. 针对资料二第 1 项和第 2 项，假定不考虑其他条件，指出 A 公司收入确认相关的会计处理是否存在不当之处。如果存在不当之处，提出恰当的处理意见（不考虑相关税费或递延所得税的影响）。

答：

（1）会计处理存在不当之处。

处理意见：该项交易不符合在某一时段内确认收入的条件，应在履约义务完成，客户取得该设备控制权时确认收入，即在 2×20 年设备完工交付给客户，客户取得该设备控制权时一次性确认全部 1 000 万元收入。

依据：《会计》教材第十六章第一节第 316 页至第 318 页。

（2）会计处理存在不当之处。

处理意见：收到的会员费属于不可退回的初始费，且不与 A 公司已经向客户转让的任何商品或服务相关，应作为未来将要转让的商品的预收款，确认为合同负债，在未来转让商品时确认收入。收到的 1 万元购货款应确认为合同负债。

依据：《会计》教材第十六章第一节第 334 页、第 330 页。

3. 针对资料三第 1 项至第 7 项，假定不考虑其他条件，指出 A 公司的会计处理是否存在不当之处。如果存在不当之处，提出恰当的处理意见（不考虑相关税费或递延所得税的影响）。

答：

（1）会计处理存在不当之处。

处理意见：对于 M 公司收到控股股东捐赠的 100 万元，A 公司在权益法核算时，应在调整长期股权投资的账面价值（20 万元）的同时，增加资本公积。

在将拟出售的对 M 公司 15% 股权投资分类为持有待售资产并停止权益法核算的同时，对于未划分为持有待售资产的对 M 公司剩余 5% 股权投资，应在划分为持有待售的对 M 公司 15% 股权投资出售前继续采用权益法核算。

依据：《会计》教材第七章第三节第 112 页、第二十五章第一节第 494 页、第 495 页。

(2) 会计处理存在不当之处。

处理意见：指定为以公允价值计量且其变动计入其他综合收益的金融资产，其公允价值后续变动应计入其他综合收益，且后续不得转入损益。

依据：《会计》教材第十四章第二节第224页。

(3) 会计处理存在不当之处。

处理意见：不应终止确认背书转让的商业承兑汇票，应继续确认相关应收票据。

依据：《会计》教材第十四章第五节第265页。

(4) 会计处理存在不当之处。

处理意见：A公司作为债权人以受让非金融资产的方式进行的债务重组交易，应以所放弃的应收账款的公允价值800万元计量受让房产的初始入账价值，在所放弃的应收账款的公允价值与账面价值相同的情况下，不应确认债务重组收益。

依据：《会计》教材第十九章第二节第370页。

(5) 会计处理存在不当之处。

处理意见：截至2×19年12月31日，换出房产尚未交付，并不满足终止确认条件，不应终止确认换出房产及相关资产处置收益。2×19年12月31日，A公司应在确认换入生产线的同时，将交付换出房产的义务确认为一项负债。

依据：《会计》教材第十八章第二节第355页。

(6) 会计处理存在不当之处。

处理意见：A公司有权使用的仓库的位置和面积并不固定，仓储公司对于提供给A公司使用的仓库位置拥有实质性替换权，因此该合同不包含租赁。A公司不应确认租赁负债和使用权资产，只需将每月实际发生的仓库使用费计入当期损益。

依据：《会计》教材第二十二章第一节第415页。

(7) 会计处理存在不当之处。

处理意见：A公司收到的与收益相关的政府补助，补偿的是A公司拟在当地招聘的部分新员工入职首月的工资，属于补偿以后期间的相关成本或费用，应先确认为递延收益，在确认相关成本或费用的期间，计入当期损益或冲减相关成本费用。

依据：《会计》教材第十七章第二节第344页。

4. 针对资料四第1项和第2项，假定不考虑其他条件，指出注册会计师甲在复核审计项目组成员的工作底稿时，针对审计项目组成员的审计处理，应提出哪些质疑和改进建议。

答：

(1) 质疑：不应直接采用随机抽取的方式确定应收账款函证实施范围，且不能仅仅因为期后已经回款，就不对相关应收账款实施函证程序。

改进建议：选择函证项目时，应考虑金额较大的项目，此外还需要考虑风险较高的项目，例如：账龄较长的项目；与债务人发生纠纷的项目；重大关联方项目；主要客户（包括关系密切的客户）项目；新增客户项目；交易频繁但期末余额较小甚至余额为零的项目；可能发生错报或舞弊的非正常项目。如果应收账款余额由大量金额较小且性质类似的项目构成，审计项目组可采用抽样技术选取函证样本。

依据:《审计》教材第九章第五节第225页。

质疑:不应直接依赖D公司财务人员通过微信视频所提供的信息。

改进建议:应当要求D公司在复工后,将询证函原件直接寄回明星会计师事务所。如未能收到回函,应对该应收账款余额实施替代审计程序。

依据:《审计》教材第三章第三节第59页。

质疑:E公司在回函中的备注对回函可靠性产生影响,使该回函作为可靠审计证据的程度受到了限制。

改进建议:应当执行额外的或替代的审计程序。例如,要求E公司对备注内容作出进一步澄清等。

依据:《审计》教材第三章第三节第60页。

质疑:不应直接依赖F公司通过电子邮件回函所提供的信息。

改进建议:应电话联系F公司相关人员,确定其是否发送了回函。必要时,要求F公司提供回函原件。

依据:《审计》教材第三章第三节第59页。

质疑:G公司应收账款函证回函的差异可能显示A公司存在应收账款及其他项目的错报,例如对G公司收入多记等,不应直接建议A公司对该差异全额计提坏账准备。

改进建议:应调查该差异形成的具体原因,以确定是否存在错报,并根据存在错报的具体情况,进行相应的审计处理。

依据:《审计》教材第三章第三节第60页。

质疑:该差异可能表明A公司对H公司的收入确认存在错报。

改进建议:应调查该差异是否构成错报,例如,应检查与H公司签订的相关销售合同,明确A公司向H公司交付相关产品时,H公司是否取得相关产品的控制权,如H公司尚未取得相关产品的控制权,A公司不应在向H公司交付相关产品时确认收入及应收账款。

依据:《审计》教材第三章第三节第60页。

(2)质疑:审计项目组不应直接使用由A公司出纳提供的《已开立银行结算账户清单》。将银行账户一览表中的每个银行账户信息核对至《已开立银行结算账户清单》不足以确定银行账户一览表中银行账户的完整性。

改进建议:审计项目组应亲自到中国人民银行或A公司基本存款账户开户行查询并打印2×19年12月31日《已开立银行结算账户清单》。为核实银行账户一览表中银行账户的完整性,审计项目组应将《已开立银行结算账户清单》中的每个银行账户信息核对至银行账户一览表,检查《已开立银行结算账户清单》中的所有银行账户是否均包含在银行账户一览表中。

依据:《审计》教材十二章第四节第279页。

质疑:该差异可能表明A公司J银行账户存款余额和履行担保义务相关损失存在错报,审计项目组未对上述事项进行相应审计处理。

改进建议:审计项目组应建议A公司将因承担担保义务而被扣划的200万元相应调减2×19年12月31日银行存款账面余额,同时就其尚需承担的剩余担保义务计提相应负债,并将A公司就该担保义务产生的上述损失全额计入2×19年度损益。

依据：《审计》教材第十二章第四节第280页。

质疑：A公司仅就K银行定期存款提供了定期存单复印件，可能表明该定期存款已被质押，审计项目组未保持充分警觉。

改进建议：审计项目组应向K银行再次寄发银行询证函，同时应进一步核实该定期存款是否已质押。如未质押，应检查定期存款开户证实书原件；如已质押，应检查相应的质押合同，关注相关借款是否已入账等。

依据：《审计》教材第十二章第四节第285页。

质疑：U银行账户2×19年12月前使用较为频繁，可能表明与之相关的重大错报风险并非很低，未对其实施函证程序不恰当。

改进建议：审计项目组应对U银行账户实施函证程序。

依据：《审计》教材第三章第三节第53页。

质疑：在对V银行存款余额实施函证程序时，审计项目组成员未在整个过程中保持对函证的控制，未对V银行与A公司之间串通舞弊的风险保持警觉。

改进建议：审计项目组成员应对V银行账户重新实施函证程序，并在整个过程中保持对函证的控制。

依据：《审计》教材第三章第三节第58页至第59页。

5. 针对资料五第1项至第4项，假定不考虑其他条件，指出注册会计师甲在复核审计项目组成员编制的T公司审计工作底稿时，针对审计项目组成员的审计处理，应提出哪些质疑和改进建议。

答：

（1）质疑：T公司是主要在所在国销售A公司自产产品的贸易公司，其发生大额设备采购属于超出其正常经营过程的重大交易，但审计项目组未充分关注该设备采购交易及预付款安排的商业合理性。

改进建议：审计项目组应评价该设备采购交易及其预付款安排的商业合理性，并实施"延伸检查"程序，以确定T公司从事该交易的目的是否为了对财务信息作出虚假报告或掩盖侵占资产的行为。例如，了解T公司采购该设备的原因及其合理性，查询P公司的背景信息，访谈P公司管理层及相关人员，对P公司进行实地走访，观察P公司生产经营场地，判断其与T公司的交易规模是否与其生产经营规模匹配，了解P公司收到预付款的资金用途去向等。

依据：《审计》教材第九章第五节第221页、第222页、第十三章第一节第300页。

（2）质疑：仅通过检查A公司相关产品的发出记录，不足以得出T公司相关存货余额在2×19年12月31日真实存在于T公司的结论。

改进建议：审计项目组应要求T公司对存货实施盘点，并自行或委托T公司所在地的会计师事务所，对T公司的存货盘点实施监盘程序，并在此基础上实施适当的审计程序，检查监盘日与资产负债表日之间的存货变动是否已得到恰当记录，进而倒推至资产负债表日存货结存情况，以确定T公司资产负债表日存货结存是否不存在重大错报。如果无法对T公司存货盘点实施监盘程序，应基于无法获取的审计证据对形成审计意见的重要性考虑对审计意见的影响。

依据：《审计》教材第十一章第五节第256页至第266页、第十九章第二节第419页。

（3）质疑：Q公司的控股股东为A公司前员工，与T公司存在"隐性"关联方关系，且T公司2×19年度对Q公司的全部销售收入均尚未回款，仅通过向Q公司实施常规函证程序不足以得出相关销售收入和应收账款余额不存在错报的结论。

改进建议：当注意到可能存在关联方（或者"隐性"关联方）配合T公司虚构收入的迹象时，应实施"延伸检查"程序。例如，进一步了解Q公司采购T公司产品的商业理由及是否存在包含特殊退货条款等内容的"抽屉协议"，查询Q公司的背景信息，访谈Q公司管理层及相关人员，对Q公司进行实地走访，观察其生产经营场地，判断其与T公司的交易规模是否与其生产经营规模匹配，了解Q公司采购T公司产品的用途、去向和最终销售实现情况，实地查看相关产品的库存情况等。

依据：《审计》教材第九章第五节第221页、第222页。

（4）质疑：T公司与同属W集团的P公司和Z公司同时存在设备采购和产品销售，T公司相关设备采购交易及预付款安排商业合理性存疑，且预付设备采购款与产品销售均发生于2×19年11月，预付设备款与收到的产品销售款金额相同。审计项目组未对上述异常情况予以充分关注。

改进建议：审计项目组应评价该设备采购交易及其预付款安排的商业合理性，并实施"延伸检查"程序。例如，了解T公司采购该设备的原因及其合理性，查询P公司和Z公司的背景信息，访谈P公司和Z公司管理层及相关人员，对P公司和Z公司进行实地走访，观察其生产经营场地，判断其与T公司的交易规模是否与其生产经营规模匹配，了解P公司收到预付款的资金用途去向，以及Z公司采购T公司产品的用途、去向和最终销售实现情况，实地查看Z公司相关产品的库存情况等。

依据：《审计》教材第九章第五节第221页、第222页。

6. 针对资料六第1项至第3项，假定不考虑其他条件，指出A公司的增值税处理是否存在不当之处。如果存在不当之处，提出恰当的处理意见。

答：

（1）存在不当之处。

处理意见：转让自建的不动产，应以取得的全部价款和价外费用为销售额计算增值税应纳税额，不应扣除建造过程中发生的成本。

依据：《税法》教材第二章第五节第89页。

（2）存在不当之处。

处理意见：A公司以自产设备作为投资，应视同发生增值税应税销售行为，应按主管机关核定的销售额计算申报增值税销项税额，而不应作进项税转出。

依据：《税法》教材第二章第一节第49页、第五节第70页。

（3）存在不当之处。

处理意见：A公司员工的机票相关进项税可以抵扣，员工家属的机票相关进项税不可以抵扣。

依据：《税法》教材第二章第五节第76页。

7. 针对资料六第 4 项至第 6 项，假定不考虑其他条件，指出 A 公司的企业所得税处理是否存在不当之处。如果存在不当之处，提出恰当的处理意见。

答：

（1）存在不当之处。

处理意见：接受股东赠与资产，应按公允价值确定该项资产的计税基础。

依据：《税法》教材第四章第二节第 211 页。

（2）存在不当之处。

处理意见：公益性捐赠支出不超过年度利润总额 12% 的部分，予以扣除。超过年度利润总额 12% 的部分，准予以后三年内在计算应纳税所得额时结转扣除。结转扣除时，应先扣除以前年度结转的捐赠支出，再扣除当年发生的捐赠支出。

依据：《税法》教材第四章第二节第 223 页。

（3）存在不当之处。

处理意见：研发活动直接形成产品或作为组成部分形成的产品对外销售的，研发费用中对应的材料费用不应加计扣除；研发费用未形成无形资产的，在按照规定据实扣除的基础上，应再按研发费用的 75% 加计扣除。

依据：《税法》教材第四章第六节第 249 页。

8. 针对资料六第 7 项，假定不考虑其他条件，分别指出 A 公司的增值税处理和企业所得税处理是否存在不当之处。如果存在不当之处，提出恰当的处理意见。

答：

增值税的处理不存在不当之处。

依据：《税法》教材第二章第五节第 79 页。

企业所得税的处理存在不当之处。

处理意见：A 公司因原材料盘亏不得从增值税销项税额中抵扣的进项额，可以与该原材料损失一起在计算企业所得税应纳税所得额时扣除。

依据：《税法》教材第四章第四节第 237 页。

9. 针对资料七第 1 项和第 2 项，假定不考虑《中国注册会计师职业道德守则》的规定，代注册会计师甲回答 A 公司财务总监提出的问题。

答：

（1）租赁协议中包含承租人续租选择权的，在租赁期开始日，应当评估承租人是否合理确定将行使该选择权。在评估时，应当考虑对承租人行使该续租选择权带来经济利益的所有相关事实和情况，包括自租赁期开始日至选择权行使日之间的事实和情况的变化。

如果 A 公司能够合理确定将行使该续租选择权，则确定的租赁期应当包含该续租选择权所涵盖的期间，在此情况下，该租赁合同的租赁期超过 1 年，不能作为不确认使用权资产和租赁负债的短期租赁进行会计处理。否则，该租赁合同的期限为 1 年，A 公司可以选择将该租赁作为不确认使用权资产和租赁负债的短期租赁进行会计处理。

例如，如果 A 公司计划花费大量资金对租赁的店铺进行装修，预计在 1 年结束时该装修仍将具有重大价值，且该价值仅可通过继续使用该店铺实现，则 A 公司合理确定将行使续租选择权。

依据:《会计》教材第二十二章第一节第419页、第420页。

(2) 利息支出准予在企业所得税税前扣除的永续债需满足以下条件:

①该永续债必须是经国家发展改革委员会、中国人民银行、中国银行保险监督管理委员会、中国证券监督管理委员会核准,或经中国银行间市场交易商协会注册、中国证券监督管理委员会授权的证券自律组织备案,依照法定程序发行,附赎回(续期)选择权或无明确到期日的债券。

②该永续债必须符合下列条件中5条以上(含):

a. A公司对该项投资具有还本义务。

b. 有明确约定的利率和付息频率。

c. 有一定的投资期限。

d. 投资方对A公司净资产不拥有所有权。

e. 投资方不参与A公司日常生产经营活动。

f. A公司可以赎回,或满足特定条件后可以赎回。

g. A公司将该项投资计入负债。

h. 该项投资不承担A公司股东同等的经营风险。

i. 该项投资的清偿顺序位于A公司股东持有的股份之前。

③A公司发行永续债,应当将其适用的税收处理方法在证券交易所、银行间债券市场等发行市场的发行文件中向投资方予以披露。

依据:《税法》教材第四章第二节第208页、第209页。

2020年注册会计师全国统一考试

职业能力综合测试
（试卷二）试题、答案及依据

说明：本试卷共50分。

资料一

随着我国中老年人独居化趋势出现，越来越多的中老年人开始饲养宠物。全国各地有一大批宠物食品企业通过受托加工、委托加工、合作生产等方式生产和销售各种品牌的宠物日用粮（包括宠物干粮和宠物湿粮）。由于宠物食品行业的快速发展，且行业进入门槛不高，吸引了大量投资者关注和涌入。目前，宠物食品企业生产和销售的宠物日用粮以口味和种类相对单一的传统宠物食品为主。消费者认为现有的传统宠物食品同质化程度较高。为了满足消费者对宠物食品口味和营养的需求，宠物食品市场已逐步出现口味和营养多样化的新兴宠物食品（如各种配方食品），并对传统宠物食品构成一定挑战。

A有限责任公司成立于20×3年，是一家以宠物日用粮为主要产品的宠物食品生产企业。宠物日用粮的原材料主要由谷物、肉类和皮革构成，占宠物日用粮产品成本的较大比重。因此，原材料价格的波动对宠物食品生产企业的经营业绩具有较大影响。虽然原材料所属的农林牧副渔行业具有较强的周期属性，但我国农林牧副渔行业产量在保持多年稳定的基础上每年均略有增长。并且，我国宠物食品行业原材料消耗量占上游行业生产规模的比例非常低。A有限责任公司通过公开招标的方式选择多家原材料供应商，并与之签署长期合作协议。

随着互联网技术的大规模应用，消费者非常容易在电商平台查询到不同品牌宠物食品的市场价格及产品特点。同时，为满足养宠人士的相互交流，市场上出现多款APP和应用小程序，既能分享宠物饲养经验，又能直接接入电商平台。A有限责任公司顺应新的营销模式，大力拓展线上销售渠道，逐步形成"线上+线下"双渠道销售格局。

资料二

为抓住发展机遇筹集资金，扩大企业生产规模，A有限责任公司在改制为A股份有限公司（以下简称A公司）后，于20×9年启动在深圳证券交易所中小板上市计划，20×6年至20×8年经审计的合并财务报表中的主要财务数据如下：

单位：人民币万元

资产负债表：	20×8年12月31日	20×7年12月31日	20×6年12月31日
资产合计	30 000	25 000	20 000
无形资产	2 000	2 900	3 300
其中：专有技术类无形资产	900	1 600	1 800
土地使用权无形资产	1 100	1 300	1 500
股东（或所有者）权益合计	12 000	8 000	4 000
其中：股本（或实收资本）	3 500	3 500	1 000
未分配利润	3 600	1 600	-1 200
利润表：	20×8年度	20×7年度	20×6年度
营业收入	38 000	33 000	25 000
归属于母公司股东（或所有者）的净利润[注]	3 300	2 800	500
现金流量表：	20×8年度	20×7年度	20×6年度
经营活动产生的现金流量净额	3 000	1 600	300

[注] 归属于母公司股东（或所有者）的净利润以扣除非经常性损益前后较低者为计算依据。

A公司聘请某证券公司对其进行上市辅导。该证券公司在完成尽职调查后，发现以下事项：

1. 为满足上市要求，A有限责任公司于20×7年9月按经审计的账面净资产折股，整体变更为股份有限公司。

2. A有限责任公司原实际控制人为前任董事长刘一。20×4年11月，刘一将其持有的全部股权转让给其女儿。此次股权转让后，A有限责任公司实际控制人变更为刘一女儿。

3. 20×5年1月，A有限责任公司董事会进行换届选举，有三分之二以上的董事被更换。

4. 截至目前，A公司监事会成员5人，包括1名职工代表，3名股东和1名高级管理人员。

A公司按照上市要求规范并运行一段时间后，在深圳证券交易所中小板市场首次公开发行股票并上市交易。

资料三

A公司上市后面临着较大的经营业绩压力，管理层愈加重视短期经营决策的制订。为此，A公司管理层专门组织了研讨会，一些高级管理人员（以下简称高管）在会上就短期经营决策发表了如下观点：

1. A公司某款以鱼类为主要原材料的宠物干粮，因销售规模较小，根据财务部提供的数据显示单独核算该产品的息税前利润为负数。某高管认为，虽然公司有足够的生产能力，但仍应立即停止该产品的生产，以减少损失。

2. 由于宠物零食与宠物日用粮之间在生产工艺方面存在共通点，A公司可在不追加设备投资的基础上生产宠物零食。因此，A公司计划在巩固提高宠物日用粮市场份额的基础上，积极介入宠物零食领域。A公司所在的产业园区内有销售宠物零食半成品的公司。某高管认为，在判断宠物零食半成品是外购还是自制时，需要考虑的相关成本只包括变动成本。

3. 某高管认为，如果决定自制宠物零食半成品，A 公司在判断是直接销售宠物零食半成品还是进一步加工成宠物零食时，可采用差量分析的方法，相关成本包括宠物零食半成品所发生的成本和进一步深加工为宠物零食的追加成本，相关收入则是宠物零食的售价。

4. 某高管提出，如果 A 公司自行生产宠物零食，还存在产品定价问题。在变动成本加成法下，成本基数为单位变动生产成本，在此基础上确定的"加成率"仅需考虑固定销售费用和预期利润。

5. 某高管认为，A 公司生产宠物零食的前提是要研发一款与市场上现有宠物零食不同的产品，并将作为未来几年的力推产品。在试销时，建议采用撇脂性定价法来定价，以建立长期的市场地位。

6. A 公司多种宠物湿粮产品的生产均需使用到一台宠物湿粮专用包装机，因而该专用设备一直处于满负荷运行状态。为发挥该设备最大的经济效益，某高管认为财务部在基于核算分析就各种宠物湿粮产品的优先生产次序提出建议时，无需将该设备的固定成本作为考量因素。

经过充分讨论，管理层制订了合理的经营决策。

资料四

通过多年经营和开拓，A 公司逐步发展成为一家生产和销售宠物干粮、宠物湿粮、宠物零食和宠物用品的综合性企业。其业务状况如下：

1. 宠物干粮：A 公司生产的宠物干粮价格适中、质量稳定，一直备受消费者认可，且占有很高的市场份额。目前该业务已无须进行大额投入，可为公司带来大量稳定的现金流；但由于其所在市场已基本成熟，近几年增长较为缓慢。

2. 宠物湿粮：因其新鲜的口味而受宠物喜爱，毛利率远高于宠物干粮。目前市场上宠物湿粮的品牌和品种越来越多，市场竞争激烈但呈现爆发性增长。面对激烈的产品竞争，A 公司凭借多年建立的销售渠道，使其生产的宠物湿粮在全国范围内实现快速布局，市场占有率已位居第一。

3. 宠物零食：近几年，该业务市场规模快速增长，利润率也相对较高；但由于技术难度大，进入该领域的国内厂家相对较少。A 公司该业务起步较晚，市场占有率较低且尚处于亏损状态。虽然存在诸多困难，但管理层认为可以凭借多年积累的消费者对其品牌的认可将此产品发展起来，成为公司未来业务新的增长点。

4. 宠物用品：该业务市场已被几大行业巨头占据，消费者对此类产品固有品牌的认知度较高，较难接受新品牌，市场规模亦趋于饱和。A 公司开展该业务较晚，市场占有率极低，且管理层也意识到宠物用品与宠物食品在品牌效应、供应链、成本结构以及研发技术等方面均存在较大差异，销售渠道的协同作用也不明显，导致此类业务占用了较多的营运资金，却仅能达到盈亏平衡。

资料五

基于前期战略分析结果，A 公司制订了两项业务调整计划。

第一项计划，拟将其全资子公司 B 公司 80% 的股权以人民币 12 500 万元价格出售给 A 公司董事陈二控制的某集团。交易完成后，B 公司将成为该集团的控股子公司。A 公司与 B 公司交易基准日（期间）经审计的财务数据如下：

单位：人民币万元

项目	A 公司（合并财务报表）	B 公司
资产总额	41 000	20 000
资产净额	31 000	15 000
营业收入	42 000	8 000
净利润	4 200	30

A 公司投资部在分析财务数据后认为此次出售不构成上市公司重大资产重组，并拟履行以下审批程序：

1. 首先，由投资部将方案报总经理办公会，在其讨论通过后，直接提交董事会进行表决。

2. 其次，召集由全体董事参加的董事会会议审议表决，此次方案须经全体董事过半数通过方可有效。

3. 最后，由董事长与该集团代表签订交易协议。

第二项计划，A 公司拟开展国际化经营，主要方案如下：

1. 方案一：某国盛产牛肉、羊肉等畜牧产品，与该国知名畜牧业公司签订长期订单，实现原材料的稳定供给和成本控制。

2. 方案二：与某发展中国家公司成立合资企业，共同生产和销售 A 公司宠物食品中性价比高的拳头产品，逐步打入该国市场。

3. 方案三：全资收购某发达国家从事多年宠物食品生产的公司，以增强研发能力和扩大产能。

经过讨论，A 公司采用了方案三，拟收购某国具有几十年宠物食品生产经验的 C 公司 100% 的股权。C 公司基本情况如下：

C 公司拥有先进的一体化生产厂房和多样化生产线，并具有较强的产品研发能力。C 公司自主研制的独特配方使其营业成本率控制在 72% 左右，远低于同行业平均水平，因此经济效益较好且连续多年盈利。C 公司被收购基准日和基准期间财务数据折合人民币后分别为：资产总额 8 000 万元、净资产 4 000 万元、营业收入 10 000 万元、净利润 1 800 万元。由于在资本市场上无法直接找到与 C 公司类似的上市公司，因此 A 公司委托某咨询机构通过调研获取了如下可比公司同期数据：

项目	可比公司数据
固定股利支付率[注]	30%
股权资本成本	17%
增长率	12%
权益净利率	40%
营业净利率	10%
营业成本率	80%

[注] 假设 C 公司及可比公司均进入稳定股利增长状态。

资料六

为保持行业领先地位，A 公司拟实施新一轮融资。财务部就有关筹资方案展开内部讨

论,张三提出以下观点:

1. 债券偿还分为到期偿还、提前偿还与滞后偿还三类,其中:到期偿还和滞后偿还条款须在发行债券时订立;提前偿还条款则无须在发行债券时订立,可以由企业灵活操作。

2. 与其他筹资方式相比,普通股筹资既可以提高公司的信用价值,同时也能为使用更多的债务资金提供强有力的支持。

3. 一般来说,权益资本成本高于债务资本成本,因此股权融资一定会增大公司资本成本,从而减少企业的整体价值。

4. 在公司分配利润时,优先股股息通常固定且优先支付。当公司破产时,优先股的偿还顺序在债券和普通股之前。

5. 永续债虽然是债务工具,但具有一定的权益属性,因此其投资者可以像普通股股东一样参与企业决策和股利分配。

6. 相对于可转换债券,附认股权证债券因为没有赎回和强制转股条款,当市场利率升高时,发行人需要承担一定的机会成本。

7. 可转换债券回售条款可使发行人避免在市场利率下行时,继续向债券持有人按较高的债券票面利率支付利息而蒙受损失。

8. 可转换公司债券的票面利率低于同一条件下的普通债券的利率,因此其筹资成本比普通债券低。

9. 虽然可转换债券的转换价格高于其发行时的股票价格,但如果转股时股票价格大幅上涨,公司只能以约定的固定转换价格换出股票,会降低公司的股权筹资额。

10. 可转换债券在转换时,能给公司带来新的现金流。

财务部对张三的观点进行了充分讨论,并初步拟订以下备选筹资方案:

1. 方案一:公开发行期限为18个月的公司债券,每张面值100元。

2. 方案二:公开发行期限为3年的可转换公司债券,并自发行结束之日起3个月后可转换为公司股票。

3. 方案三:向股权登记日登记在册的股东配售股本总额40%的股份。

4. 方案四:公开增发新股,发行价格不低于公告招股意向书前20个交易日公司股票均价或前一个交易日的收盘价。

5. 方案五:向15名特定投资者定向增发股票,发行价格不低于定价基准日前20个交易日公司股票均价的90%。

6. 方案六:公开发行优先股,并在当年净利润超过人民币5 000万元时才按10%的固定股息率分配股息,未向优先股股东足额派发股息的差额部分自动累积到下一会计年度。

要求:

1. 根据资料一,利用波特五力模型对A有限责任公司所处的国内宠物食品生产行业的五种竞争力进行分析,简要说明理由;简述应对五种竞争力的战略。

2. 根据资料二,逐项分析A公司(含A有限责任公司)20×6年至20×8年主要财务数据是否符合中小板上市要求,简要说明理由。

3. 根据资料二,逐项判断某证券公司在对A公司(含A有限责任公司)进行尽职调查中发现的事项是否符合中小板上市条件,简要说明理由。

4. 根据资料三,结合短期经营决策的相关理论,逐项判断高级管理人员在研讨会上发表的观点是否恰当;若不恰当,简要说明理由。

5. 根据资料四,指出 A 公司的四类业务分别属于波士顿矩阵的哪类业务,并对 A 公司各类业务适宜采用的战略和管理组织形式提出合理建议。

6. 根据资料五,判断 A 公司拟出售 B 公司 80% 股权的交易是否构成重大资产重组,简要说明理由;指出投资部针对本次交易拟履行的审批程序存在哪些不合规之处,简要说明理由。

7. 根据资料五,分别指出 A 公司三个国际化经营方案的动机,简要说明理由;分别指出 A 公司三个国际化经营方案进入国际市场的模式、细分方式及进一步细分形式(如有)。

8. 根据资料五,采用市盈率模型、市净率模型、市销率模型分别计算 C 公司企业价值(请列示计算公式和计算过程);简要分析上述三种相对价值模型是否适用于 C 公司。

9. 根据资料六,逐项判断财务部张三提出的筹资观点是否正确;若不正确,简要说明理由。

10. 根据资料六,逐项判断财务部提出的筹资方案是否合规;若不合规,简要说明理由。

参考答案:

1. 根据资料一,利用波特五力模型对 A 有限责任公司所处的国内宠物食品生产行业的五种竞争力进行分析,简要说明理由;简述应对五种竞争力的战略。

答:

(1)国内宠物食品生产行业的五种竞争力分析:

①潜在进入者的进入威胁高。

理由:由于宠物食品行业的快速发展,且行业进入门槛不高,吸引了大量投资者关注和涌入。

②替代品的替代威胁高。

理由:为了满足消费者对宠物食品口味和营养的需求,宠物食品市场已逐步出现口味和营养多样化的新兴宠物食品(如各种配方食品),并对传统宠物食品构成一定挑战(或:存在新兴宠物食品的替代威胁)。

③供应者讨价还价的能力弱。

理由:

第一,虽然原材料所属的农林牧副渔行业具有较强的周期属性,但我国农林牧副渔行业产量在保持多年稳定的基础上每年均略有增长。

第二,我国宠物食品行业原材料消耗量占上游行业生产规模的比例非常低(或:原材料供大于求)。

④购买者讨价还价的能力强。

理由:

第一,全国各地有一大批宠物食品企业通过受托加工、委托加工、合作生产等方式生产和销售各种品牌的宠物日用粮（包括宠物干粮和宠物湿粮）（或：供应者众多且分散）。

第二，目前，宠物食品企业生产和销售的宠物日用粮以口味和种类相对单一的传统宠物食品为主（或：产品差异化程度低）。

第三，随着互联网技术的大规模应用，消费者非常容易在电商平台查询到不同品牌宠物食品的市场价格及产品特点（或：购买者信息掌握的程度高）。

⑤产业内现有企业的竞争激烈。

理由：

第一，全国各地有一大批宠物食品企业通过受托加工、委托加工、合作生产等方式生产和销售各种品牌的宠物日用粮（或：产业内有众多的竞争对手）。

第二，消费者认为现有的传统宠物食品同质化程度较高（或：顾客认为所有的商品都是同质的）。

（2）应对五种竞争力的战略：

首先，公司必须自我定位，通过利用成本优势或差异优势把公司与五种竞争力隔离，从而能够超过它们的竞争对手。

其次，公司必须识别在产业的哪一个细分市场中，五种竞争力的影响更少一点，即波特提出的"集中战略"。

最后，公司必须努力去改变这五种竞争力。

依据：《公司战略与风险管理》教材第二章第一节企业外部环境分析。

2. 根据资料二，逐项分析A公司（含A有限责任公司）20×6年至20×8年主要财务数据是否符合中小板上市要求，简要说明理由。

答：

（1）净利润符合规定。理由：A公司（含A有限责任公司）20×6年至20×8年归属于母公司股东（或所有者）的净利润（以扣除非经常性损益前后较低者为计算依据）均为正数且合计为6 600万元。符合《首次公开发行股票并上市管理办法》中有关"最近3个会计年度净利润为正数且累计超过人民币3 000万元，净利润以扣除非经常性损益前后较低者为计算依据"的规定。

（2）经营活动产生的现金流量净额不符合规定。理由：A公司（含A有限责任公司）20×6年至20×8年经营活动产生的现金流量净额合计为4 900万元。不符合《首次公开发行股票并上市管理办法》中有关"最近3个会计年度经营活动产生的现金流量净额累计超过人民币5 000万元"的规定。

（3）营业收入符合规定。

理由：A公司（含A有限责任公司）20×6年至20×8年营业收入合计为9.6亿元。符合《首次公开发行股票并上市管理办法》中有关"最近3个会计年度营业收入累计超过人民币3亿元"的规定。

（4）发行前股本总额符合规定。理由：A公司20×8年年末股本为3 500万元。符合《首次公开发行股票并上市管理办法》中有关"发行前股本总额不少于人民币3 000万元"的规定。

（5）无形资产符合规定。

理由：A公司20×8年年末专有技术类无形资产占净资产比例为7.5%（900/12 000），

低于20%。

符合《首次公开发行股票并上市管理办法》中有关"最近一期期末无形资产（扣除土地使用权、水面养殖权和采矿权等后）占净资产的比例不高于20%"的规定。

（6）最近一期期末不存在未弥补亏损符合规定。理由：A公司20×8年年末未分配利润为3 600万元。

符合《首次公开发行股票并上市管理办法》中有关"最近一期期末不存在未弥补亏损"的规定。

依据：《经济法》教材第七章第二节股票的发行。

3. 根据资料二，逐项判断某证券公司在对A公司（含A有限责任公司）进行尽职调查中发现的事项是否符合中小板上市条件，简要说明理由。

答：

（1）符合。

理由：根据《首次公开发行股票并上市管理办法》的规定，发行人应当是依法设立且合法存续一定期限的股份有限公司。发行人合法存续的期限条件情形之一是：有限责任公司按原账面净资产值折股整体变更为股份有限公司的，持续经营时间可以从有限责任公司成立之日起计算，并达3年以上。

A有限责任公司成立于20×3年，20×7年9月从有限责任公司整体变更为股份有限公司（按经审计的账面净资产金额折股），持续经营时间可以从有限责任公司成立之日（20×3年）起计算，已超过3年。

（2）符合。

理由：根据《首次公开发行股票并上市管理办法》的规定，发行人最近3年内实际控制人没有发生变更。

A有限责任公司实际控制人于20×4年11月发生了变更，不属于最近3年内发生的变更。

（3）符合。

理由：根据《首次公开发行股票并上市管理办法》的规定，发行人最近3年内主营业务和董事、高级管理人员均没有发生重大变化。A有限责任公司于20×5年1月在董事会换届选举中更换2/3的董事，不属于最近3年内发生的重大变化。（4）不符合。理由：根据公司法律制度，监事会应当包括股东代表和适当比例的公司职工代表，其中职工代表的比例不得低于1/3，具体比例由公司章程规定。董事、高级管理人员不得兼任监事。截至目前，A公司监事会成员5人中仅有1名职工代表，不足1/3，并且包括1名高级管理人员。

依据：《经济法》教材第七章第二节股票的发行、第六章第二节股份有限公司。

4. 根据资料三，结合短期经营决策的相关理论，逐项判断高级管理人员在研讨会上发表的观点是否恰当；若不恰当，简要说明理由。

答：

（1）不恰当。

理由：对于亏损的产品，企业是否应立即停产，从短期经营决策的角度，关键是看该产品能否给企业带来正的边际贡献。

(2) 不恰当。

理由：企业有剩余生产能力且不需要追加设备投资时，那么判断外购还是自制需要考虑变动成本和剩余生产能力的机会成本。

(3) 不恰当。

理由：如果产品既可以直接对外销售，也可以进一步加工后再出售，企业在决策时，相关成本只应包括进一步深加工所需的追加成本，相关收入则是加工后出售和直接出售的收入之差。

(4) 不恰当。

理由：在变动成本加成法下，成本基数为单位变动成本；在确定"加成率"时，应该考虑是否涵盖了全部的固定成本和预期利润。

(5) 不恰当。

理由：渗透性定价法是在新产品试销初期以较低的价格进入市场，能有效排除其他企业的竞争，以便建立长期的市场地位（或：撇脂性定价法是在新产品试销初期先定出较高的价格，可以使产品的销售初期获得较高的利润，但是销售初期的暴利往往会引来大量的竞争者，导致后期的竞争异常激烈，高价格很难维持）。

(6) 恰当。

依据：《财务成本管理》教材第十七章第二节生产决策、第十七章第三节定价决策。

5. 根据资料四，指出 A 公司的四类业务分别属于波士顿矩阵的哪类业务，并对 A 公司各类业务适宜采用的战略和管理组织形式提出合理建议。

答：

(1) 宠物干粮属于低增长——强竞争地位的"现金牛业务"。

战略：保持战略，投资维持现状，目标是保持该业务现有的市场占有率（或：维持现存市场增长率或延缓其下降速度）。

管理组织形式：适合用事业部制进行管理。

(2) 宠物湿粮属于高增长——强竞争地位的"明星业务"。

战略：适宜采用的战略是积极扩大经济规模和市场机会，以长远利益为目标，提高市场占有率，加强竞争地位。

管理组织形式：最好采用事业部形式。

(3) 宠物零食属于高增长——弱竞争地位的"问题业务"。

战略：应采取选择性投资战略，即首先确定对该象限中哪些经过改进可能会成为"明星"的业务进行重点投资，提高市场占有率，使之转变成"明星业务"，对其他将来有希望成为"明星"的业务则在一段时期内采取扶持的对策（或：发展战略，以提高相对市场占有率为目标，增加资金投入、甚至不惜放弃短期收益）。

管理组织形式：最好采取智囊团（或：项目组）等形式。

(4) 宠物用品属于低增长——弱竞争地位的"瘦狗业务"。

战略：应采用撤退战略，应减少批量，逐渐撤退，将剩余资源向其他业务转移（或：放弃战略，目标在于清理和撤销某些业务，减轻负担，以便将有限的资源用于效益较高的业务)。

管理组织形式:并入其他事业部,统一管理。

依据:《公司战略与风险管理》教材第二章第二节企业内部环境分析。

6. 根据资料五,判断 A 公司拟出售 B 公司 80% 股权的交易是否构成重大资产重组,简要说明理由;指出投资部针对本次交易拟履行的审批程序存在哪些不合规之处,简要说明理由。

答:

(1) 重大资产重组判断:

根据《上市公司重大资产重组管理办法》,A 公司出售 B 公司 80% 股权的交易均未达到重大资产重组的以下三项标准,故不构成重大资产重组。理由:

①购买、出售的资产总额占上市公司最近一个会计年度经审计的合并财务会计报告期末资产总额的比例达到 50% 以上。出售股权导致上市公司丧失被投资企业控股权的,资产总额以被投资企业的资产总额为准。B 公司资产总额为 20 000 万元,未超过 A 公司(合并财务报表)资产总额 41 000 万元的 50%。

②购买、出售的资产在最近一个会计年度所产生的营业收入占上市公司同期经审计的合并财务会计报告营业收入的比例达到 50% 以上。出售股权导致上市公司丧失被投资企业控股权的,营业收入以被投资企业的营业收入为准。B 公司营业收入为 8 000 万元,未超过 A 公司(合并财务报表)营业收入 42 000 万元的 50%。

③购买、出售的资产净额占上市公司最近一个会计年度经审计的合并财务会计报告期末资产净额的比例达到 50% 以上,且超过 5 000 万元人民币。

出售股权导致上市公司丧失被投资企业控股权的,资产净额以被投资企业的资产净额为准。B 公司资产净额为 15 000 万元,虽然超过 5 000 万元人民币,但是未超过 A 公司(合并财务报表)资产净额 31 000 万元的 50%。

(2) 审批程序的不合规之处:

①董事会讨论前未经独立董事认可。

理由:重大关联交易(指上市公司拟与关联人达成的总额高于 300 万元或高于上市公司最近经审计净资产值的 5% 的关联交易)应由独立董事认可后,提交董事会讨论。A 公司向董事陈二控制的集团出售 B 公司 80% 股权涉及关联交易,且其交易对价为 12 500 万元,高于 300 万元和 A 公司净资产值 31 000 万元的 5%(1 550 万元),在提交董事会讨论前,应先由独立董事认可。

②关联董事陈二需要回避表决。

理由:董事与董事会决议事项所涉及的企业有关联关系的,不得对该项决议行使表决权。

购买方为董事陈二控制的集团,A 公司向其出售 B 公司 80% 股权涉及关联交易,陈二应回避表决。

③交易未经股东大会批准。

理由:上市公司在一年内购买、出售重大资产超过公司最近一期经审计总资产 30% 的事项,应由上市公司股东大会审议。

B 公司 80% 股权的交易对价为 12 500 万元，高于 A 公司总资产 41 000 万元的 30%（12 300 万元），应由 A 公司股东大会审议。

依据：《经济法》教材第七章第五节上市公司收购和重组、第六章第二节股份有限公司、第六章第一节公司法基本概念与制度。

7. 根据资料五，分别指出 A 公司三个国际化经营方案的动机，简要说明理由；分别指出 A 公司三个国际化经营方案进入国际市场的模式、细分方式及进一步细分形式（如有）。

答：

(1) 国际化经营（对外投资）方案的动机：

①方案一：寻求资源。理由：由于担忧关键资源和经济扩展的投入将会出现短缺，会向具有丰富资源的国家投资，为广泛获取各种原材料供应而努力。

方案一与某国知名畜牧业公司签订长期订单，而该国盛产牛肉、羊肉等畜牧产品，得以实现原材料的稳定供给和成本控制，其动机是寻求资源。

②方案二：寻求市场。

理由：与市场有关的因素是推动寻求市场型的对外投资的强大力量，包括为特长产品寻求客户的需要，规避贸易壁垒的风险等。

方案二与某发展中国家公司成立合资企业，共同生产和销售 A 公司宠物食品中性价比高的拳头产品，逐步打入该国市场，其动机是寻求市场。

③方案三：寻求现成资产。

理由：寻求现成资产型对外投资的主要动机是主动获取发达国家企业的品牌、先进技术与管理经验等现成资产。

方案三全资收购某发达国家从事多年宠物食品生产的公司，以增强研发能力和扩大产能，其动机是寻求现成资产。

(2) 国际化经营方案进入国际市场的模式、细分方式及进一步细分形式：

①方案一进入国际市场的模式：非股权形式

——细分方式：订单农业

②方案二进入国际市场的模式：对外股权投资

——细分方式：对外直接投资

——进一步细分形式：合资经营

③方案三进入国际市场的模式：对外股权投资

——细分方式：对外直接投资

——进一步细分形式：全资子公司（或：独资经营）

依据：《公司战略与风险管理》教材第三章第四节国际化经营战略。

8. 根据资料五，采用市盈率模型、市净率模型、市销率模型分别计算 C 公司企业价值（请列示计算公式和计算过程）；简要分析上述三种相对价值模型是否适用于 C 公司。

答：

(1) C 公司企业价值计算：

①市盈率模型：

可比公司本期市盈率＝[股利支付率×(1＋增长率)]/(股权资本成本－增长率)
＝[30%×(1＋12%)]/(17%－12%)＝6.72

C公司企业价值＝可比企业本年市盈率×目标企业本年收益
＝6.72×1 800＝12 096（万元）

②市净率模型：

可比公司本期市净率＝[股利支付率×权益净利率×(1＋增长率)]/(股权资本成本－增长率)＝[30%×40%×(1＋12%)]/(17%－12%)＝2.688

C公司企业价值＝可比企业本年市净率×目标企业本年净资产
＝2.688×4 000＝10 752（万元）

③市销率模型：

可比公司本期市销率＝[股利支付率×营业净利率×(1＋增长率)]/(股权资本成本－增长率)＝[30%×10%×(1＋12%)]/(17%－12%)＝0.672

C公司企业价值＝可比企业本年市销率×目标企业本年营业收入
＝0.672×10 000＝6 720（万元）

(2) 三种相对价值模型对于C公司的适用性分析：

①市盈率模型：适用。

理由：市盈率模型最适合连续盈利的企业。

C公司连续多年盈利，故该模型适用于C公司。

②市净率模型：适用。

理由：市净率模型主要适用于拥有大量资产、净资产为正值的企业。

C公司是宠物食品生产企业，拥有先进的一体化生产厂房和多样化的生产线，制造业通常是需要大量资产的行业；C公司折合人民币后的净资产4 000万元为正值；故该模型适用于C公司。

③市销率模型：不适用。

理由：市销率模型主要适用于营业成本率较低的服务类企业，或者营业成本率趋同的传统行业的企业。

C公司营业成本率72%，可比公司营业成本率80%，均为制造业而并非营业成本率较低的服务类企业；C公司自主研制的独特配方使其营业成本率远低于同行业平均水平，营业成本率并不趋同；故该模型不适用于C公司。

依据：《财务成本管理》教材第八章第二节企业价值评估方法。

9. 根据资料六，逐项判断财务部张三提出的筹资观点是否正确；若不正确，简要说明理由。

答：

(1) 不正确。

理由：只有在发行债券的契约中明确规定了有关允许提前偿还的条款，企业才可以进行此项操作。

(2) 正确。

(3) 不正确。

理由：如果股权再融资有助于企业目标资本结构的实现，增强企业的财务稳健性，降低债务的违约风险，就会在一定程度上降低企业的加权平均资本成本，增加企业的整体价值。

(4) 不正确。

理由：当公司破产时，优先股的偿还顺序在债券之后普通股之前。

(5) 不正确。

理由：虽然永续债具有一定的权益属性，但其投资者并不能像普通股股东一样参与企业决策和股利分配。

(6) 不正确。

理由：相对于可转换债券，附认股权证债券因无赎回和强制转股条款，在市场利率大幅降低时，发行人需要承担一定的机会成本。

(7) 不正确。

理由：设置赎回条款是为了促使债券持有人转换股份，同时也能使发行公司避免市场利率下降后，继续向债券持有人按较高的债券票面利率支付利息所蒙受的损失（或：设置回售条款是为了保护债券投资人的利益，使他们能够避免遭受过大的投资损失，从而降低投资风险）。

(8) 不正确。

理由：尽管可转换公司债券的票面利率低于同一条件下的普通债券的利率，但是加入转股成本的总筹资成本比普通债券要高。

(9) 正确。

(10) 不正确。

理由：可转换债券在转换时只是报表项目之间的变化，没有增加新的现金流。

依据：《财务成本管理》教材第十章第一节长期债务筹资、第十章第二节普通股筹资、第十章第三节混合筹资。

10. 根据资料六，逐项判断财务部提出的筹资方案是否合规；若不合规，简要说明理由。

答：

(1) 方案一合规。

(2) 方案二不合规。

理由：可转换公司债券自发行结束之日起3个月后可转换为公司股票，违反了"可转换公司债券自发行结束之日起6个月后方可转换为公司股票"的规定。

(3) 方案三不合规。

理由：向股权登记日登记在册的股东配售的股份数量为股本总额40%，违反了"拟配售股份数量不超过本次配售股份前股本总额的30%"的规定。

(4) 方案四不合规。

理由：公开增发新股的发行价格不低于公告招股意向书前20个交易日公司股票均价或前一个交易日的收盘价，违反了"发行价格应不低于公告招股意向书前20个交易日公司股票均价或前一个交易日的均价"的规定。

(5) 方案五不合规。

理由：向15名特定投资者增发股票，违反了"非公开增发股票的特定对象不超过10名"的规定。

(6) 方案六不合规。

理由：公开发行优先股，在公司盈利水平达到预期水平时向优先股股东分配股息，违反了"在有可分配税后利润的情况下必须向优先股股东分配股息"的规定。

依据：《经济法》教材第七章第二节股票的发行；《经济法》教材第七章第三节公司债券的发行与交易。

2019 年注册会计师全国统一考试

职业能力综合测试
（试卷一）试题、答案及依据

说明：本试卷共 50 分。

A 公司主要从事电子产品生产和销售，于 20×0 年首次公开发行 A 股股票并上市。A 公司为增值税一般纳税人，适用的企业所得税税率为 25%。

A 公司 20×7 年度财务报表由汇泰会计师事务所审计。明星会计师事务所于 20×8 年上半年接受委托审计 A 公司 20×8 年度财务报表，并委派注册会计师甲担任审计项目合伙人。

资料一

1. A 公司于 20×8 年下半年与非关联公司 B 公司签订股权转让协议，以 10 000 万元的价格向 B 公司转让其多年前设立的全资子公司 S 公司全部股权。双方在协议中约定，B 公司应在 20×8 年底前支付第一笔转让款 2 000 万元，以先取得 S 公司 10% 股权；B 公司应在 20×9 年付清第二笔转让款 8 000 万元，以取得 S 公司剩余 90% 股权。若 B 公司最终未能支付第二笔转让款，则 A 公司将向 B 公司退还之前收到的第一笔转让款，同时 B 公司将向 A 公司退还已取得的 S 公司 10% 股权。

20×8 年 12 月 31 日，B 公司向 A 公司支付了第一笔转让款，同时，A 公司向 B 公司转让 S 公司 10% 股权并办理了股权变更手续，S 公司仍由 A 公司控制。转让时，A 公司个别财务报表中对 S 公司长期股权投资的账面价值为 5 000 万元，A 公司在个别财务报表中将收到的第一笔转让款 2 000 万元与所转让的 S 公司 10% 股权对应的长期股权投资账面价值 500 万元之间的差额 1 500 万元确认为投资收益；转让时，S 公司净资产账面价值为 8 000 万元，A 公司在合并财务报表中按照所转让的 S 公司 10% 股权对应净资产账面价值的份额 800 万元确认少数股东权益，将收到的第一笔转让款 2 000 万元与上述确认的少数股东权益之间的差额 1 200 万元确认为资本公积。

2. A 公司于 20×8 年初与某非关联公司出资共同设立 M 公司，并持有 M 公司 20% 股权，能对 M 公司施加重大影响，对 M 公司长期股权投资采用权益法核算。20×8 年，A 公司将一批账面价值为 4 000 万元的产品以 4 500 万元的价格（不含增值税）出售给 M 公司。至 20×8 年 12 月 31 日，该批产品尚有 50% 未对外部第三方出售。20×8 年度 A 公司与 M 公司无其他交易。M 公司 20×8 年度净利润为 1 000 万元，除此之外无其他净资产变动。

A 公司采用权益法核算对 M 公司投资收益时，在其 20×8 年度个别财务报表和合并财务报表中，确认增加对 M 公司长期股权投资账面价值 200 万元，同时确认投资收益 200 万元。

资料二

1. A 公司 20×8 年初与某经销商签订销售协议，约定以每件 100 元的价格（不含增值税）向该经销商销售某产品，如该经销商 20×8 年度向 A 公司采购该产品达到 10 000 件，A 公司将给予 5 万元的返利。20×8 年，该经销商向 A 公司实际采购 10 000 件该产品，但 A 公司尚未与该经销商结算任何返利。A 公司于 20×8 年就该产品确认对该经销商的营业收入 100 万元，并于 20×8 年末预提 5 万元的应付该经销商返利，计入 20×8 年度销售费用。

2. A 公司 20×8 年初与某经销商签订销售合同，约定向该经销商以每件 200 元的价格（不含增值税）销售 10 000 件某产品，该批产品彼此之间可明确区分，A 公司承诺将该批产品陆续交付给该经销商。20×8 年 9 月末，在交付 7 000 件后，A 公司与该经销商就上述合同进行了变更，A 公司约定向该经销商额外销售 5 000 件相同的产品，这 5 000 件产品也与原合同中的产品可明确区分，其售价为每件 120 元（该价格不能反映合同变更时该产品的单独售价）。20×8 年第 4 季度，A 公司又向该经销商交付了 3 000 件该产品，并按照每件 200 元的价格确认收入。

资料三

1. A 公司 20×7 年 12 月购入一台不需要安装的环保设备，使用寿命 5 年，采用直线法计提折旧。20×8 年 12 月 31 日，A 公司收到购置上述环保设备的政府补贴款 50 万元，将其确认为递延收益，并将其中的 10 万元摊销计入 20×8 年度其他收益。

2. A 公司 20×8 年认购了一项由非关联方发起设立的信托投资计划的部分份额，该信托投资计划主要投资于股票、债券等流动性较强的金融资产，A 公司不参与投资决策。该信托投资计划期限为 2 年，到期一次性清算，并根据清算时该计划的净值向各投资人进行分配。A 公司将所持上述信托投资计划份额分类为以摊余成本计量的金融资产。

3. A 公司 20×8 年上半年从二级市场购入某上市公司一定数量股票，拟长期持有，不以交易为目的，且 A 公司不参与被投资单位的财务和经营决策。A 公司将该股票投资初始分类为以公允价值计量且其变动计入当期损益的金融资产。20×8 年末，由于该股票的公允价值波动较为剧烈，对当期损益的影响较大，A 公司决定将其重新指定为以公允价值计量且其变动计入其他综合收益的金融资产，并将之前已计入当期损益的公允价值变动损益转回，计入其他综合收益。

4. A 公司 20×8 年初在香港设立一家子公司，该子公司记账本位币为港币。A 公司在编制 20×8 年度合并财务报表时，将该子公司编制的 20×8 年度港币财务报表折算为以人民币（A 公司记账本位币）反映的财务报表。其中，对于该子公司资产负债表中的货币性项目，按照20×8年12月31日的即期汇率折算；除上述项目和"未分配利润"外的资产负债表其他项目，按照发生时的即期汇率折算；利润表中的收入和费用项目按照交易发生日的即期汇率的近似汇率折算。产生的外币财务报表折算差额，在合并资产负债表中的其他综合收益项目列示。

5. 20×8年1月1日，A公司向若干高级管理人员授予股票期权，行权条件为自20×8年1月1日（授予日）起服务期满三年。20×8年12月31日，A公司以对可行权股票期权数量的最佳估计数为基础，按照股票期权在20×8年12月31日的公允价值，将20×8年取得的相应高级管理人员服务计入管理费用，同时计入应付职工薪酬。A公司在申报20×8年度应交所得税时，将上述管理费用作了全额税前扣除。

6. A公司20×8年与某客户签订合同，为客户建造一条电子产品生产线，工期2年，所有建造过程均在该客户厂区内进行，采用分期收款方式与客户结算。A公司按照履约进度在建造期间内确认收入，履约进度采用投入法确定。20×8年末，A公司对该合同根据累计实际发生的成本占预计总成本的比例确定履约进度，并据此确认20×8年收入。用于确定履约进度的累计实际发生的成本包括已投入的直接材料、直接人工、已采购尚未运抵客户厂区的设备以及其他与合同相关的成本等。对该项合同，A公司在申报20×8年度企业所得税时，按照累计已收到的项目工程款，计算应纳入20×8年度企业所得税应纳税所得额的收入金额。

资料四

注册会计师甲在复核审计项目组成员编制的审计工作底稿时，注意到以下事项：

1. 审计项目组对A公司20×8年12月31日应收账款余额实施了函证程序，相关审计工作底稿部分内容摘录如下：

应收账款函证控制表

单位：万元

客户名称	函证编号	账面余额	回函确认金额	差异	客户地址	客户联系人	客户联系电话	审计说明
D公司	（略）	800	未收到	不适用	W市北京路31号南方大厦1706室	赵勇	（略）	2
E公司	（略）	1 300	1 300	0	Z市人民路200号阳光大厦1105室	马明	（略）	6
F公司	（略）	1 050	1 050	0	T市曙光路24号朝阳大厦502室	钟丽	（略）	6
G公司	（略）	1 000	1 000	0	S市中山路15号长安大厦801室	李海	（略）	6
H公司	（略）	500	500	0	Q市瑞金路60号建工大厦1006室	周忠	（略）	3
I公司	（略）	800	500	-300	U市光明路50号文化大厦2001室	王芳	（略）	4
J公司	（略）	600	600	0	Z市人民路200号阳光大厦1104室	吴军	（略）	6

续表

客户名称	函证编号	账面余额	回函确认金额	差异	客户地址	客户联系人	客户联系电话	审计说明
K 公司	（略）	3 000	2 950	-50	V 市新华路 70 号新隆大厦 309 室	孙刚	（略）	5
L 公司	（略）	500	500	0	S 市解放路 20 号东方大厦 1905 室	李海	（略）	6
（略）	（略）	（略）	（略）	（略）	（略）	（略）	（略）	（略）

审计说明：
1. 函证实施范围：对所有余额大于 100 万元（含）的应收账款实施函证，但不包括 20×7 年度审计时已函证且 20×8 年度余额无变动的应收账款。
2. A 公司财务人员说明，D 公司付款及时，信用记录良好，但其通常不回复事务所的函证。考虑到该应收账款的可回收性不存在风险，无需作进一步审计处理。
3. 经 A 公司财务人员联系客户，对方表示已寄出回函原件，但审计项目组至今尚未收到。客户已通过传真方式向事务所发来回函。经核对收到的传真件，回函显示金额相符。无需作进一步审计处理。
4. 客户通过邮寄方式直接向事务所发来回函，经核对回函原件，回函显示存在 300 万元差异，该差异金额占该应收账款余额超过 30%，差异金额重大。审计项目组检查了构成该应收账款余额（800 万元）的销售交易的销售发票，未发现差异。无需作进一步审计处理。
5. 客户通过邮寄方式直接向事务所发来回函，经核对回函原件，回函显示存在 50 万元差异，但考虑到该差异占该应收账款余额不到 2%，差异金额不重大。无需作进一步审计处理。
6. 客户通过邮寄方式直接向事务所发来回函，经核对回函原件，回函显示金额相符。无需作进一步审计处理。
（略）

2. 审计项目组对 A 公司 20×8 年 12 月 31 日存货进行了监盘，并按计划抽取若干样本实施了抽盘程序，相关审计工作底稿部分内容摘录如下：

项目	账面结存数	盘点数	差异（1）	实际抽盘数	差异（2）	审计说明
	a	b	c = b - a	d	e = d - b	
A 原材料	1 000 件	1 000 件	0	1 000 件	0	3
B 原材料	200 件	205 件	5 件	205 件	0	4
W 产品	100 件	110 件	10 件	100 件	-10 件	5
（略）	（略）	（略）	（略）	（略）	（略）	（略）

审计说明：
1. 20×8 年末，A 公司存货存放于四个仓库（P1、P2、P3、P4），除位于公司本部的 P1 仓库外，其他三个仓库分散于本市不同区域，每个仓库所保管存货的账面余额均占 A 公司 20×8 年末存货余额 20% 以上。A 公司对上述仓库存货进行了盘点，审计项目组实施了监盘和抽盘程序，相关工作开展时间汇总如下：

仓库	A 公司实施存货盘点日期	审计项目组实施监盘和抽盘日期
P1 和 P2	20×8 年 12 月 30 日	20×8 年 12 月 30 日
P3 和 P4	20×8 年 12 月 31 日	20×8 年 12 月 31 日

2. 本次抽盘涉及存货项目较多，品种和规格庞杂，为避免抽盘差错，审计项目组于 20×8 年 12 月 29 日将拟抽盘项目的具体品种和规格与 A 公司年末存货盘点负责人进行了确认。
3. 审计项目组注意到，存放于仓库中的 A 原材料表面有较多灰尘。A 公司财务人员说明：（1）A 原材料系 Y 产品的专用原材料，20×8 年 Y 产品售价出现大幅下滑，于 20×8 年末，Y 产品售价已低于成本；（2）尽管 A 公司目前仍在生产 Y 产品，但产量已有所降低，导致 A 原材料的积压。但上述 A 原材料仍将用于 Y 产品生产，且 Y 产品售

续表

价预计将在20×9年下半年回升,因此无需对A原材料计提跌价准备。
审计项目组查阅了A公司提供的某独立研究机构出具的Y产品20×9年市场分析报告,注意到其中确实存在"Y产品售价可能在20×9年下半年回升"的表述。因此,无须作进一步审计处理。

4. 差异(1)的原因是:B原材料供应商在20×8年第四季度推出新的实物返利政策,除以正常价格(每件10 000元)采购的B原材料外,A公司还额外无偿获得5件B原材料。A公司财务人员说明:上述5件B原材料系供应商赠送,无须进行会计处理,因此导致账面结存数与实际库存数存在差异。
审计项目组检查了A公司获得上述5件B原材料的相关合同和交易单据,发现A公司财务人员介绍的情况属实,并据此提出如下审计调整建议:

借:存货　　　　　　　　　　　　　　　　　　　　　　　　　　　50 000元
　　贷：营业外收入　　　　　　　　　　　　　　　　　　　　　　　50 000元

5. 差异(1)和差异(2)的原因是:W产品所在的仓库主要由A公司一名新员工负责盘点,由于其对公司产品的规格和型号不熟悉,将部分其他产品误认为W产品,导致盘点结果出现错误。经抽盘,审计项目组注意到,W产品实际库存数与账面结存数一致。审计项目组已要求该员工按实际抽盘数更新W产品盘点结果。无须作进一步审计处理。
(略)

3. 审计项目组对A公司20×8年12月31日商誉减值准备执行了审计程序,其中部分审计工作底稿内容摘录如下:

商誉成本及减值准备汇总表　　　　　　　　　　　　　　　　　　　单位：万元

子公司名称	A公司持股比例	期初余额	本期增加	本期减少	期末余额	审计说明
Z公司	70%					1
——成本		5 600	0	0	5 600	
——减值准备（增加以负数表示）		0	-4 000	0	-4 000	
账面价值		5 600	-4 000	0	1 600	
(略)	(略)	(略)	(略)	(略)	(略)	(略)
合计			(略)	(略)	(略)	

审计说明：
Z公司商誉
(1) 审计项目组获取了A公司管理层编制的20×8年12月31日Z公司商誉减值测试及分摊表(见下表),并进行了重新计算,未发现差异。无须作进一步审计处理。

Z公司商誉减值测试及分摊表　　　　　　　　　　　　　　　　　　单位：万元

项目	商誉	资产组（不含商誉）	合计
账面价值	5 600	19 400	25 000
可收回金额			21 000
确认减值损失	-4 000	0	-4 000
确认减值损失后的账面价值	1 600	19 400	21 000

(2) 由于A公司无法合理估计该资产组的公允价值减去处置费用后的净额,因此,以该资产组预计未来现金流量的现值确定该资产组的可收回金额。审计项目组获取了管理层编制的预计未来现金流量现值计算表(索引号略),并进行了重新计算,未发现差异。该计算表中用于计算未来现金流量现值使用的折现率系参考10年期国债利率确定,审计项目组核对了相关国债利率信息,未发现差异。无须作进一步审计处理。
(略)

资料五

1. A公司20×8年度采用以旧换新方式销售了一批X产品。客户以用所持旧型号X产品抵减一部分价款的方式购买全新的X产品。对该批X产品的销售，A公司在申报20×8年度应交增值税时，按照上述抵减后的价款金额计算应交增值税的销项税额。

2. A公司20×8年度发生了若干酒店住宿费和餐饮费用。A公司在申报20×8年度应交增值税时，将取得的上述酒店住宿费和餐饮费用发票中注明的进项税从销项税额中作了全额抵扣。

3. A公司20×8年度租入商用楼房一层，将其中的一半用于办公，另一半用于工会集体福利项目。A公司在申报20×8年度应交增值税时，将取得的出租方开具的增值税专用发票中注明的进项税从销项税额中作了全额抵扣。

4. 20×6年，A公司以一项账面价值为1 000万元的房产作价1 500万元（公允价值）对外出资取得被投资企业股权，并将该房产的转让所得500万元，分5年均匀计入各年度应纳税所得额。20×8年，A公司以1 800万元的价格对外转让了上述被投资企业股权。A公司在申报20×8年度应交所得税时，将股权转让价款1 800万元与股权投资成本1 500万元的差额（300万元）和上述房产转让所得于20×8年度分摊部分（100万元）共计400万元，作为转让财产所得纳入20×8年度企业所得税应纳税所得额。

5. 20×8年，A公司将全年奖金分为半年奖和年终奖，分别于6月和12月发放给员工（个人所得税法定义的居民个人）。A公司在为员工代扣代缴20×8年度个人所得税时，将员工取得的全年奖金（半年奖和年终奖合计）除以12个月，按其商数依照按月换算后的综合所得税税率表确定适用税率和速算扣除数，并据此计算应为员工代扣代缴的全年奖金个人所得税额。

资料六

A公司财务总监就以下事项征询注册会计师甲的意见：

1. A公司子公司T公司拟在20×9年向银行借款用于生产经营。鉴于T公司还款能力有限，A公司、T公司拟与银行签订三方协议，拟议中的协议主要条款包括：

（1）借款本金10 000万元，年利率10%，期限5年，每年年末支付利息，到期一次还本。

（2）借款利息由T公司支付，A公司提供担保。

（3）借款本金由A公司偿还，并以A公司一处自有房产作为抵押。T公司不承担偿还本金的义务。

A公司财务总监希望注册会计师甲就T公司从银行取得上述借款时，该借款在T公司财务报表及A公司合并财务报表中应分别如何进行会计处理提出分析意见。

2. A公司拟在20×9年对外转让某全资子公司全部或部分股权。某非关联方有意以向A公司支付现金和增发股份相结合的方式，收购A公司上述子公司全部或部分股权。

A公司财务总监希望注册会计师甲就上述股权转让应满足哪些条件才能适用企业所得税的企业重组特殊性税务处理，以及在符合特殊性税务处理条件下，A公司应如何分别对交易中的股权支付部分和非股权支付部分进行企业所得税税务处理提出分析意见。

要求：

1. 针对资料一第1项和第2项，假定不考虑其他条件，指出A公司在个别财务报表层面和合并财务报表层面的会计处理是否存在不当之处。如果存在不当之处，提出恰当的处理意见（不考虑相关税费或递延所得税的影响）。

2. 针对资料二第1项和第2项，假定不考虑其他条件，指出A公司与经销商相关交易的会计处理是否存在不当之处。如果存在不当之处，提出恰当的处理意见（不考虑相关税费或递延所得税的影响）。

3. 针对资料三第1项至第4项，假定不考虑其他条件，指出A公司的会计处理是否存在不当之处。如果存在不当之处，提出恰当的处理意见（不考虑相关税费或递延所得税的影响）。

4. 针对资料三第5项和第6项，假定不考虑其他条件，指出A公司的会计处理和企业所得税的处理是否存在不当之处。如果存在不当之处，提出恰当的处理意见。

5. 针对资料四第1项至第3项，假定不考虑其他条件，指出注册会计师甲在复核项目组成员的工作底稿时，针对项目组成员的审计处理，应当提出哪些质疑和改进建议。

6. 针对资料五第1项至第3项，假定不考虑其他条件，指出A公司的增值税处理是否存在不当之处。如果存在不当之处，提出恰当的处理意见。

7. 针对资料五第4项，假定不考虑其他条件，指出A公司的企业所得税处理是否存在不当之处。如果存在不当之处，提出恰当的处理意见。

8. 针对资料五第5项，假定不考虑其他条件，指出A公司作为扣缴义务人，对员工个人所得税处理是否存在不当之处。如果存在不当之处，提出恰当的处理意见。

9. 针对资料六第1项和第2项，假定不考虑《中国注册会计师职业道德守则》的规定，代注册会计师甲回答A公司财务总监提出的问题。

参考答案：

1. 针对资料一第1项和第2项，假定不考虑其他条件，指出A公司在个别财务报表层面和合并财务报表层面的会计处理是否存在不当之处。如果存在不当之处，提出恰当的处理意见（不考虑相关税费或递延所得税的影响）。

答：

（1）个别财务报表层面的会计处理存在不当之处。

处理意见：两次股权转让交易属于"一揽子交易"，A公司应将收到的第一笔转让款2 000万元与所转让的S公司10%股权对应的长期股权投资账面价值500万元之间的差额1 500万元，确认为其他综合收益。

合并财务报表层面的会计处理存在不当之处。

处理意见：两次股权转让交易属于"一揽子交易"，A公司应将收到的第一笔转让款2 000万元与所确认的少数股东权益800万元之间的差额1 200万元，确认为其他综合收益。

依据：《〈企业会计准则——长期股权投资〉应用指南》十（一）、《会计》教材第二十七章第十节第618页。

（2）个别财务报表层面的会计处理存在不当之处。

处理意见：A公司在进行权益法核算时，应抵销顺流交易产生的未实现损益的影响［(4 500 – 4 000)×50%×20% = 50（万元）］，确认增加对M公司长期股权投资账面价值150万元，同时确认投资收益150万元。

合并财务报表层面的会计处理存在不当之处。

处理意见：A公司在进行权益法核算时，应抵销顺流交易产生的未实现损益的影响（50万元），确认增加对M公司长期股权投资账面价值150万元，确认投资收益200万元，调减营业收入450万元（4 500×50%×20%）、调减营业成本400万元（4 000×50%×20%）。在个别财务报表已确认投资收益的基础上，调增投资收益50万元，调减营业收入450万元，调减营业成本400万元。

依据：《会计》教材第七章第三节第109页。

2. 针对资料二第1项和第2项，假定不考虑其他条件，指出A公司与经销商相关交易的会计处理是否存在不当之处。如果存在不当之处，提出恰当的处理意见（不考虑相关税费或递延所得税的影响）。

答：

（1）存在不当之处。

处理意见：应支付经销商的销售返利属于可变对价，应作为交易价格的调整，冲减20×8年营业收入5万元。

依据：《会计》教材第十六章第一节第310页。

（2）存在不当之处。

处理意见：A公司应在合同变更时，将原合同交易价格中尚未确认收入部分（60万元），和合同变更中经销商已承诺的对价金额（60万元）之和（120万元），作为新合同的交易价格，并在此基础上计算尚未交付产品的单价（150元），据此确认20×8年第4季度交付的3 000件产品的收入。

依据：《会计》教材第十六章第一节第307页至第308页。

3. 针对资料三第1项至第4项，假定不考虑其他条件，指出A公司的会计处理是否存在不当之处。如果存在不当之处，提出恰当的处理意见（不考虑相关税费或递延所得税的影响）。

答：

（1）存在不当之处。

处理意见：与资产相关的政府补助，应按资产剩余使用寿命分摊计入损益。A公司收到的50万元补贴款应自20×9年开始分4年计入各年损益。

依据：《会计》教材第十七章第二节第342页。

（2）存在不当之处。

处理意见：该金融资产的合同现金流量不满足"仅为对本金和以未偿付本金金额为基础的利息的支付"特征，应分类为以公允价值计量且其变动计入当期损益的金融资产。

依据：《会计》教材第十四章第二节第222页至第223页。

(3) 存在不当之处。

处理意见：将非交易性权益工具投资指定为"以公允价值计量且其变动计入其他综合收益的金融资产"只能在初始确认时进行。因此，不应将该股票投资重新指定为"以公允价值计量且其变动计入其他综合收益的金融资产"。

依据：《会计》教材第十四章第二节第224页。

(4) 存在不当之处。

处理意见：在对该子公司外币报表进行折算时，资产负债表中所有资产和负债项目，均应采用资产负债表日的即期汇率折算。

依据：《会计》教材第二十一章第三节第406页至第407页。

4. 针对资料三第5项和第6项，假定不考虑其他条件，指出A公司的会计处理和企业所得税的处理是否存在不当之处。如果存在不当之处，提出恰当的处理意见。

答：

(1) 会计处理存在不当之处。

处理意见：A公司应按照股票期权在授予日（20×8年1月1日）的公允价值，将20×8年取得的相应高级管理人员服务计入管理费用，同时计入资本公积。

依据：《会计》教材第十二章第二节第193页。

企业所得税处理存在不当之处。

处理意见：股权激励计划需待一定服务年限方可行权的，在等待期内会计上确认的费用，不得在对应年度计算缴纳企业所得税时扣除。

依据：《税法》教材第四章第二节第198页。

(2) 会计处理存在不当之处。

处理意见：在采用投入法估计履约进度时，应扣除虽已发生但未导致向客户转移商品的投入。因此，在采用投入法估计履约进度时，已采购但尚未运抵客户厂区的设备应自累计实际发生的成本中扣除。

依据：《会计》教材第十六章第一节第319页。

企业所得税处理存在不当之处。

处理意见：在确定企业所得税应纳税所得额时，受托加工制造大型设备或从事建筑安装工程业务，持续时间超过12个月的，应按照纳税年度内完工进度或者完成的工作量确认收入的实现。

依据：《税法》教材第四章第二节第188页。

5. 针对资料四第1项至第3项，假定不考虑其他条件，指出注册会计师甲在复核项目组成员的工作底稿时，针对项目组成员的审计处理，应当提出哪些质疑和改进建议。

答：

(1) 质疑：确定函证实施范围时不应仅限于金额较大的项目，还应考虑风险较高的项目，且不应排除20×7年度审计时已函证且20×8年度余额无变动的应收账款。

改进建议：选择函证项目时，除了考虑金额较大的项目，也需要考虑风险较高的项目，例如：账龄较长的项目；与债务人发生纠纷的项目；重大关联方项目；主要客户（包括关系密切的客户）项目；新增客户项目；交易频繁但期末余额较小甚至余额为零的项目；可能发生错报或舞弊的非正常项目。如果应收账款余额由大量金额较小且性质类似的项目构成，审计项目组可采用抽样技术选取函证样本。

依据：《审计》教材第九章第五节第203页。

质疑：如未收到回函，不能仅因为客户付款及时，信用记录良好就不作进一步审计处理。

改进建议：应对该应收账款余额实施替代测试程序，包括：检查构成应收账款余额的支持性文件，例如相应的销售合同、出库单、发运单据及客户收货记录等，或实施检查该应收账款期后回款记录等。

依据：《审计》教材第九章第五节。

质疑：不应直接依赖H公司回函传真件所提供的信息。

改进建议：应重新对H公司实施函证。

依据：《审计》教材第九章第五节。

质疑：对I公司回函中出现的不符事项，审计项目组仅通过检查I公司销售发票作为替代测试程序不恰当。

改进建议：对回函出现的不符事项，需要询问A公司和I公司差异原因并进行调查核实。此外，审计项目组还应检查构成应收账款余额的其他支持性文件，例如相应的销售合同、出库单、发运单据及客户收货记录等，或实施检查该应收账款期后回款记录等替代测试程序，确定该差异是否构成错报。

质疑：不能仅因为K公司回函显示差异金额较小（该差异可能是若干未记录交易的影响净额），就不进一步核实差异原因。

改进建议：对回函出现的不符事项，需要询问A公司和K公司差异原因并进行调查核实。此外，审计项目组还应检查构成应收账款余额的支持性文件，例如相应的销售合同、出库单、发运单据及客户收货记录等，或实施检查该应收账款期后回款记录等替代测试程序，确定该差异是否构成错报。

质疑：不同公司（E公司和J公司）函证地址相似，以及不同公司（G公司和L公司）函证联系人均为S市李海，显示可能存在A公司与特定公司或人员串通构造虚假销售交易和应收账款余额的舞弊风险。

改进建议：审计项目组应对这4家客户实施必要的背景调查，对其实施包括地址检查、访谈、实地观察等必要追加程序，验证这4家客户是否存在，是否与A公司之间缺乏独立性，了解其财务和业务情况（特别是所购买A公司产品的实际使用或销售情况和付款安排等）及与A公司开展交易的商业合理性等。如发现异常，应扩大上述程序的实施范围。

（2）质疑：A公司存放存货的四个仓库均在本市，未在同一天安排盘点，存在A公司通过在不同仓库之间转移存货将同一存货重复纳入盘点范围，从而虚构存货结存数量的可能。

改进建议：应要求A公司对四个仓库的存货同时重新安排盘点，由项目组同时实施存货监盘和抽盘程序，并实施适当的审计程序，检查重新盘点日与资产负债表日之间的存货变动是否已得到恰当记录，进而倒推至资产负债表日存货结存情况，以确定资产负债表日存货结存是否不存在重大错报。

质疑：在实施监盘和抽盘程序前，不应将拟抽盘样本信息事先透露给A公司，应尽可能避免让A公司事先了解将要抽盘的内容。

改进建议：重新抽取样本，重新实施抽盘程序，并实施适当的审计程序，检查重新抽盘日与资产负债表日之间的存货变动是否已得到恰当记录，进而倒推至资产负债表日存货结存情况，以确定资产负债表日存货结存是否不存在重大错报。

质疑：存货可变现净值应以资产负债表日取得最可靠的证据估计的售价为基础确定，考虑到A原材料将用于生产Y产品，且Y产品售价于20×8年末已低于成本，A原材料很可能存在减值情况，不应仅凭20×9年下半年Y产品售价可能回升的说法认定无须计提存货跌价准备。

改进建议：应以20×8年12月31日取得最可靠的证据估计的Y产品售价为基础，计算A原材料的可变现净值，计算确定是否应对A原材料计提存货跌价准备。对于20×8年12月31日至20×8年度财务报告报出日之间的Y产品售价变动，如有确凿证据表明其对20×8年12月31日A原材料已经存在的情况提供了新的或进一步的证据，应考虑其影响。同时，还应考虑A公司是否已对20×8年末Y产品存货余额计提恰当的存货跌价准备。

质疑：对供应商赠送B原材料的审计调整建议不合理。

改进建议：对收到供应商赠送的B原材料，不应确认营业外收入，应建议A公司调整B原材料的财务账面结存数量，并根据B原材料相关期间耗用情况，考虑上述数量调整对B原材料相关期间成本结转的影响及对20×8年末B原材料存货结存金额的影响。

质疑：差异原因是由于A公司员工不熟悉公司产品的规格型号所致，很可能表明该员工负责的存货盘点在准确性和完整性方面存在其他错误，不应仅要求该员工按W产品实际抽盘数更新盘点结果，而不作进一步审计处理。

改进建议：审计项目组应要求A公司重新盘点该员工负责盘点的存货，并重新实施监盘和抽盘程序。

依据：《审计》教材第十一章第五节第234页至第241页。

（3）质疑：Z公司为A公司的非全资子公司，但A公司在计算应计提的Z公司含商誉资产组减值准备时，用于与资产组的可收回金额进行比较的资产组账面价值未包含归属于少数股东权益的商誉。

改进建议：在计算应计提的Z公司含商誉资产组减值准备时，应调整Z公司资产组的账面价值，将归属于少数股东权益的商誉包括在内，然后将调整后的资产组账面价值与其可收回金额进行比较，以确定含商誉资产组是否发生了减值及相应的减值金额。

依据：《会计》教材第八章第五节第144页。

质疑：未充分关注管理层预计未来现金流量现值所采用数据的恰当性，以及管理层运用的假设、重大估计和判断的合理性。

改进建议：①将相关资产组本年度的实际结果与以前年度相应的预测数据进行比较，以评价管理层对现金流量的预测是否可靠。②基于对相关行业的了解，质疑管理层假设的合理性；将预测期收入增长率与公司的历史收入增长率以及行业历史数据进行比较；将预测的毛利率与以往业绩进行比较，并考虑市场趋势；通过考虑并重新计算各资产组以及同行业可比公司的加权平均资本成本,评估管理层采用的折现率。③将现金流量预测所使用的数据,与历史数据、已批准的预算及商业计划进行比较,检查录入数据与支持证据的一致性。④对减值测试中采用的折现率、主要经营和财务假设执行敏感性分析,考虑这些参数和假设在合理变动时对减值测试结果的潜在影响。

《审计》教材第十七章第一节第333页至第344页。

质疑:用于计算预计未来现金流量现值的折现率应为反映当前市场货币时间价值和资产特定风险的税前利率,而不能直接采用10年期国债利率。

改进建议:用于计算预计未来现金流量现值的折现率是企业在购置或者投资资产时所需要的必要报酬率。折现率的确定,首先以相关资产的市场利率为依据确定;如果该资产的利率无法从市场获得,可以根据企业加权平均资本成本、增量贷款利率或其他相关市场借款利率作适当调整后确定。

依据:《会计》教材第八章第二节第133页。

6. 针对资料五第1项至第3项,假定不考虑其他条件,指出A公司的增值税处理是否存在不当之处。如果存在不当之处,提出恰当的处理意见。

答:

(1) 存在不当之处。

处理意见:在计算应交增值税的销项税额时,对以旧换新方式销售货物的,应按新货物的同期销售价格确定销售额,不得扣减旧货物的收购价格。

依据:《税法》教材第二章第五节第59页。

(2) 存在不当之处。

处理意见:一般纳税人购买餐饮服务的进项税不得从销项税额中抵扣。

依据:《税法》教材第二章第五节第71页。

(3) 不存在不当之处。

依据:《税法》教材第二章第70页至第71页。

7. 针对资料五第4项,假定不考虑其他条件,指出A公司的企业所得税处理是否存在不当之处。如果存在不当之处,提出恰当的处理意见。

答:

存在不当之处。

处理意见:以非货币性资产对外投资取得股权,5年内转让该股权的,应停止执行递延纳税政策。A公司应将股权转让价款1 800万元与股权投资成本1 500万元的差额(300万元)和房产转让所得于20×8年末尚未分摊的部分(300万元)共计600万元,作为转让财产所得纳入20×8年度企业所得税应纳税所得额。

依据:《税法》教材第四章第二节第189页。

8. 针对资料五第5项,假定不考虑其他条件,指出A公司作为扣缴义务人,对员工个人所得税处理是否存在不当之处。如果存在不当之处,提出恰当的处理意见。

答:

存在不当之处。

处理意见:居民个人取得的除全年一次性奖金以外的其他各种名目奖金,应与当月工资薪金收入合并，计算并缴纳个人所得税。

依据：《税法》教材第五章第六节第281页。

9. 针对资料六第1项和第2项，假定不考虑《中国注册会计师职业道德守则》的规定，代注册会计师甲回答A公司财务总监提出的问题。

答：

（1）在T公司财务报表层面，由于其仅承担偿付利息的义务，无须承担偿付本金的义务，因此其从银行取得款项包含负债和权益成分。T公司应按未来需偿付利息的现值在收到借款当日确认为以摊余成本计量的金融负债，将收到的借款金额扣除该金融负债后的剩余金额确认为权益。

在A公司合并财务报表层面，A公司和T公司作为一个整体既承担了偿付利息的义务，也承担了偿付本金的义务，因此，应将收到的借款全额确认为以摊余成本计量的金融负债。

依据：《会计》教材第十四章第三节第229页、第236页。

（2）股权转让通常应满足下列条件才能适用企业所得税特殊性税务处理：

①股权转让具有合理的商业目的，且不以减少、免除或者推迟缴纳税款为主要目的；

②转让的股权比例不低于该子公司全部股权的50%；

③股权转让后的连续12个月内不改变该子公司的实质性经营活动；

④通过增发股份支付的金额不低于交易支付总金额的85%；

⑤在股权转让后连续12个月内，A公司不转让所取得的收购方增发股份。

如符合特殊性税务处理条件：

①对于股权支付部分，A公司取得的收购方增发股份的计税基础，以所转让子公司股权的原有计税基础确定，该股权支付部分对应的股权转让暂不确认转让所得或损失。

②对于非股权支付部分，应在交易当期确认相应的股权转让所得或损失。

依据：《税法》教材第四章第五节第217页至第219页。

2019 年注册会计师全国统一考试

职业能力综合测试
（试卷二）试题、答案及依据

说明：本试卷共 50 分。

资料一

A 股份有限公司（以下简称 A 公司或公司）系汽车零部件制造商，于 2010 年在上海证券交易所主板首次发行股票实现上市。自 2013 年起，公司瞄准新能源汽车——燃料电池汽车的未来发展机会，开始转型生产燃料电池汽车的燃料电池动力系统。通过一系列研究开发、技术许可等，2015 年公司掌握了燃料电池动力系统生产的核心技术，其自主研发的质子交换膜燃料电池动力系统，已获得多项国际专利，销售客户包括国内前三大客运车制造商。由于公司产品性能稳定、使用寿命长，受到燃料电池汽车制造商的高度认可。

公司董事长王路具有多年的汽车零部件技术研发经历及行业工作经验。公司设立后一直从事汽车零部件制造，积累了丰富的生产管理经验；同时和国内多家一线汽车制造商建立并保持着长期的合作关系，拥有优秀的销售团队和畅通的销售渠道。在研发能力上，公司具有数量较多的技术储备，也汇聚了一批经验丰富的研发人员，形成了较强的研发能力。

与纯电动汽车不同，燃料电池汽车利用氢能源——将氢气转化为电能，只要保障氢气供给，燃料电池就会持续输出电能，具有补充氢气快、零污染排放等优势；并且燃料电池汽车的运输半径更大，能满足如重型卡车等商用车长距离续航里程的要求。但是由于目前燃料电池汽车的生产成本较高，并且需要加氢站、氢气物流等基础配套设施的支持，短期内更适用于商用车、客运车、特定路线的运输车，将来是否可以推广应用到家用轿车尚存在不确定性。

因此，我国燃料电池汽车处于发展初期，尚未开始大规模商业化生产，一线汽车制造商仅小规模采购燃料电池动力系统进行测试生产，燃料电池动力系统及相关配件的制造商数量也较少。随着国家对环保问题的日益重视，有关部委出台政策鼓励氢能源的发展：工信部在《中国制造 2025》中提出"到 2025 年，制氢、加氢等配套基础设施基本完善，燃料电池汽车实现区域小规模运行"的目标；财政部颁布《2016—2020 年新能源汽车推广应用财政支持政策》，逐步减少对纯电动汽车补贴，但对燃料电池汽车补贴在2020年前保持不变。我国多个地方政府也相继推出地方性政策以支持燃料电池汽车的发展，例如设立环保产业园区，鼓励新能源企业入驻园区，提供免费厂房和税收优惠政策等。与此同时，国内部分传统汽车配件制造企业逐步加大在燃料电池领域的投入；风险投资机构也看好燃料电池的发展空间，陆续开始投资。

鼓励政策的相继出台和风险资本的逐渐流入，推动着燃料电池汽车的商业转化，我国燃料电池汽车预计将有较大的发展空间及较高的增长率。根据《中国氢能产业基础设施发展蓝皮书（2016）》：到2020年，规划的加氢站数量达到100座、燃料电池汽车达到10 000辆、氢能轨道交通车达到50列；到2030年，加氢站数量达到1 000座，燃料电池汽车保有量达到200万辆。

目前，阻碍燃料电池汽车发展的主要原因在于生产成本较高，其中燃料电池动力系统成本约占燃料电池汽车成本的50%。因此，降低燃料电池动力系统的成本是推动燃料电池汽车发展、占领和扩大燃料电池动力系统市场的关键。但是现阶段，我国在电堆、气体循环系统等燃料电池动力系统关键组件的生产技术和国外相比还存在一定的差距，主要依赖进口，议价能力不强。

通过调研，王路认为未来一线汽车制造商将会大规模增加燃料电池动力系统的采购数量，随着燃料电池动力系统产量上升，形成规模经济，生产成本必然存在下降的空间。据此，王路在A公司董事会议上确定将"抓住市场机会，增加产品销量，降低燃料电池动力系统的成本"作为公司的战略目标。技术部负责人陈磊指出公司并没有掌握燃料电池动力系统的两个关键组件——电堆和气体循环系统生产的核心技术，目前依赖进口，通过增加产量降低可控成本的空间有限。王路认同陈磊的观点，据此将"通过并购，逐步掌握核心技术，增强公司在激烈市场竞争中的实力"也确定为公司的战略目标。

由于燃料电池汽车的独特优势，欧美汽车强国也纷纷推出燃料电池动力系统的战略规划，大力扶持本国燃料电池动力系统制造企业的发展，抢占包括中国在内的各国市场份额。

资料二

为了增强公司的竞争力，获取燃料电池动力系统关键组件生产的核心技术，降低燃料电池动力系统的生产成本，A公司拟收购国内拥有先进研发及生产技术的电堆（燃料电池动力系统关键组件之一）企业。2016年3月，公司将收购目标锁定为B有限公司（以下简称B公司）。B公司是国内一家生产电堆的非上市公司，最近两年自行研发了多项电堆专利，在电堆研发和生产领域处于国内先进水平。A公司与B公司2015年经审计的财务数据如下：

单位：万元

项目	A公司	B公司
资产总额	250 000	50 000
资产净额	100 000	20 000
营业收入	80 000	20 000
净利润	6 000	2 500

A 公司拟收购 B 公司全部股权，聘请 X 资产评估有限公司（以下简称 X 评估）负责收购评估事宜。X 评估就企业价值评估开展讨论，助理人员李捷的观点如下：

1. 企业价值评估的目的是确定一个企业的公平市场价值，即按现行市场价格计量的资产价值。

2. 现金流量折现模型的三个参数包括：现金流量、资本成本和时间序列；其中股权现金流量模型中的资本成本采用加权平均资本成本。

3. 股利现金流量模型中的股利现金流量是企业分配给股权投资人的现金流量，等于企业实体现金流量扣除对债权人支付后剩余的部分。

4. 实体现金流量模型下采用两阶段增长模型计算的企业股权价值，等于预测期实体现金流量现值加上后续期价值的现值。

5. 相对价值法也称价格乘数法，是将目标企业与可比企业对比，用可比企业的价值衡量目标企业的价值。

6. 市盈率模型最适合连续盈利的企业，市盈率的驱动因素是营业净利率、股利支付率、增长潜力和风险。

7. 市净率模型可以用于净利为负值的企业，净资产账面价值的数据容易取得且不受会计政策的影响，因此这种方法适用于大多数企业。

8. 市销率模型的局限性在于对价格政策不敏感，也不能反映成本的变化。

X 评估的项目负责人最终建议采用现金流量折现模型对 B 公司进行价值评估。在评估的基础上，A 公司就收购事宜与 B 公司股东进行多次友好协商，最终 B 公司 100% 股权作价 33 000 万元。

对于此次并购的资金来源，A 公司董事会要求管理层尽快提出筹资方案。

资料三

为了筹集并购所需的资金，A 公司财务部就资本成本和资本结构组织讨论，新入职员工韩平提出以下观点：

1. 如果公司债券没有上市，可以使用可比公司法计算债务成本，即选择若干信用级别与本公司相同的上市的公司债券，计算这些上市公司债券的到期收益率，作为本公司的长期债务成本。

2. 按照风险调整法，债务成本通过同期限政府债券的市场收益率与企业的违约风险溢价相加求得。

3. 按照资本资产定价模型，普通资本成本等于无风险利率加上风险溢价；估计股权资本成本时，应当选择上市交易的政府长期债券的票面利率作为无风险利率的代表。

4. 计算公司的加权平均资本成本，如果选择实际市场价值权重依据，虽然是根据当前负债和权益的市场价值比例衡量每种资本的比例，但可以适用于公司评价未来的资本结构。

5. 根据权衡理论，当债务利息抵税收益的现值达到最大时，企业价值最大，此时债务与权益比率即为最佳资本结构。

6. 根据代理理论，债务的代理成本既可以表现为因过度投资问题使股东受益而发生债权人价值向股东的转移，也可以表现为因投资不足问题而发生股东为避免价值损失而放弃给债权人带来的价值增值。

7. 使用资本成本比较法进行资本结构决策分析时，需要考虑各种融资方式在数量与比例上的约束以及财务风险差异，通过计算各种基于市场价值的长期融资组合方案的加权平均资本成本，选择其中加权平均资本成本最小的融资方案。

8. 每股收益的增长会直接导致股东财富上升，因此公司的最佳资本结构即每股收益最大的资本结构。

财务部主管石梅在对公司财务情况进行梳理时发现：公司最近3年没有发债记录且累计公司债券余额为零；根据A公司最近3年经审计的财务报告显示：公司最近3年年均可分配利润为5 000万元，最近3年加权平均净资产收益率为7%（以扣除非经常性损益前后孰低者计算），最近3年经营活动产生的现金流量净额平均为2 500万元，2015年末净资产为10亿元。据此，石梅建议公司公开发行利率为8%的3.5亿元债券，债券的类型可以是普通债券、可转换债券（以下简称可转债）或分离交易的可转债。

公司经过分析后，准备公开发行3.5亿元可转债。财务部拟订的发行方案如下：

1. 发行数量：5万手（500万张）；
2. 票面金额和发行价格：每张面值100元，按照面值平价发行；
3. 转股价格：每股9元（公司前一交易日股价以及最近20个交易日股票均价分别为每股10元以及每股8.5元）；
4. 票面利率：8%（同期等风险普通债券的市场利率为7%）；
5. 还本付息方式：每年付息一次，到期归还本金和最后一年利息，计息起始日为发行首日；
6. 债券期限：自发行之日起7年；
7. 转股起止时间：发行结束之日起4个月后的第一个交易日起至到期日止；
8. 回售条款：在转股期内，如果公司股票在任何连续30个交易日中至少20个交易日的收盘价格不低于当期转股价格120%，可转债持有人有权按约定价格回售给发行人；
9. 赎回条款：当公司股票在最后两个计息年度内任何连续30个交易日的收盘价格低于当期转股价格的70%时，公司有权决定按照约定价格赎回；
10. 担保条款：由无关联关系的另一家非金融上市公司提供担保，担保范围包括债券的本金及利息；
11. 转股价格向下修正条款：转股价格修正方案须提交公司股东大会表决，且须经出席会议的股东所持表决权的半数以上同意，修正后的转股价格不低于股东大会召开日前20个交易日公司股票交易均价和前一交易日均价中的较低者。

A公司聘请财务顾问对公司财务部拟订的可转债发行方案进行了修改完善，成功发行公司可转债，完成对B公司的收购。

资料四

收购B公司后，A公司委派董事李岩担任B公司总经理。为了实现B公司快速而稳健的发展，李岩决定组织研讨会，对B公司的经营管理进行全面梳理。

讨论中，B公司总经理助理付勇提出以下建议和观点：

1. 对于现金管理，可以采用成本分析模式确定最佳现金持有量，先分别计算出各种方案的机会成本和管理成本之和,再从中选出总成本之和最低的现金持有量即为最佳现金持有量。

2. 对于应收款项管理,可以采用现金折扣与信用期间相结合的应收款项信用政策,比较各种方案的收益增量和成本变化,从而确定最佳方案。

3. 对于存货管理,需要建立安全存量,并以储备成本最小为标准确定原材料合理的保险储备量。

4. 采用标准成本法进行目标成本管理,如果发现原材料的实际价格与标准价格或实际数量与标准数量之间存在重大差异,均应由生产部门负责。

5. 制订短期经营决策时,需要区分相关成本和不相关成本;其中相关成本与决策相关,诸如边际成本、重置成本、机会成本、沉没成本等,在决策时都必须加以考虑。

6. 目前采用的职能制组织结构,虽然能够通过集中单一部门内所有同一类型的活动来实现规模经济,但是可能导致职能间各自为政、发生冲突,而不利于企业整体利益的实现。

经过充分的研究和讨论,确立了正确的经营管理理念,B公司的经营管理得以全面优化和完善。

随着规模的逐步扩大,B公司管理层愈加意识到风险管理的重要性,决定建立风险管理体系,以提高应对风险的能力。据此,李岩召开了管理层专题会议,并在会议上发表以下观点:

1. 要从四个方面设计风险管理流程,即,收集风险管理初始信息,进行风险评估,制定风险管理策略,以及提出和实施风险管理解决方案。

2. 确定风险偏好和风险承受度,要正确认识和把握风险与收益的平衡,防止和纠正忽视风险、以追求利益为主导以及认为风险越大、收益越高的观念和做法;同时,也要防止单纯为规避风险而放弃发展机遇。

3. 风险管理策略工具之一的风险转移一般不会直接降低企业总风险,企业通过风险转移在两个或多个风险之间进行调整,以达到最佳效果。

4. 董事会下设风险管理委员会,由风险管理委员会履行确定企业风险管理总体目标、批准重大决策和风险评估报告等职责。

5. 风险管理委员会的召集人可以由董事长、总经理或外部董事担任。

6. 由设立的风险管理专职部门或确定的相关职能部门负责主持全面风险管理的日常工作,向董事会负责。

7. 各有关部门和业务单位应定期对风险管理工作进行自查,及时发现缺陷并改进,检查报告应及时直接报送总经理。

经过讨论,专题会意见分歧较大,B公司管理层决定聘请咨询公司专门指导B公司进行风险管理体系的建设。

要求:

1. 根据资料一,指出我国燃料电池动力系统所处的生命周期,简要说明理由;运用SWOT分析方法,评估A公司的优势、劣势、机会以及威胁;指出王路确定的两个战略目标在SWOT战略分析中所属的战略类型,简要说明理由。

2. 根据资料二，判断 A 公司收购 B 公司的股权交易是否构成重大资产重组，简要说明理由；按照企业并购的四个不同角度下的分类，分析判断 A 公司收购 B 公司所属的并购类型，简要说明理由。

3. 根据资料二，结合财务管理有关理论，逐项判断李捷的观点是否正确，若不正确，简要说明理由。

4. 根据资料三，结合财务管理有关理论，逐项判断韩平的观点是否正确，若不正确，简要说明理由。

5. 根据资料三，逐项分析 A 公司的主要财务数据是否符合石梅建议的三种类型债券的公开发行要求，简要说明理由。

6. 根据资料三，对照《上市公司证券发行管理办法》规定以及财务管理有关理论，指出财务部拟订的可转债发行方案中存在的十项不恰当之处，简要说明理由。

7. 根据资料四，结合相关理论，逐项判断付勇的建议和观点是否恰当，若不恰当，简要说明理由。

8. 根据资料四，逐项判断李岩发表的关于风险管理的观点是否正确，若不正确，简要说明理由。

参考答案：

1. 根据资料一，指出我国燃料电池动力系统所处的生命周期，简要说明理由；运用 SWOT 分析方法，评估 A 公司的优势、劣势、机会以及威胁；指出王路确定的两个战略目标在 SWOT 战略分析中所属的战略类型，简要说明理由。

答：

（1）燃料电池动力系统所处的生命周期阶段：导入期。

理由：

①将来是否可以推广应用到家用轿车尚存在不确定性（或：目标市场方面尚在不断发展变化当中）。

②我国燃料电池汽车处于发展初期，尚未开始大规模商业化生产，一线汽车制造商仅小规模采购燃料电池动力系统进行测试生产（或：用户很少，只有高收入用户会尝试新的产品）。

③燃料电池动力系统及相关配件的制造商数量较少（或：只有很少的竞争对手）。

④燃料电池动力系统成本高（或：销量小，生产成本高）。

（2）SWOT 分析：

①优势：

- 掌握了燃料电池动力系统生产的核心技术。
- 自主研发形成多项国际专利（或：拥有专利优势）。
- 销售客户包括国内前三大客运车制造商。
- 公司产品性能稳定、使用寿命长，受到燃料电池汽车制造商的高度认可。
- 公司董事长王路具有多年的汽车零部件技术研发经历及行业工作经验。
- 公司设立后一直从事汽车零部件制造，积累了丰富的生产管理经验。
- 公司和国内多家一线汽车制造商建立并保持着长期的合作关系，拥有优秀的销售团队和畅通的销售渠道（或：拥有销售团队和销售渠道优势）。

• 公司具有数量较多的技术储备，也汇聚了一批经验丰富的研发人员，形成了较强的研发能力（或：具有较强的研发能力）。

②劣势：

• 一线汽车制造商仅小规模采购燃料电池动力系统进行测试生产，销量小，未形成规模经济，燃料电池动力系统生产成本高。

• 我国在燃料电池动力系统关键组件的生产技术和国外相比还存在一定的差距，主要依赖进口，议价能力不强。

• 公司没有掌握燃料电池动力系统的两个关键组件生产的核心技术，目前依赖进口，通过增加产量降低可控成本的空间有限。

③机会：

• 随着国家对环保问题的日益重视，有关部委出台政策鼓励氢能源的发展。

• 多个地方政府相继推出地方性政策以支持燃料电池汽车的发展。

• 风险投资机构看好燃料电池的发展空间，陆续开始投资。

• 鼓励政策的相继出台和风险资本的逐渐流入，推动着燃料电池汽车的商业转化，我国燃料电池汽车预计将有较大的发展空间及较高的增长率。

④威胁：

• 国内部分传统汽车配件制造企业逐步加大在燃料电池领域的投入（或：市场竞争逐渐激烈）。

• 欧美汽车强国纷纷推出燃料电池动力系统的战略规划，大力扶持本国燃料电池动力系统制造企业的发展，抢占包括中国在内的各国市场份额（或：国际竞争对手进入中国市场）。

（3）战略类型：

①"抓住市场机会，增加产品销量，降低燃料电池动力系统的成本"属于扭转型战略（WO战略）。

理由：该战略是A公司为了扭转自身成本较高的劣势（W），同时抓住市场增长机会、增加产品销量（O）而作出的，因此属于扭转型战略（WO战略）。

②"通过并购，逐步掌握核心技术，增强公司在激烈市场竞争中的实力"属于防御型战略（WT战略）。

理由：该战略是A公司针对自身没有掌握关键组件生产的核心技术，依然主要依赖进口采购的劣势（W），结合市场竞争激烈的威胁（T）而作出的，因此属于防御型战略（WT战略）。

依据：《公司战略与风险管理》教材第二章第一节企业外部环境分析；《公司战略与风险管理》教材第二章第三节SWOT分析。

2. 根据资料二，判断A公司收购B公司的股权交易是否构成重大资产重组，简要说明理由；按照企业并购的四个不同角度下的分类，分析判断A公司收购B公司所属的并购类型，简要说明理由。

答：

（1）根据《上市公司重大资产重组管理办法》，A公司收购B公司的股权交易均未达到重大资产重组的以下三项标准,故不构成重大资产重组。

理由:

①购买、出售的资产总额占上市公司最近一个会计年度经审计的合并财务会计报告期末资产总额的比例达到50%以上;

购买股权导致上市公司取得被投资企业控股权的,其资产总额以被投资企业的总额和成交金额两者中的较高者为准。

B公司2015年资产总额为人民币50 000万元,本次交易成交额为人民币33 000万元,两者均未超过A公司2015年资产总额人民币250 000万元的50%(或:B公司2015年资产总额为人民币50 000万元高于本次交易成交额人民币33 000万元,但并未超过A公司2015年资产总额人民币250 000万元的50%)。

②购买、出售的资产在最近一个会计年度所产生的营业收入占上市公司同期经审计的合并财务会计报告营业收入的比例达到50%以上;

购买股权导致上市公司取得被投资企业控股权的,营业收入以被投资企业的营业收入为准。

B公司2015年营业收入为人民币20 000万元,未超过A公司2015年营业收入人民币80 000万元的50%。

③购买、出售的资产净额占上市公司最近一个会计年度经审计的合并财务会计报告期末资产净额的比例达到50%以上,且超过5 000万元人民币;

购买股权导致上市公司取得被投资企业控股权的,资产净额以被投资企业的资产净额和成交金额两者中的较高者为准。

B公司2015年资产净额为人民币20 000万元,本次交易成交额为人民币33 000万元,虽然均超过5 000万元人民币,但是两者均未超过A公司2015年资产净额人民币100 000万元的50%(或:本次交易成交额为人民币33 000万元高于B公司2015年资产净额人民币20 000万元,虽然超过5 000万元人民币,但并未超过A公司2015年资产净额人民币100 000万元的50%)。

(2)并购类型:

①按并购双方所处的产业分类,属于纵向并购(或:后向并购)。

理由:A公司生产燃料电池动力系统,B公司生产电堆,电堆是燃料电池动力系统关键组件之一,故属于纵向并购(或:后向并购)。

②按并购方态度分类,属于友善并购。

理由:A公司就收购事宜与B公司股东进行多次友好协商,故属于友善并购。

③按并购方的身份分类,属于产业资本并购。

理由:A公司并非金融企业,故属于产业资本并购。

④按收购资金来源分类,属于杠杆收购。

理由:并购资金并非来源于A公司自有资金,而是以筹资完成收购,故属于杠杆收购。

依据:《经济法》教材第七章第五节上市公司收购和重组;《公司战略与风险管理》教材第三章第一节总体战略(公司层战略)。

3. 根据资料二，结合财务管理有关理论，逐项判断李捷的观点是否正确，若不正确，简要说明理由。

答：

（1）不正确。

理由：企业价值评估的目的是确定一个企业的公平市场价值，所谓公平市场价值是指在公平的交易中，熟悉情况的双方，自愿进行资产交换或债务清偿的金额（或：按现行市场价格计量的资产价值是现时市场价值，它可能是公平的，也可能是不公平的）。

（2）不正确。

理由：股权现金流量模型中的资本成本采用股权资本成本（或：实体现金流量模型中的资本成本采用加权平均资本成本）。

（3）不正确。

理由：股利现金流量模型中的股利现金流量是企业分配给股权投资人的现金流量，但不一定等于企业实体现金流量扣除对债权人支付后剩余的部分（或：股权现金流量模型中的股权现金流量等于企业实体现金流量扣除对债权人支付后剩余的部分）。

（4）不正确。

理由：实体现金流量模型下采用两阶段增长模型计算的企业股权价值，等于预测期实体现金流量现值加上后续期价值的现值、再减去净债务价值（或：实体现金流量模型下采用两阶段增长模型计算的企业实体价值，等于预测期实体现金流量现值加上后续期价值的现值）。

（5）正确。

（6）不正确。

理由：市盈率模型最适合连续盈利的企业，市盈率的驱动因素是企业的增长潜力、股利支付率和风险（或：市销率的驱动因素是营业净利率、股利支付率、增长潜力和风险）。

（7）不正确。

理由：市净率模型的局限性之一就是账面价值受会计政策选择的影响，如果各企业执行不同的会计标准或会计政策，市净率会失去可比性。

（8）不正确。

理由：市销率模型的局限性在于不能反映成本的变化，而成本是影响现金流量和价值的重要因素之一（或：市销率对价格政策和企业战略变化敏感，可以反映这种变化的后果）。

依据：《财务成本管理》教材第八章第一节企业价值评估的目的和对象；《财务成本管理》教材第八章第二节企业价值评估方法。

4. 根据资料三，结合财务管理有关理论，逐项判断韩平的观点是否正确，若不正确，简要说明理由。

答：

（1）不正确。

理由：如果公司债券没有上市，可以使用可比公司法计算债务成本，即找一个拥有可交易债券的可比公司作为参照物，计算可比公司长期债券的到期收益率，作为本公司的长期债务成本。

（2）正确。

（3）不正确。

理由：按照资本资产定价模型，普通资本成本等于无风险利率加上风险溢价；估计股权资本成本时，应当选择上市交易的政府长期债券的到期收益率作为无风险利率的代表。

（4）不正确。

理由：计算公司的加权平均资本成本，选择实际市场价值权重依据，是根据当前负债和权益的市场价值比例衡量每种资本的比例，仅反映现在的资本结构（或：目标资本结构权重适用于公司评价未来的资本结构）。

（5）不正确。

理由：根据权衡理论，当债务利息抵税收益的现值与财务困境成本的现值之间的差额达到最大时，企业价值最大，此时债务与权益比率即为最佳资本结构。

（6）正确。

（7）不正确。

理由：资本成本比较法，是指在不考虑各种融资方式在数量与比例上的约束以及财务风险差异时，通过计算各种基于市场价值的长期融资组合方案的加权平均资本成本，并根据计算结果选择加权平均资本成本最小的融资方案。

（8）不正确。

理由：只有在风险不变的情况下，每股收益的增长才会直接导致股东财富上升，所以，公司的最佳资本结构应当是使公司的总价值最高，而不一定是使每股收益最大的资本结构（或：实际上经常是随着每股收益的增长，风险也会加大，如果每股收益的增长不足以补偿风险增加所需的报酬时，尽管每股收益增加，股东财富仍然会下降；所以，公司的最佳资本结构应当是使公司的总价值最高，而不一定是使每股收益最大的资本结构）。

依据：《财务成本管理》教材第四章第二节债务资本成本的估计；《财务成本管理》教材第四章第三节普通股资本成本的估计；《财务成本管理》教材第四章第五节加权平均资本成本的计算；《财务成本管理》教材第九章第一节资本结构理论；《财务成本管理》教材第九章第二节资本结构决策分析。

5. 根据资料三，逐项分析 A 公司的主要财务数据是否符合石梅建议的三种类型债券的公开发行要求，简要说明理由。

答：

（1）公开发行公司债券的条件中有关财务数据的要求：

①股份有限公司的净资产不低于人民币 3 000 万元，有限责任公司的净资产不低于人民币 6 000 万元；

A 公司 2015 年末净资产为人民币 10 亿元，符合股份有限公司的净资产不低于人民币 3 000 万元的要求。

②本次发行后累计公司债券余额不超过最近一期期末净资产额的 40%；

A 公司 2015 年末净资产为人民币 10 亿元，公司最近 3 年没有发债记录且累计公司债券余额为零，因此 A 公司本次可以发行 4 亿元的债券，石梅建议本次发行 3.5 亿元债券，符合要求。

③最近3个会计年度实现的年均可分配利润不少于公司债券1年的利息；

A公司最近3年实现的年均可分配利润为5 000万元，按照石梅建议本次发行利率8%计算，3.5亿元债券1年利息为2 800万元，符合要求。

（2）公开发行可转债的条件中有关财务数据的要求：

①最近3个会计年度加权平均净资产收益率平均不低于6%，扣除非经常性损益后的净利润与扣除前的净利润相比，以低者作为加权平均净资产收益率的计算依据；

A公司最近3年加权平均净资产收益率为7%（以扣除非经常性损益前后孰低者计算），符合要求。

②本次发行后累计公司债券余额不超过最近一期期末净资产额的40%；

A公司2015年末净资产为人民币10亿元，公司最近3年没有发债记录且累计公司债券余额为零，因此A公司本次可以发行4亿元的债券，石梅建议本次发行3.5亿元债券，符合要求（或：与普通债券的要求相同，符合要求）。

③最近3个会计年度实现的年均可分配利润不少于公司债券1年的利息；

A公司最近3年实现的年均可分配利润为5 000万元，按照石梅建议本次发行利率8%计算，3.5亿元债券1年利息为2 800万元，符合要求（或：与普通债券的要求相同，符合要求）。

（3）公开发行分离交易可转债的条件中有关财务数据的要求：

①公司最近一期期末经审计的净资产不低于人民币15亿元；

A公司2015年末净资产为人民币10亿元，不符合公司最近一期期末经审计的净资产不低于人民币15亿元的要求。

②最近3个会计年度实现的年均可分配利润不少于公司债券1年的利息；

A公司最近3年实现的年均可分配利润为5 000万元，按照石梅建议本次发行利率8%计算，3.5亿元债券1年利息为2 800万元，符合要求（或：与普通债券及可转债的要求相同，符合要求）。

③最近3个会计年度经营活动产生的现金流量净额平均不少于公司债券1年的利息，但最近3个会计年度加权平均净资产收益率平均不低于6%（扣除非经常性损益后的净利润与扣除前的净利润相比，以低者作为加权平均净资产收益率的计算依据）的除外；

虽然A公司最近3年经营活动产生的现金流量净额平均为2 500万元，低于按照石梅建议本次发行利率8%计算的3.5亿元债券1年利息2 800万元，但是A公司最近3年加权平均净资产收益率为7%（以扣除非经常性损益前后孰低者计算），符合要求。

④本次发行后累计公司债券余额不超过最近一期期末净资产额的40%；

A公司2015年末净资产为人民币10亿元，公司最近3年没有发债记录且累计公司债券余额为零，因此A公司本次可以发行4亿元的债券，石梅建议本次发行3.5亿元债券，符合要求（或：与普通债券及可转债的要求相同，符合要求）。

依据：《经济法》教材第七章第三节公司债券的发行与交易。

6. 根据资料三，对照《上市公司证券发行管理办法》规定以及财务管理有关理论，指出财务部拟订的可转债发行方案中存在的十项不恰当之处，简要说明理由。

答：
(1) 转股价格不恰当。

理由：可转债的转股价格应不低于募集说明书公告前20个交易日该公司股票交易均价和前一交易日的均价。

财务部拟订的转股价格每股9元，低于公司股票前一交易日价格10元/股，不符合规定。

(2) 票面利率不恰当。

理由：可转债向投资人提供了转为股票投资的选择权，使之有机会转为普通股并分享公司更多的收益，因此投资人愿意接受可转债的票面利率低于同一条件下普通债券的利率。

财务部拟订的票面利率8%高于同期等风险普通债券市场利率7%，有损公司利益。

(3) 发行期限不恰当。

理由：可转债的期限最短为1年，最长为6年。

财务部拟订的发行期限为7年，超过了规定期限。

(4) 转股起始日不恰当。

理由：可转债自发行结束之日起6个月后方可转换为公司股票。

财务部拟订的转股起始日为发行结束之日起4个月后的第一个交易日，不符合规定。

(5) 回售条款设置不恰当。

理由：回售条款是在可转债发行公司的股票价格达到某种恶劣程度时，债券持有人有权按照约定的价格将可转债卖给发行公司的有关规定。设置回售条款是为了保护债券投资人的利益，使他们能够避免遭受过大的投资损失，从而减低投资风险。合理的回售条款，可以使投资者具有安全感，因而有利于吸引投资者。

财务部拟订的回售条款设置为股票价格较高时进行回售不恰当。

(6) 赎回条款设置不恰当。

理由：赎回条款是可转债的发行企业可以在债券到期日之前提前赎回债券的规定。设置赎回条款是为了促使债券持有人转换股份，因此又被称为加速条款；同时也能使发行公司避免市场利率下降后，继续向债券持有人按较高的债券票面利率支付利息所蒙受的损失。

财务部拟订的赎回条款设置为股票价格较低时进行赎回不恰当。

(7) 担保人不恰当。

理由：证券公司或上市公司不得作为发行可转债的担保人，但是上市商业银行除外。

财务部拟订的担保条款设定由无关联关系的另一家非金融上市公司提供担保，不符合规定。

(8) 担保范围不恰当。

理由：公司公开发行可转债，应当提供全额担保，担保范围包括债券的本金及利息、违约金、损害赔偿额和实现债权的费用。

财务部拟订的担保条款设定担保范围仅包括债券的本金及利息，不符合规定。

(9) 转股价格向下修正条款的表决程序不恰当。

转股价格修正方案须提交公司股东大会表决，且须经出席会议的股东所持表决权的

2/3 以上同意。

财务部拟订的转股价格向下修正条款设定须经出席会议的股东所持表决权的半数以上同意，不符合规定。

（10）修正后的转股价格不恰当。

修正后的转股价格不低于股东大会召开日前 20 个交易日公司股票交易均价和前一交易日均价。

财务部拟订的修正后的转股价格为不低于股东大会召开日前 20 个交易日公司股票交易均价和前一交易日均价的较低者，不符合规定。

依据：《经济法》教材第七章第三节公司债券的发行与交易；《财务成本管理》教材第十章第三节混合筹资。

7. 根据资料四，结合相关理论，逐项判断付勇的建议和观点是否恰当，若不恰当，简要说明理由。

答：

（1）不恰当。

理由：采用成本分析模式确定最佳现金持有量，先分别计算出各种方案的机会成本、管理成本、短缺成本之和，再从中选出总成本之和最低的现金持有量即为最佳现金持有量。

（2）恰当。

（3）不恰当。

理由：合理的保险储备量，是使缺货或供应中断损失和储备成本之和最小。

（4）不恰当。

理由：材料价格差异是在材料采购过程中形成的，不应由耗用材料的生产部门负责，而应由材料的采购部门负责并说明原因。

（5）不恰当。

理由：沉没成本是不相关成本的一种，与决策没有关联，在决策分析中可以不考虑。

（6）恰当。

依据：《财务成本管理》教材第十二章第二节现金管理；《财务成本管理》教材第十二章第三节应收款项管理；《财务成本管理》教材第十二章第四节存货管理；《财务成本管理》教材第十四章第二节标准成本的差异分析；《财务成本管理》教材第十七章第一节短期经营决策概述；《公司战略与风险管理》教材第四章第一节公司战略与组织结构。

8. 根据资料四，逐项判断李岩发表的关于风险管理的观点是否正确，若不正确，简要说明理由。

答：

（1）不正确。

理由：风险管理的流程包括五个部分，即：收集风险管理初始信息，进行风险评估，制定风险管理策略，提出和实施风险管理解决方案，以及风险管理的监督与改进（或：缺少了风险管理的监督与改进）。

（2）正确。

（3）不正确。

理由：风险转换一般不会直接降低企业总风险，企业通过风险转换在两个或多个风险之间进行调整，以达到最佳效果（或：风险转移是指企业通过合同将风险转移到第三方，企业对转移后的风险不再拥有所有权）。

（4）不正确。

理由：董事会履行确定企业风险管理总体目标、批准重大决策和风险评估报告等职责。

（5）不正确。

理由：风险管理委员会的召集人应由不兼任总经理的董事长担任；董事长兼任总经理的，召集人应由外部董事或独立董事担任。

（6）不正确。

理由：总经理或总经理委托的高级管理人员，负责主持全面风险管理工作；企业总经理对全面风险管理工作的有效性向董事会负责（或：企业应设立风险管理专职部门或确定相关职能部门履行全面风险管理的职责；该部门对总经理或其委托的高级管理人员负责）。

（7）不正确。

理由：各有关部门和业务单位应定期对风险管理工作进行自查，及时发现缺陷并改进，检查报告应及时直接报送企业风险管理职能部门。

依据：《公司战略与风险管理》教材第六章第三节风险管理基本流程；《公司战略与风险管理》教材第六章第四节风险管理体系。

2018年注册会计师全国统一考试

职业能力综合测试
（试卷一）试题、答案及依据

说明：本试卷共 50 分。

A 公司主要从事电子产品的生产和销售，20×0 年首次公开发行 A 股股票并上市。A 公司为增值税一般纳税人，适用的企业所得税税率为 25%。

A 公司 20×6 年度财务报表由汇泰会计师事务所审计。明星会计师事务所于 20×7 年上半年接受委托审计 A 公司 20×7 年度财务报表，并委派注册会计师甲担任审计项目合伙人。

此外，明星会计师事务所还首次接受 A 公司下属若干子公司委托，审计其各自 20×7 年度财务报表，并分别出具审计报告。

资料一

20×7 年 1 月 31 日，A 公司以现金 18 000 万元向其控股股东 P 公司收购其于多年前自行设立的全资子公司 S 公司 80% 股权，并自该日起对 S 公司实施控制。

20×7 年 12 月 1 日，A 公司又以现金 4 000 万元向 P 公司收购其所持 S 公司剩余 20% 股权。

S 公司于 20×7 年 1 月 31 日的可辨认净资产公允价值和账面价值分别为 16 000 万元和 12 000 万元；S 公司于 20×7 年 12 月 1 日的可辨认净资产公允价值和账面价值分别为 16 800 万元和 12 500 万元。

对于上述收购交易，A 公司进行了如下会计处理：

（1）A 公司个别财务报表：

收购 80% 股权的交易：A 公司按支付价款 18 000 万元作为对 S 公司长期股权投资的入账价值。

收购 20% 股权的交易：A 公司将所支付价款 4 000 万元计入对 S 公司长期股权投资的

账面价值。

（2）A公司合并财务报表：

收购80%股权的交易：于20×7年1月31日，将支付的价款18 000万元与该部分股权享有的S公司于20×7年1月31日可辨认净资产账面价值份额的差额8 400万元（18 000－12 000×80%）在A公司合并财务报表中确认为商誉。

收购20%股权的交易：于20×7年12月1日，将支付的价款4 000万元与该部分股权享有的S公司于20×7年12月1日可辨认净资产账面价值份额的差额1 500万元（4 000－12 500×20%）在A公司合并财务报表中计入商誉的账面价值。

资料二

1. A公司于20×7年12月31日向某非关联方销售了1 000件产品，单位售价为1 440元，单位成本为1 080元。A公司于20×7年12月31日向该非关联方交付该批产品并收取了全部款项。根据合同约定，购买方有权在收到产品的30天内退货。根据历史经验，A公司预计退货率为10%。上述金额均不包含增值税。对于上述交易，A公司于20×7年12月31日确认营业收入144万元和营业成本108万元。

2. A公司于20×7年初与某非关联公司D公司签订合同，按D公司的要求设计和建造一台设备。该设备的建造周期超过一年，A公司在自己厂区内建造后交付给D公司。由于该设备为定制设备，一旦D公司不能履行合同，A公司需耗费巨大的改造成本才能出售给其他方。因此，A公司在合同中约定，如D公司单方面解约，则需向A公司支付已发生的全部建造成本。20×7年12月31日，该合同的履约进度为60%，A公司按上述合同履约进度相应确认收入和成本。

资料三

1. A公司于20×7年初从二级市场分别购入某公司发行的3年期普通债券和某上市公司股票。对该3年期债券，A公司拟持有至到期日以收取本金和利息，将该债券分类为以摊余成本计量的金融资产，并确认为债权投资。对该上市公司股票，A公司主要看中该上市公司具有稳定分红能力，在可预见的未来不打算将其出售，将该股票直接指定为以公允价值计量且其变动计入其他综合收益的金融资产，并确认为其他权益工具投资。20×7年12月，上述债券信用等级持续下调，已不再满足A公司内部关于投资债券的政策，因此，A公司于20×7年末将上述债券全部出售。此外，A公司由于某特殊原因，于20×7年末将上述股票也全部出售。A公司将出售上述债券和股票所收取的款项与其账面价值的差额，计入投资收益，同时，将其他权益工具投资（股票）以前计入其他综合收益的累计利得或损失，转入当期投资收益。

2. A公司于20×7年末购入某上市公司发行的可转换公司债，债券期限为5年，票面利率为4%，债券发行满1年后，A公司有权以约定转股价格将该债券转换为该上市公司普通股。A公司将该可转换公司债初始分类为以摊余成本计量的金融资产，并确认为债权投资。

3. C公司为A公司主要客户，信用和还款记录良好，A公司为其提供了180天的赊销信用期。A公司20×6年末与某银行签订协议，将20×7年产生的所有应收C公司款项，自产生之日起30天内，不附追索权地转让给该银行。A公司将20×7年度产生的应收C公司款项均分类为以摊余成本计量的金融资产，确认为应收账款，并在转让给银行时终止确认上述应收账款。

4. A公司20×7年度收到一项政府补助500万元，该补助的主要目的为鼓励A公司进行某新产品研发。A公司20×7年度共发生该新产品研究阶段支出2 000万元，计入当期管理费用。A公司对研发类政府补助采用总额法核算，将收到的500万元政府补助计入20×7年度营业外收入。

5. A公司在某地有两家从事同类产品贸易的全资子公司。为集中资源支持其中一家规模较大子公司的发展，A公司于20×7年12月31日将所持其中另一家规模较小子公司的全部股权转让给某非关联公司。A公司在其20×7年度合并利润表中，将上述所转让子公司相关损益作为终止经营损益列报。

资料四

注册会计师甲在复核审计项目组成员编制的审计工作底稿时，注意到以下事项：

1. 审计项目组对A公司20×7年度产品销售情况执行了分析程序，相关审计工作底稿部分内容摘录如下：

产品销售分析表

单位：万元

产品名称	本年数				上年数				审计说明
	数量(件)	收入	成本	毛利率	数量(件)	收入	成本	毛利率	
H产品	1 000	2 000	1 500	25%	800	1 600	1 400	12.5%	1
I产品	800	1 280	1 200	6.25%	800	1 280	800	37.5%	2
J产品	600	1 200	900	25%	50	100	75	25%	3
(略)	(略)	(略)	(略)	(略)	(略)	(略)	(略)	(略)	(略)
合计		(略)	(略)	(略)		(略)	(略)	(略)	

审计说明：
1. H产品毛利率较上年有大幅上升。A公司财务人员说明，主要是因为公司本年拓展了新的客户，H产品本年销量有所增加。项目组将H产品新增销量与新客户销售合同和销售发票进行了核对，未发现差异。无须作进一步审计处理。
2. I产品毛利率较上年有大幅下降。A公司财务人员说明，主要是由于本年度I产品生产计划和工序安排不合理形成原材料浪费，导致I产品单位原材料耗用水平远高于上年。项目组将20×7年度I产品生产成本中的相关原材料领用数据与相应原材料领用单据进行了核对，未发现差异。无需作进一步审计处理。
3. J产品毛利率较上年无变化。无需作进一步审计处理。
(略)

2. 审计项目组对 A 公司 20×7 年 12 月 31 日应付账款余额实施了函证程序，相关审计工作底稿部分内容摘录如下：

应付账款函证控制表

单位：万元

供应商名称	函证编号	账面余额	回函确认金额	差异	审计说明
U 公司	（略）	300	300	0	2
V 公司	（略）	100	100	0	3
W 公司	（略）	200	250	50	4
（略）	（略）	（略）	（略）	（略）	（略）

审计说明：
1. 函证实施的范围：所有余额大于 100 万元（含 100 万元）的应付账款，所函证余额占 20×7 年 12 月 31 日应付账款账面余额比例为 90%。
2. U 公司系 A 公司本年新发展的国外供应商。考虑到向该国外供应商寄发纸质询证函较为不便，A 公司财务人员向项目组提供了该国外供应商联系人的私人电子邮箱。项目组以电子邮件方式向该联系人发送询证函，并收到对方通过电子邮件发送的回函。回函显示金额相符。无需作进一步审计处理。
3. A 公司财务人员说明，V 公司系 A 公司以前年度供应商，近年来与 A 公司已无业务联系，该余额自 20×5 年至今未有变化。A 公司财务人员向项目组提供了前任注册会计师（汇泰会计师事务所）在审计 A 公司 20×6 年度财务报表时就该余额从 V 公司取得的询证函回复印件。该回函复印件显示金额相符。无须作进一步审计处理。
4. 回函显示，该差异是由于 A 公司于 20×7 年 12 月 31 日向 W 公司支付了 50 万元，而对方在 20×8 年初才入账所致。项目组检查了 A 公司相关开户银行于 20×7 年 12 月 31 日的上述付款记录，未发现差异。无须作进一步审计处理。
（略）

资料五

S 公司系 A 公司 20×7 年从其控股股东 P 公司购入的子公司。明星会计师事务所接受委托，对 S 公司 20×7 年度财务报表进行审计，并发表审计意见。注册会计师甲在复核审计项目组编制的 S 公司 20×7 年度财务报表审计工作底稿时，注意到以下事项：

1. 汇泰会计师事务所审计了 S 公司 20×6 年度财务报表，并出具了标准无保留意见审计报告。项目组将 S 公司 20×7 年度财务报表的期初余额与经汇泰会计师事务所审计的 S 公司 20×6 年度财务报表相关数据进行了核对，未发现差异。项目组据此得出"S 公司 20×7 年度财务报表期初余额不存在异常，无须作进一步审计处理"的结论。

2. 项目组对 S 公司 20×7 年度主营业务收入进行了截止测试，相关审计工作底稿部分内容摘录如下：

主营业务收入截止测试

	截止日（20×7 年 12 月 31 日）前							
	出库单				主营业务收入记账凭证			
序号	日期	出库单编号	品名	数量	日期	凭证编号	数量	金额	审计说明
（略）	（略）	（略）	（略）	（略）	（略）	（略）	（略）	（略）	（略）

续表

序号	截止日（20×7年12月31日）前								审计说明
	出库单				主营业务收入记账凭证				
	日期	出库单编号	品名	数量	日期	凭证编号	数量	金额	
×1	20×7年12月31日	×××25	K1	（略）	20×7年12月31日	（略）	（略）	（略）	
×2	20×7年12月31日	×××26	K2	（略）	20×7年12月31日	（略）	（略）	（略）	
×3	20×7年12月31日	×××28	K3	（略）	20×8年1月1日	（略）	（略）	（略）	1
	截止日（20×7年12月31日）后								
×4	20×8年1月1日	×××29	K4	（略）	20×8年1月2日	（略）	（略）	（略）	
×5	20×8年1月1日	×××30	K5	（略）	20×7年12月31日	（略）	（略）	（略）	2
（略）	（略）	（略）	（略）	（略）	（略）	（略）	（略）	（略）	（略）

审计说明：
1. 该批 K3 产品于 20×7 年 12 月 31 日发货（以 S 公司仓库为交货地点），但应客户要求，销售发票开具日期为 20×8 年 1 月 1 日，因此 S 公司将该批 K3 产品的收入确认在 20×8 年 1 月。项目组检查了该批 K3 产品的发运凭证和销售发票，未发现差异。无须作进一步审计处理。
2. S 公司财务人员说明，该批 K5 产品已于 20×7 年 12 月 31 日销售给客户并开具销售发票，但应客户要求，推迟到 20×8 年 1 月 1 日才发货。项目组检查了该批 K5 产品的发运凭证和销售发票，未发现差异。无须作进一步审计处理。
（略）

资料六

1. A 公司 20×7 年度将一批自产产品在年会中作为奖品奖励给员工。A 公司在申报 20×7 年度应交增值税时，将生产该批产品所耗用原材料的进项税作为不得从销项税额中抵扣的进项税予以转出。

2. A 公司 20×7 年初向某客户销售一批电子产品。考虑到该客户本次采购量较大，A 公司同意在本次销售价款 120 万元（不含增值税）的基础上给予该客户 10 万元（不含增值税）的折扣。在开具增值税发票时，A 公司在金额栏填列 120 万元，在备注栏中注明 10 万元的折扣。在申报 20×7 年度应交增值税时，A 公司以折扣后的销售额 110 万元计算申报增值税。

3. A 公司 20×7 年末在建的一座仓库因发生意外事故而倒塌。在申报 20×7 年度应交增值税时，A 公司将上述在建仓库所耗用的购进材料的进项税作为不得从销项税额中抵扣的进项税予以转出。

4. A公司20×7年度以经营租赁方式租入一台用于新产品研发活动的检测设备，该设备同时也实际用于自产产品日常入库检测。A公司在申报20×7年度企业所得税应纳税所得额时，将该设备20×7年度发生的经营租赁费用全额计入研发费用做了税前扣除，并在此基础上按50%作了加计扣除。

5. A公司20×7年1月向某非关联公司（非金融企业）借入一笔1年期专项借款用于A公司某工程项目建设，利率参照金融企业同期同类贷款利率上浮20%确定。该工程项目于20×7年6月完工并投入使用。A公司将20×7年全年发生的上述借款利息计入财务费用，并在申报20×7年度企业所得税应纳税所得额时，将上述借款利息作了全额税前扣除。

6. A公司20×7年新购入一台设备，于20×7年10月31日安装完毕达到预定可使用状态，并于20×8年1月投入使用。A公司在20×7年对上述设备计提了两个月折旧，并计入当期损益。在申报20×7年度企业所得税应纳税所得额时，A公司将上述折旧费用作了全额税前扣除。

资料七

A公司20×8年度拟与若干非关联公司共同设立若干被投资企业，与相关拟设立被投资企业有关的部分信息如下：

拟设立被投资企业名称	A公司拟持股比例	A公司是否拟向其派出董事	A公司拟与其开展的交易
R1	30%	是	无
R2	10%	否	无
R3	10%	是	无
R4	10%	否	为其30%的借贷资金提供担保，无其他交易

A公司财务总监希望注册会计师甲就上述拟设立被投资企业是否属于A公司的关联方，分别按照《企业会计准则》和《企业所得税法》及其实施条例的规定提出分析意见，并简要说明理由。

要求：

1. 针对资料一，假定不考虑其他条件，指出A公司在个别财务报表层面和合并财务报表层面的会计处理是否存在不当之处。如果存在不当之处，提出恰当的处理意见（不考虑相关税费或递延所得税的影响）。

2. 针对资料二第1项和第2项，假定不考虑其他条件，指出A公司的收入确认相关会计处理是否存在不当之处。如果存在不当之处，简要说明理由，并提出恰当的处理意见（不考虑相关税费或递延所得税的影响）。

3. 针对资料三第1项至第5项，假定不考虑其他条件，指出A公司的会计处理是否存在不当之处。如果存在不当之处，简要说明理由，并提出恰当的处理意见（不考虑相关税费或递延所得税的影响）。

4. 针对资料四第1项和第2项，假定不考虑其他条件，指出注册会计师甲在复核项目组成员的工作底稿时，针对项目组成员的审计处理，应当提出哪些质疑和改进建议。

5. 针对资料五第1项和第2项，假定不考虑其他条件，指出注册会计师甲在复核S公司审计项目组成员的工作底稿时，针对项目组成员的审计处理，应当提出哪些质疑和改进建议。

6. 针对资料六第1项至第3项，假定不考虑其他条件，指出A公司的增值税处理是否存在不当之处。如果存在不当之处，提出恰当的处理意见。

7. 针对资料六第4项，假定不考虑其他条件，指出A公司的企业所得税处理是否存在不当之处。如果存在不当之处，提出恰当的处理意见。

8. 针对资料六第5项和第6项，假定不考虑其他条件，指出A公司的会计处理和企业所得税处理是否存在不当之处。如果存在不当之处，提出恰当的处理意见。

9. 针对资料七，假定不考虑《中国注册会计师职业道德守则》的规定，代注册会计师甲回答A公司财务总监提出的问题。

参考答案：

1. 针对资料一，假定不考虑其他条件，指出A公司在个别财务报表层面和合并财务报表层面的会计处理是否存在不当之处。如果存在不当之处，提出恰当的处理意见（不考虑相关税费或递延所得税的影响）。

答：

（1）个别财务报表：

收购80%股权的交易：

存在不当之处。

处理意见：A公司取得S公司80%股权为同一控制下企业合并取得的长期股权投资，应当在合并日（20×7年1月31日）按照取得S公司账面价值的份额9 600万元作为长期股权投资的初始投资成本。初始投资成本与支付的现金18 000万元的差额8 400万元，调整资本公积，资本公积不足冲减的，调整留存收益。

收购20%股权的交易：

不存在不当之处。

（2）合并财务报表：

收购80%股权的交易：

存在不当之处。

处理意见：A公司与S公司的企业合并为同一控制下企业合并，在合并日（20×7年1月31日）将纳入合并范围的S公司各项资产、负债按其账面价值计量，A公司支付的价款18 000万元与所享有的S公司各项资产、负债账面价值份额的差额8 400万元，调整资本公积，资本公积不足冲减的，调整留存收益。

收购20%股权的交易：

存在不当之处。

处理意见：A公司购买S公司剩余20%为购买子公司少数股东股权的交易，S公司的资产、负债应按合并日（20×7年1月31日）确定的净资产入账价值开始持续计算的金额反映，因购买S公司剩余20%股权新取得的长期股权投资4 000万元与按照新增持股比例计算应享有 S 公司自合并日开始持续计算的净资产份额 2 500 万元之间的差额 1 500 万元，应当调整资本公积，资本公积不足冲减的，调整留存收益。

依据：《会计》教材第七章第二节第 99 页、第二十七章第四节第 551 页、第十节第 626 页。

2. 针对资料二第 1 项和第 2 项，假定不考虑其他条件，指出 A 公司的收入确认相关会计处理是否存在不当之处。如果存在不当之处，简要说明理由，并提出恰当的处理意见（不考虑相关税费或递延所得税的影响）。

答：

（1）存在不当之处。

理由：购买方有权在收到产品的 30 天内退货，该销售交易属于附有销售退回的条款的销售。确认收入时不应包含预期因销售退回将要退还的金额。

处理意见：A 公司应在客户取得相关商品控制权时，按因向客户转让商品而预期有权收取的对价金额 129.6 万元（即不包含预期因销售退回将退还的金额 14.4 万元）确认收入，按预期因销售退回将退还的金额 14.4 万元（1 000 件×10%×1 440 元/件）确认预计负债；同时，按预期将退回商品转让时的账面价值 10.8 万元（1 000 件×10%×1 080 元/件），确认为一项资产（应收退货成本），按所转让商品转让时的账面价值，扣除上述资产成本的净额 97.2 万元结转营业成本。

依据：《会计》教材第十六章第一节第 332 页。

（2）存在不当之处。

理由：如 D 公司单方面解约，A 公司只能有权收回已发生的全部建造成本，而不能收回合理的利润，表明 A 公司无法在整个合同期间内都有权就累计至今已完成的履约部分收取能够补偿其已发生成本和合理利润的款项。

处理意见：该交易不满足按照履约进度在一段时间内确认收入的条件，应在该设备完工交付 D 公司，完成该设备控制权转移时，一次性确认收入。

依据：《会计》教材第十六章第一节第 324 页和第 325 页。

3. 针对资料三第 1 项至第 5 项，假定不考虑其他条件，指出 A 公司的会计处理是否存在不当之处。如果存在不当之处，简要说明理由，并提出恰当的处理意见（不考虑相关税费或递延所得税的影响）。

答：

（1）股票的会计处理存在不当之处。

理由：指定为以公允价值计量且其变动计入其他综合收益的权益工具投资处置时，之前计入其他综合收益的累计利得或损失不得转入当期损益。

处理意见：指定为以公允价值计量且其变动计入其他综合收益的该股票投资处置时，之前计入其他综合收益的累计利得或损失应当转入留存收益。

依据：《会计》教材第十四章第四节第 253 页。

（2）存在不当之处。

理由：可转换公司债合同现金流量不属于仅为对本金和以未偿付本金金额为基础的利息的支付，不符合本金加利息的合同现金流量特征，不应分类为摊余成本计量的金融资产。

处理意见：应将其分类为以公允价值计量且其变动计入当期损益的金融资产。

依据：《会计》教材第十四章第二节第 228 页。

（3）存在不当之处。

理由：A 公司在信用期内将 20×7 年产生的应收 C 公司款项出售给银行，且不附追索权，因此 A 公司管理这些应收 C 公司款项的业务模式属于出售金融资产的业务模式，A 公司 20×7 年产生的应收 C 公司款项不应分类为摊余成本计量的金融资产（应收账款）。

处理意见：应将 A 公司 20×7 年产生的应收 C 公司款项分类为以公允价值计量且其变动计入当期损益的金融资产，确认为交易性金融资产。

依据：《会计》教材第十四章第二节第 227 页。

（4）存在不当之处。

理由：A 公司收到的政府补助用于补偿其发生的研发支出，该研发支出计入管理费用，因此，该政府补助属于日常活动相关的政府补助，不应计入营业外收入。

处理意见：该政府补助在总额法下应计入其他收益。

依据：《会计》教材第十七章第二节第 349 页。

（5）存在不当之处。

理由：被处置的子公司并不代表 A 公司一项独立的主要业务或一个单独的主要经营地区，并且也不是拟对一项独立的主要业务或一个单独的主要经营地区进行处置的一项相关联计划的一部分，因此不属于终止经营。其相关损益不应作为终止经营损益列报。

处理意见：该被处置子公司相关损益应作为持续经营损益列报。

依据：《会计》教材第二十五章第二节第 508 页。

4. 针对资料四第 1 项和第 2 项，假定不考虑其他条件，指出注册会计师甲在复核项目组成员的工作底稿时，针对项目组成员的审计处理，应当提出哪些质疑和改进建议。

答：

（1）质疑：仅凭 H 产品销量的上升无法合理解释其毛利率的大幅上升。

改进建议：H 产品单位成本在 20×7 年有大幅下降，项目组还应对 H 产品成本核算过程实施实质性程序，以核实 H 产品 20×7 年度单位成本下降的合理性。

依据：《审计》教材第九章第五节第 208 页、第十一章第五节第 254 页。

质疑：由于 I 产品生产计划和工序安排不合理形成的原材料浪费，不应计入 I 产品生产成本。

改进建议：非正常消耗的材料应直接计入当期损益，不应计入存货成本。项目组应向 A 公司提出相应审计调整建议。

依据：《审计》教材第十一章第五节第 254 页、《会计》教材第三章第一节第 38 页。

质疑：未对 J 产品销量的大幅上升予以关注。

改进建议：项目组应了解 J 产品销售大幅上升的原因，判断其合理性。并在此基础上从营业收入明细账中抽查 J 产品的收入记账凭证，核对至发票、出库单、合同等，以及对相关应收账款实施函证程序，检查相关应收账款的回收情况等。

依据：《审计》教材第九章第三节第 201 页、第五节第 212 页。

(2) 质疑：应付账款函证的其中一个主要目的是为了识别是否存在未入账的应付账款，函证程序实施的范围不应仅以账面余额是否重大为依据。

改进建议：对于交易频繁的供应商，即使应付账款余额较小，也应纳入函证实施范围。

依据：《审计》教材第三章第三节第53页。

质疑：不应直接依赖通过未经核实私人电子邮箱收发的电子函证所提供的信息。

改进建议：项目组首先应获取该国外供应商或其联系人的公司电子邮件地址，并在发送函证前对该电子邮件地址的真实性和可靠性进行检查。对收到的电子回函的可靠性也应当进行验证，可以电话联系该国外供应商的相关人员核实邮件的真实性，必要时可以要求该国外供应商提供回函原件。

依据：《审计》教材第三章第三节第56页和第58页。

质疑：不应直接依赖A公司提供的前任注册会计师上一年度函证回函复印件所提供的信息。

改进建议：应重新对该供应商实施函证。

依据：《审计》教材第三章第三节第53页、第十章第五节第231页。

5. 针对资料五第1项和第2项，假定不考虑其他条件，指出注册会计师甲在复核S公司审计项目组成员的工作底稿时，针对项目组成员的审计处理，应当提出哪些质疑和改进建议。

答：

(1) 质疑：不能仅通过将S公司20×7年度财务报表的期初余额核对至经前任注册会计师（汇泰会计师事务所）审计的S公司20×6年度财务报表相关数据，替代对S公司期初余额所需实施的审计程序。

改进建议：审计项目组应当对S公司的期初余额实施以下程序：(1) 确定上期期末余额是否已正确结转至本期；(2) 确定期初余额是否反映对恰当会计政策的运用；(3) 实施一项或多项审计程序，包括(a) 查阅前任注册会计师的审计工作底稿，以获取有关期初余额的审计证据，(b) 评价本期实施的审计程序是否提供了有关期初余额的审计证据，(c) 实施其他专门的审计程序，以获取有关期初余额的审计证据。

依据：《审计》教材第十七章第四节第374页和第375页。

(2) 质疑：检查的截止日前出库单不完整，缺编号为××27的出库单。

改进建议：应追查编号为××27的出库单的相应发货和主营业务收入确认情况，以检查是否存在主营业务收入截止性差异。

依据：《审计》教材第九章第五节第209页。

质疑：不能仅凭销售发票开具时间确定收入确认时点。

改进建议：收入确认时点应当是客户取得货物控制权的时点，该批K3产品是以S公司仓库为交货地点，项目组应检查该批K3产品在发运后客户是否已取得控制权，S公司是否应在发运该批K3产品时确认收入。

依据：《审计》教材第九章第五节第209页、《会计》教材第十六章第一节第327页。

质疑：对该批K5产品于20×7年12月31日是否属于"售后代管商品"的检查程序

不充分。

改进建议：项目组应当实施适当程序，以评价该"售后代管商品"安排是否具有商业实质，属于客户的该批 K5 产品是否能够单独识别，该批 K5 产品是否能够随时交付给客户，S 公司是否不能自行使用该批 K5 产品或将其提供给其他客户等，以确定该批 K5 产品于 20×7 年 12 月 31 日是否属于"售后代管商品"。

依据：《审计》教材第九章第五节第 209 页、《会计》教材第十六章第一节第 328 页。

6. 针对资料六第 1 项至第 3 项，假定不考虑其他条件，指出 A 公司的增值税处理是否存在不当之处。如果存在不当之处，提出恰当的处理意见。

答：

（1）存在不当之处。

处理意见：将自产产品用于集体福利，应视同发生增值税应税销售行为，应按该自产产品的近期平均售价作为销售额计算申报增值税销项税，而不应作进项税转出。

依据：《税法》教材第二章第一节第 50 页、第五节第 67 页。

（2）存在不当之处。

处理意见：A 公司未在同一张发票"金额"栏注明折扣额，而仅在发票的"备注"栏注明折扣额，折扣额不得从销售额中减除，A 公司应以 120 万元作为销售额计算申报增值税。

依据：《税法》教材第二章第五节第 62 页。

（3）不存在不当之处。

依据：《税法》教材第二章第五节第 73 页。

7. 针对资料六第 4 项，假定不考虑其他条件，指出 A 公司的企业所得税处理是否存在不当之处。如果存在不当之处，提出恰当的处理意见。

答：

存在不当之处。

处理意见：以经营租赁方式租入的用于研发活动的仪器，同时用于非研发活动的，应对其仪器设备使用情况做必要记录，并将其实际发生的租赁费按实际工时占比等合理方法在研发费用和生产经营费用间分配，其中分配至研发费用的部分，可按 50% 做加计扣除。如果实际发生的租赁费未在研发费用和生产经营费用间分配，不得加计扣除。

依据：《税法》教材第四章第六节第 235 页。

8. 针对资料六第 5 项和第 6 项，假定不考虑其他条件，指出 A 公司的会计处理和企业所得税处理是否存在不当之处。如果存在不当之处，提出恰当的处理意见。

答：

（1）会计处理存在不当之处。

处理意见：为工程项目借入的专项借款，在工程项目达到预定可使用状态前（20×7 年 1 月至 6 月）发生的利息费用，应当资本化。

依据：《会计》教材第十一章第三节第 191 页。

税务处理存在不当之处。

处理意见：向非金融企业借款的利息支出，超过按照金融企业同期同类贷款利率计算的数额的部分（上浮20%的部分）不得税前扣除；对于未超过的部分：在有关资产购置、建造期间发生的合理的借款费用，应当予以资本化，作为资本性支出计入有关资产的成本；有关资产交付使用后发生的借款利息，可在发生当期扣除。

依据：《税法》教材第四章第二节第207页和第208页。

（2）会计处理不存在不当之处。

依据：《会计》教材第四章第二节第55页。

税务处理存在不当之处。

处理意见：在计算应纳税所得额时，房屋建筑物以外未投入使用的固定资产折旧不得扣除。

依据：《税法》教材第四章第三节第216页。

9. 针对资料七，假定不考虑《中国注册会计师职业道德守则》的规定，代注册会计师甲回答A公司财务总监提出的问题。

答：

R1：A公司持有其超过20%股权并向其派出董事，能够对其施加重大影响，按照《企业会计准则》的规定是A公司的关联方。A公司持有其超过25%的股权，按照《企业所得税法》及其实施条例的规定是A公司的关联方。

R2：A公司对其不具有重大影响，按照《企业会计准则》的规定不是A公司的关联方。A公司持有股权未超过25%，按照《企业所得税法》及其实施条例的规定不是A公司的关联方。

R3：A公司向其派出董事，能够对其施加重大影响，按照《企业会计准则》的规定是A公司的关联方。A公司持有股权未超过25%，按照《企业所得税法》及其实施条例的规定不是A公司的关联方。

R4：A公司对其不具有重大影响，按照《企业会计准则》的规定不是A公司的关联方。A公司为其30%的借贷资金提供担保，按照《企业所得税法》及其实施条例的规定是A公司的关联方。

依据：《会计》教材第二十三章第六节第472至474页、《税法》教材第十二章第五节第488页。

2018 年注册会计师全国统一考试

职业能力综合测试
（试卷二）试题、答案及依据

说明：本试卷共 50 分。

资料一

森旺股份有限公司（以下简称森旺或公司）成立于 2000 年，是一家在我国南方地区从事水果零售的连锁企业。公司与多家水果基地密切合作，利用其自有的水果加工配送中心，将水果配送至门店，再通过线下及线上两种模式销售给消费者。森旺旗下经营"优旺"和"捷旺"两个品牌系列。其中"优旺"主要面向中高端消费群，除销售精品水果外，还提供诸如制作商务宴会果盘、3 千米内 1 小时送达等特色商品和服务；"捷旺"主打"好吃不贵"，通过规模化采购控制成本，面向大众市场平价销售，但保证水果新鲜。

作为农业重要组成部分的水果产业，国家一直以来给予政策支持。国家"十二五"规划，将"推进农业产业化经营，扶持壮大农产品加工业和流通业，促进农业生产经营专业化、标准化、规模化、集约化"作为产业调整指导思想，旨在促进大型水果企业发展，推动水果产业集中度提升。同时，国家也高度重视水果线上零售的发展，并在政策层面给予大力支持。自 2012 年开始至今，每年的中央一号文件均明确提出"发展农产品电子商务等交易方式""加强农产品电子商务平台建设""支持电商、物流等企业参与涉农电子商务平台建设"等。

近年来，我国国内生产总值逐步增加，恩格尔系数持续下降，人民生活水平显著提高。我国人口的增加和城镇化水平的提高，也推动了人均消费能力的提升。而消费水平的升级驱动消费观念发生较大变化，消费正在向品质化、品牌化、个性化、多样化转变。人们对于水果的消费需求不再满足于买得到、吃得着，更对水果的新鲜程度、外观、口感、内在品质等都提出要求。从目前现状看，由于我国水果产业集中度相对较低，水果质量和标准都不统一，消费者对品牌还不敏感。但随着人们对健康观念的重视和消费水平的升级，消费者对食品安全的意识越来越高，在购买生鲜食品时愈加重视产品质量。与此同时,消费者的购买习惯也在发生着转变,从到超市、菜市场购买水果,逐步转变为在精致社区水果店或网上购买水果。

冷链物流的快速发展提升了生鲜产品的流通效率,使得消费者在购买水果时,不再受限于区域、季节、距离、时间等因素,促进了对保鲜要求较高的水果,如草莓、蓝莓、樱桃等浆果的消费。同时互联网工具的加入,催生了生鲜电商的兴起,改变了水果的销售业态:由过去的路边摊、个人店、农贸市场,到超市,再到连锁专卖店、生鲜电商,呈现出多元化发展态势。但是,我国水果种植的自动化程度依然较低,在产品标准化程度、生产率方面仍需改进。此外,我国水果在流通环节的损耗率较高,预处理、冷藏及物流技术也需要加强。

资料二

在森旺成立之初,董事长赵宏就制定了公司的中长期发展规划。公司重点围绕四个阶段开展经营:

第一阶段,加强对各种营销手段的投入,包括开展宣传推广活动、建立会员制折扣积分计划等,努力提高在水果零售行业的市场份额。

第二阶段,扩张线下门店,同时布局线上渠道,将水果零售网络延伸至北方乃至全国。

第三阶段,收购成熟的水果种植基地或自建水果种植基地,从源头上保证水果品质和长期稳定供应。

第四阶段,通过并购重组从事沙拉、果汁、坚果等轻食经营的优质企业,依托公司水果零售平台,获取更强的竞争优势。

到2009年,森旺顺利完成公司发展规划中的第一和第二阶段,正着重发展第三阶段,即对水果种植基地进行投资。公司投资部提供了两个可供选择的项目:A项目是直接收购一个成熟的苹果种植基地,投资额1.5亿元,经营期8年;B项目是自建一个苹果种植基地(假定第2年开始收获),投资额1.1亿元,经营期10年。相关测算数据如下表:

单位:万元

年份	折现系数(10%)	A项目		B项目	
		现金净流量	现值	现金净流量	现值
0	1	-15 000	-15 000	-11 000	-11 000
1	0.9091	4 000	3 636	-1 500	-1 364
2	0.8264	4 000	3 306	1 500	1 240
3	0.7513	4 000	3 005	2 500	1 878
4	0.6830	4 000	2 732	3 500	2 391
5	0.6209	3 000	1 863	4 500	2 794
6	0.5645	3 000	1 694	4 500	2 540
7	0.5132	2 000	1 026	3 500	1 796

续表

年份	折现系数（10%）	A项目		B项目	
		现金净流量	现值	现金净流量	现值
8	0.4665	2 000	933	2 500	1 166
9	0.4241		—	2 500	1 060
10	0.3855		—	1 500	578
未来现金净流量总现值			18 195		14 079

公司财务部和投资部对项目召开讨论会。对于投资项目的评价方法，投资部新入职员工杨立提出以下观点：

1. 净现值反映一个项目按现金流量计量的净收益现值，是评价项目是否可行的最重要指标；因此，在评价不同投资额或投资期限的项目时，可以采用净现值法进行比较判断。

2. 现值指数法是相对数，反映投资的效率，可以揭示项目本身的报酬率。

3. 内含报酬率法需要事先估计一个合适的资本成本，才能进行计算并判断项目是否可行。

4. 回收期法与净现值法都考虑了时间价值，通过计算收回投资所需的年限，衡量项目的流动性；回收年限越短，项目越有利。

5. 在计算会计报酬率时使用账面利润，忽视了折旧因素对现金流量的影响。

6. 在计算投资项目现金流量时，需要区分相关成本和非相关成本；与特定决策无关的、在分析评价时不必加以考虑的成本是非相关成本，例如沉没成本、重置成本等。

参加讨论会的其他人员对杨立的观点进行了讨论和纠正。经过充分论证以及综合考量，公司最终做出合理的投资选择，实现了水果上游产业链的布局。

资料三

森旺为了满足企业发展过程中的资金需求，于2013年2月启动了在上海证券交易所公开发行股票并上市的计划。公司2010年至2012年主要财务数据如下：

单位：万元

资产负债表项目	2012年12月31日	2011年12月31日	2010年12月31日
资产合计	28 000	17 000	9 000
其中：专有技术类无形资产	900	750	500
土地使用权类无形资产	2 400	2 450	2 500
所有者权益合计	10 000	8 000	4 000
其中：股本	2 500	2 500	1 400
未分配利润	3 600	1 600	1 000

续表

	2012年	2011年	2010年
利润表项目			
营业收入	94 000	71 000	52 000
归属于母公司所有者的净利润（注）	4 100	2 100	1 000
现金流量表项目			
经营活动产生的现金流量净额	2 200	1 200	500

注：归属于母公司所有者的净利润以扣除非经常性损益前后较低者为计算依据。

森旺聘请中义证券有限公司（以下简称中义证券）担任其上市规范辅导的保荐机构。中义证券在对森旺的公司治理进行梳理时发现以下事项：

1. 董事会成员11人，其中独立董事3人：张云（具有4年财务工作经验）、陶亚（具有7年法律工作经验）、胡强（具有9年财务工作经验）；职工代表1人：刘平。董事每届任期4年。
2. 监事会成员2人，均为公司股东。监事每届任期4年。
3. 董事会下设薪酬委员会，成员3人，包括独立董事胡强。
4. 董事会下设审计委员会，成员3人，包括独立董事张云和陶亚。

与此同时，为了推动公司上市的顺利进行，森旺董事会对公司内部控制加以规范，在梳理公司内部管理制度时发现以下事项：

1. 董事会具有企业的经营决策权；经理对董事会负责，主持企业的生产经营管理工作。
2. 筹资方案应当履行严格审批程序，对于重大筹资方案，应当采取集体决策；筹资方案发生重大变更时，应由董事长亲自批准后才能变更。
3. 严格实行集中采购，对采购人员实行定期岗位轮换。采购人员负责定期与供应商核对往来款项。
4. 实行固定资产清查制度，公司在每年年末对固定资产进行抽查；对于固定资产清查中发现的问题，应当查明原因，追究责任，妥善处理。
5. 对商业票据进行严格管理，对于逾期票据应当进行追索监控和跟踪管理，但已贴现票据除外。
6. 实行全面预算管理制度，加强预算编制、执行、考核各环节的管理，对由于市场环境、国家政策或不可抗力等客观因素导致预算执行发生重大差异确需调整预算时，各预算执行单位调整后应当报公司预算管理部备案。
7. 公司财务部对合同条款审核后办理结算业务，应签订书面合同而未签订的，财务部有权拒绝付款。

森旺在中义证券的辅导下，对公司治理和内部管理制度的不妥之处进行整改、薄弱环节进行完善。公司经过一段时间的规范运行后，于2014年10月在沪市主板成功上市。

资料四

为了更好权衡公司股利支付政策与未来长期增长之间的关系，实现公司价值最大化的目标，2015年，森旺召开董事会，讨论拟订新的股利分配政策。董事会秘书贾莉在会上发表以下意见：

1. 根据信号理论，股利向市场传递公司的信息。对于成熟期公司，在盈利能力相对稳定的情况下，减少股利预示着公司成长性趋缓，会导致股价下降。

2. 根据代理理论，控股股东与中小股东之间存在利益冲突。中小股东希望公司采用多分配少留存的股利政策，以防控股股东侵害中小股东的利益。

3. 根据"一鸟在手"理论，股东更偏好资本利得。为了实现股东价值最大化的目标，公司应通过增加留存收益进行再投资。

4. 根据客户效应理论，当股利收益税率和资本利得税率存在差异时，投资者对公司股利政策的偏好是不同的。

5. 根据税差理论，边际税率低的投资者会选择实施高股利支付率的股票。

6. 根据股利无关论，公司的价值完全由其投资政策及其获利能力决定，公司的盈余在发放股利和保留盈余之间的分配不影响公司的价值。

与会的董事对贾莉的意见进行了深入讨论后，提出以下四种股利分配政策：

董事刘秀提出，目前公司正处在快速发展阶段，每年的盈余资金应首先满足发展需要，剩余部分再用于股利分配。

董事马明建议，按照公司的盈利增长情况，按每4年每股增加0.5元股利的趋势发放股利。

董事郭天提出，股利应与每年的盈利情况挂钩，按照每年净利润的一定比例支付股利。

董事钟丽建议，每年仅支付固定的最低水平金额的股利，然后依据公司每年盈利情况，按照净利润的一定比例发放股利。

结合公司的实际情况，董事会最终确定了合理的股利分配政策。

资料五

通过多年努力经营，森旺业务已遍及水果种植、采购、初加工、配送和零售的全产业链，成为知名的全国性水果零售连锁企业。为了加快公司外延式发展步伐，森旺计划借助专业战略合作伙伴的经验和资源，在更大范围内寻求对公司具有战略意义的投资和并购标的。2017年8月，森旺拟与专业投资于现代农业领域的西果投资有限公司（以下简称西果）以有限合伙企业的形式合作设立产业并购基金。初步设计了以下三个合作方案：

方案一：基金规模5亿元，森旺为普通合伙人，出资2 500万元，占比5%；西果为有限合伙人，出资2亿元，占比40%；剩余资金向其他投资人（有限合伙人）募集。

方案二：基金规模5亿元，森旺为有限合伙人，以折合5 000万元的服务出资，占比10%；西果为普通合伙人，出资1亿元，占比20%；剩余资金向其他投资人（有限合伙人）募集。

方案三：森旺和西果各出资4 000万元成立森西基金管理有限公司，作为普通合伙人发起设立有限合伙企业，基金规模5亿元；其中森西基金管理有限公司出资8 000万元，剩余资金向其他投资人（有限合伙人）募集。

森旺和西果商定的合伙协议主要条款摘录如下：

1. 普通合伙人担任执行事务合伙人，每年按照所管理资金的 1% 收取管理费；若因自己的过错造成合伙财产损失的，应向合伙企业或其他合伙人承担赔偿责任。

2. 有限合伙人可以参与并购计划的拟订，独立选择承办有限合伙企业审计业务的会计师事务所。

3. 有限合伙人向合伙人以外的投资者转让其在有限合伙企业中的财产份额时，应提前 30 天通知其他合伙人并得到其他合伙人同意；其他合伙人有优先购买权。

4. 普通合伙人对合伙企业的债务承担无限责任；有限合伙人以其认缴出资额为限对合伙企业的债务承担责任；有限合伙人转变为普通合伙人的，对其作为有限合伙人期间有限合伙企业发生的债务以其认缴出资额为限承担责任。

5. 合伙企业期限届满清算时，合伙企业的财产在支付清算费用后的清偿顺序依次为：缴纳所欠税款；支付合伙企业职工工资、社会保险费和法定补偿金；清偿债务。

要求：

1. 根据资料一及波特的《竞争战略》，分析"优旺"和"捷旺"两个品牌系列的经营分别属于哪种基本竞争战略，简要说明理由，并指出该种基本竞争战略的风险。指出上述两种基本竞争战略分别属于"战略钟"分析体系中的哪种途径。

2. 根据资料一，运用 PEST 方法分析森旺面临的有利因素和不利因素。

3. 根据资料二，逐项判断四个发展阶段分别属于发展战略中的哪种基本类型，简要说明理由，并指出其实现途径。指出在森旺四个发展阶段中可能采用的组织结构类型（如战略类型可进一步细分，应将其细分）。

4. 根据资料二，结合财务管理有关理论，逐项判断杨立关于投资项目评价方法的观点是否正确，若不正确，简要说明理由。

5. 根据资料二，在不考虑其他因素的情况下，分别采用净现值法、现值指数法及回收期法评价两个投资项目，并给出最终合理的投资建议。

6. 根据资料三，逐项分析森旺 2010 年至 2012 年主要财务数据是否符合主板上市要求，简要说明理由。

7. 根据资料三，结合《公司法》及相关上市法规，指出森旺在公司治理存在的 7 个不妥之处，简要说明理由。

8. 根据资料三，结合《企业内部控制应用指引》的要求，逐项判断森旺内部管理制度是否存在不妥之处，若存在不妥之处，简要说明理由。

9. 根据资料四，结合财务管理有关理论，逐项判断贾莉的意见是否正确，若不正确，简要说明理由。逐项指出 4 位董事提出的股利分配政策分别属于哪种股利政策。

10. 根据资料五，结合合伙企业法律制度，逐项判断设立产业并购基金的三个方案以及合伙协议条款是否符合法律规定，如不合规，简要说明理由。

参考答案：

1. 根据资料一及波特的《竞争战略》，分析"优旺"和"捷旺"两个品牌系列的经营分别属于哪种基本竞争战略，简要说明理由，并指出该种基本竞争战略的风险。指出上述两种基本竞争战略分别属于"战略钟"分析体系中的哪种途径。

答:

(1) "优旺"品牌系列:

①属于差异化战略。

理由:"优旺"品牌系列主要面向中高端消费群,除销售精品水果外,还提供特色商品和服务(或企业向顾客提供的产品和服务在产业范围内独具特色),属于差异化战略。

②风险:企业形成产品差别化的成本过高。

市场需求发生变化。

竞争对手的模仿和进攻使已建立的差异缩小甚至转向。

③属于"战略钟"分析体系中的高值战略(途径4)。

(2) "捷旺"品牌系列:

①属于成本领先战略。

理由:"捷旺"品牌系列通过规模化采购控制成本,面向大众市场平价销售(或企业通过加强成本控制,通过低成本运营吸引顾客),属于成本领先战略。

②风险:技术的变化可能使过去用于降低成本的投资与积累的经验一笔勾销。

产品的新加入者或者追随者通过模仿或者以更高技术水平设施的投资能力,达到同样的甚至更低的产品成本。

市场需求从注重价格转向注重产品的品牌形象,使得企业原有的优势变为劣势。

③属于"战略钟"分析体系中的低价战略(途径2)。

依据:《公司战略与风险管理》教材第三章第二节业务单位战略,第100页至第109页。

2. 根据资料一,运用PEST方法分析森旺面临的有利因素和不利因素。

答:

(1) 政治和法律因素:

①国家一直以来对水果产业给予政策支持(有利因素)。

②国家"十二五"规划旨在促进大型水果企业发展,推动水果产业集中度提升(有利因素)。

③国家高度重视水果线上零售的发展,并在政策层面给予大力支持(有利因素)。

(2) 经济因素:

①我国国内生产总值逐步增加,恩格尔系数持续下降,人民生活水平显著提高(有利因素)。

②我国人口的增加和城镇化水平的提高,推动了人均消费能力的提升(有利因素)。

(3) 社会和文化因素:

①消费观念发生较大变化,消费向品质化、品牌化、个性化、多样化转变(有利因素)。

②对水果的新鲜程度、外观、口感、内在品质等都提出要求(有利因素)。

③消费者对品牌还不敏感(不利因素)。

④消费者对食品安全的意识越来越高,愈加重视产品质量(有利因素)。

⑤消费者的购买习惯发生转变（有利因素）。

（4）技术因素：

①冷链物流的快速发展提升了生鲜产品的流通效率（有利因素）。

②互联网工具的加入，催生了生鲜电商的兴起，改变了水果的销售业态，呈现出多元化发展态势（有利因素）。

③我国水果种植的自动化程度依然较低，在产品标准化程度、生产率方面仍需改进（不利因素）。

④我国水果在流通环节的损耗率较高，预处理、冷藏及物流技术也需要加强（不利因素）。

依据：《公司战略与风险管理》教材第二章第一节企业外部环境分析，第17页至第21页。

3. 根据资料二，逐项判断四个发展阶段分别属于发展战略中的哪种基本类型，简要说明理由，并指出其实现途径。指出在森旺四个发展阶段中可能采用的组织结构类型（如战略类型可进一步细分，应将其细分）。

答：

（1）第一阶段：

①发展战略类型：密集型战略——市场渗透。

理由：通过加强对各种营销手段的投入，提高在水果零售行业的现有市场份额（或试图通过更强的营销手段来获得更大的市场占有率）。

②实现途径：内部发展。

③组织结构类型：简单结构（或简单的结构或形式）。

（2）第二阶段：

①发展战略类型：密集型战略——市场开发。

理由：通过扩张线下门店、布局线上渠道，将水果零售网络延伸至北方乃至全国（或将现有产品或服务打入新市场）。

②实现途径：内部发展。

③组织结构类型：职能结构（或有职能部门的结构）。

（3）第三阶段：

①一体化战略——纵向一体化战略——后向一体化。

理由：通过收购成熟的水果种植基地或自建水果种植基地，从源头保证水果品质和长期稳定供应（或获得供应商的所有权或加强对其控制权）。

②实现途径：外部发展（并购）或内部发展（新建）。

③组织结构类型：事业部结构（或事业部制结构）。

（4）第四阶段：

①发展战略类型：多元化战略——相关多元化。

理由：通过并购重组从事轻食经营的优质企业，依托公司水果零售平台，进入与公司现有业务相关的轻食领域（或以现有业务或市场为基础进入相关产业或市场）。

②实现途径：外部发展（并购）。

③组织结构类型：矩阵结构（或经营业务单位结构，或战略业务单位结构）。

依据：《公司战略与风险管理》教材第三章第一节总体战略（公司层战略），第71页至第85页；第四章第一节公司战略与组织结构，第199页。

4. 根据资料二，结合财务管理有关理论，逐项判断杨立关于投资项目评价方法的观点是否正确，若不正确，简要说明理由。

答：

（1）不正确。

理由：净现值是以金额为单位的绝对数，如果项目投资额或投资期限不同，净现值没有直接可比性。

（2）不正确。

理由：现值指数法是相对数，反映投资的效率，但并不直接揭示项目的报酬率（或内含报酬率是根据项目现金流量计算项目本身的投资报酬率）。

（3）不正确。

理由：在计算内含报酬率时不必事先估计资本成本，只是最后才需要一个切合实际的资本成本来判断项目是否可行（或现值指数法需要一个合适的资本成本，以便将现金流量折为现值）。

（4）不正确。

理由：回收期法忽视了时间价值，把不同时间的货币收支看成是等效的。

（5）正确。

（6）不正确。

理由：重置成本属于相关成本。

依据：《财务成本管理》教材第五章第二节投资项目的评价方法，第126页至第132页、第三节投资项目现金流量的估计，第136页。

5. 根据资料二，在不考虑其他因素的情况下，分别采用净现值法、现值指数法及回收期法评价两个投资项目，并给出最终合理的投资建议。

答：

（1）净现值法：

A项目净现值 = 18 195 − 15 000 = 3 195（万元）

B项目净现值 = 14 079 − 11 000 = 3 079（万元）

A项目净现值大于B项目净现值，故应选择投资A项目。

（2）现值指数法：

A项目现值指数 = 18 195/15 000 = 1.21（或1.213）

B项目现值指数 = 14 079/11 000 = 1.28

B项目现值指数大于A项目现值指数，故应选择投资B项目。

（3）回收期法：

A项目回收期 = 3 + 3 000/4 000 = 3.75（年）

B项目回收期 = 5 + 500/4 500 = 5.11（年）

A项目回收期短于B项目回收期，故应选择投资A项目。

(4) 综合上述评价方法，对于互斥项目，应以净现值法为佳，故应选择投资 A 项目。

依据：《财务成本管理》教材第五章第二节投资项目的评价方法，第 126 页至第 134 页。

6. 根据资料三，逐项分析森旺 2010 年至 2012 年主要财务数据是否符合主板上市要求，简要说明理由。

答：

(1) 净利润符合规定。

理由：森旺 2010 年至 2012 年归属于母公司所有者的净利润均为正数且合计为 7 200 万元，且归属于母公司所有者的净利润以扣除非经常性损益前后较低者为计算依据。

符合《首次公开发行股票并上市管理办法》中有关"最近 3 个会计年度净利润均为正数且累计超过人民币 3 000 万元，净利润以扣除非经常性损益前后较低者为计算依据"的规定。

(2) 经营活动产生的现金流量净额不符合规定。

理由：森旺 2010 年至 2012 年经营活动产生的现金流量净额合计为 3 900 万元。

不符合《首次公开发行股票并上市管理办法》中有关"最近 3 个会计年度经营活动产生的现金流量净额累计超过人民币 5 000 万元"的规定。

(3) 营业收入符合规定。

理由：森旺 2010 年至 2012 年营业收入合计为 21.7 亿元。

符合《首次公开发行股票并上市管理办法》中有关"最近 3 个会计年度营业收入累计超过人民币 3 亿元"的规定。

(4) 发行前股本不符合规定。

理由：森旺 2012 年年末股本为 2 500 万元。

不符合《首次公开发行股票并上市管理办法》中有关"发行前股本总额不少于人民币 3 000 万元"的规定。

(5) 无形资产符合规定。

理由：森旺 2012 年年末专有技术类无形资产占净资产比例为 9%（900/10 000），低于 20%。

符合《首次公开发行股票并上市管理办法》中有关"最近一期期末无形资产（扣除土地使用权、水面养殖权和采矿权等后）占净资产的比例不高于 20%"的规定。

(6) 最近一期期末不存在未弥补亏损符合规定。

理由：森旺 2012 年年末未分配利润为 3 600 万元。

符合《首次公开发行股票并上市管理办法》中有关"最近一期期末不存在未弥补亏损"的规定。

依据：《经济法》教材第七章第二节股票的发行，第 235 页至第 236 页。

7. 根据资料三，结合《公司法》及相关上市法规，指出森旺在公司治理存在的 7 个不妥之处，简要说明理由。

答：

(1) 董事会中设独立董事 3 人不妥。

理由：中国证监会要求上市公司董事会成员中应当至少1/3为独立董事。

（2）具有4年财务工作经验的张云担任独立董事不妥。

理由：根据《关于在上市公司建立独立董事制度的指导意见》的规定，担任独立董事应当具有5年以上法律、经济或者其他履行独立董事职责所必需的工作经验。

（3）董事每届任期4年不妥。

理由：根据公司法律制度，董事任期由公司章程规定，但每届任期不得超过3年。

（4）监事会成员仅为2人不妥。

理由：根据公司法律制度，监事会成员不得少于3人。

（5）监事会成员均为公司股东不妥。

理由：根据公司法律制度，监事会中职工代表的比例不得低于1/3。

（6）监事每届任期4年不妥。

理由：根据公司法律制度，监事的任期每届为3年。

（7）薪酬委员会3名成员中只有1名独立董事不妥。

理由：根据公司法律制度，上市公司董事会下设薪酬、审计、提名等委员会的，独立董事应当在委员会成员中占有1/2以上的比例。

依据：《经济法》教材第六章第二节股份有限公司，第185页至第190页。

8. 根据资料三，结合《企业内部控制应用指引》的要求，逐项判断森旺内部管理制度是否存在不妥之处，若存在不妥之处，简要说明理由。

答：

（1）不存在不妥之处。

（2）存在不妥之处。

理由：根据《企业内部控制应用指引》，筹资方案发生重大变更时，应当重新进行可行性研究并履行相应审批程序。

（3）存在不妥之处。

理由：根据《企业内部控制应用指引》，企业应当指定专人通过函证等方式，定期与供应商核对应付账款、应付票据、预付账款等往来款项。

（4）存在不妥之处。

理由：根据《企业内部控制应用指引》，企业应当建立固定资产清查制度，至少每年对固定资产进行全面清查。

（5）存在不妥之处。

理由：根据《企业内部控制应用指引》，对已贴现但仍承担收款风险的票据以及逾期票据，应当进行追索监控和跟踪管理。

（6）存在不妥之处。

理由：根据《企业内部控制应用指引》，由于市场环境、国家政策或不可抗力等客观因素，导致预算执行发生重大差异确需调整预算时，应当履行严格的审批程序。

（7）不存在不妥之处。

依据：《公司战略与风险管理》教材第七章第三节内部控制的应用，第330页至第350页。

9. 根据资料四，结合财务管理有关理论，逐项判断贾莉的意见是否正确，若不正确，简要说明理由。逐项指出4位董事提出的股利分配政策分别属于哪种股利政策。

答：
（1）贾莉的意见：
①不正确。

理由：根据信号理论，对于成熟期企业，其盈利能力相对稳定，此时宣布减少股利意味着企业需要通过增加留存收益为新增投资项目提供融资，预示着未来前景较好，随着股利支付率的下降，企业股票价格应该是上升的。

②正确。

③不正确。

理由：根据"一鸟在手"理论，股东更偏好现金股利而非资本利得，为了实现股东价值最大化的目标，企业应该实行高股利分配率的股利政策。

④不正确。

理由：根据客户效应理论，投资者因其所处不同等级的边际税率，对企业股利政策的偏好是不同的。

⑤不正确。

理由：边际税率低的投资者会选择实施高股利支付率的股票，是客户效应理论的观点。

⑥正确。

（2）4位董事提出的股利分配政策：
①董事刘秀提出的股利分配政策为剩余股利政策。
②董事马明提出的股利分配政策为固定股利政策。
③董事郭天提出的股利分配政策为固定股利支付率政策。
④董事钟丽提出的股利分配政策为低正常股利加额外股利政策。

依据：《财务成本管理》教材第十章第一节股利理论与股利政策，第242页至第249页。

10. 根据资料五，结合合伙企业法律制度，逐项判断设立产业并购基金的三个方案以及合伙协议条款是否符合法律规定，如不合规，简要说明理由。

答：
（1）方案：
①方案一不合规。

理由：《合伙企业法》规定，上市公司不得成为有限合伙企业的普通合伙人。

②方案二不合规。

理由：《合伙企业法》规定，有限合伙人不得以劳务出资。

③方案三合规。

（2）合伙协议条款：
①条款1合规。
②条款2不合规。

理由:《合伙企业法》规定,有限合伙人只能参与选择承办有限合伙企业审计业务的会计师事务所。

③条款3不合规。

理由:《合伙企业法》规定,有限合伙人向合伙人以外的人转让其在有限合伙企业中的财产份额时,应提前30天通知其他合伙人,但无须得到其他合伙人同意。

④条款4不合规。

理由:《合伙企业法》规定,有限合伙人转变为普通合伙人的,对其作为有限合伙人期间有限合伙企业发生的债务承担无限连带责任。

⑤条款5不合规。

理由:合伙企业的财产在支付清算费用后的清偿顺序依次为:合伙企业职工工资、社会保险费和法定补偿金;缴纳所欠税款;清偿债务。

依据:《经济法》教材第五章第三节有限合伙企业,第150页至第154页;第五章第四节合伙企业的解散和清算,第155页。

附　　录

　　本附录包括职业能力综合测试（试卷一）和（试卷二）案例解析各一套，旨在帮助考生熟悉职业能力综合测试的试题样式和测试要求，掌握分析方法和答题思路。本套案例的资料、要求和参考答案取自以前年度考试试题，并作了适当修改，不代表正式考试的样式结构，仅为考生理解解析部分的内容提供参考。

职业能力综合测试（试卷一）案例解析

资料一

北方阀门股份有限公司（以下简称北方阀门）系在原国有企业长河集团北方阀门厂的基础上改制设立的，其股权结构如下：

股东名称	持有股份数量（万股）	持股比例
长河集团	16 000	80%
海东投资有限公司	3 000	15%
富汇投资有限公司	1 000	5%
合计	20 000	100%

北方阀门是嘉德会计师事务所的常年审计客户。嘉德会计师事务所委派注册会计师甲担任北方阀门20×2年度财务报表审计项目合伙人。

北方阀门主要从事各种工业阀门的研发、生产和销售。产品的品种和规格比较齐全，产品主要应用于化工、炼油、电力、冶金、造纸、医药等行业。北方阀门具有较高的知名度和良好的品牌优势，在国内外拥有相对稳定的客户群。

随着经济的快速发展，相关行业对工业阀门的需求增大，工业阀门行业发展较快。尽管北方阀门在最近几年销售额增长幅度较大，但由于众多民营企业纷纷进入工业阀门行业，导致北方阀门市场占有率呈逐年下降趋势。作为北方阀门主要产品的高中压阀门，市场竞争非常激烈。

20×2年行业分析报告显示，随着近期国家陆续出台有关化工等行业新的安全生产政策，预计大部分传统阀门将逐步被利用新材料和新技术生产的、满足更高安全标准的新产品所取代。20×2年底，部分从事工业阀门业务的民营企业率先推出相关新产品，市场反映较好，很快出现供不应求的局面。

除生产通用阀门外，北方阀门还按照部分客户的特定要求生产专用阀门。20×2年，北方阀门的专用阀门业务取得较大幅度增长。由于专用阀门的技术要求较高，相关客户均要求北方阀门提供安装服务及更长时间的保修服务，个别客户甚至要求在产品投入使用一段时间并检测合格后才确认收货。

北方阀门采用自营和代理的销售方式在国内市场销售产品。在自营销售方式下，北方阀门将产品发往各地的销售分公司，由销售分公司在当地进行销售。20×2年，北方阀门新设立11个销售分公司，使得销售分公司数量达到24个。20×2年，对部分大客户，为缩短供货周期，北方阀门将一些产品寄放在客户的仓库中，月末根据客户的实际使用数量确定本月的销售量。在代理销售方式下，北方阀门采取支付代理手续费的方式委托代理商销售产品，代理手续费按照销售收入的一定比例计算确定。对代理商未销售的产品，其风险和报酬由北方阀门承担或享有。为扩大产品销售量，20×2年1月，北方阀门将代理手续费比例由2%提高到3%。

北方阀门生产的部分产品用于出口，主要经由其子公司——北方阀门进出口有限公司（以下简称北方进出口）销往美国市场。北方阀门的出口销售采用美元计价结算。受美国金融危机后经济复苏缓慢和美元汇率变动的影响，从20×2年初开始，产品出口订单有所减少，应收部分美国客户款项的收回存在困难。为了增加出口，北方阀门下调了部分产品的出口价格。

北方阀门于20×2年初与主要原材料供应商签订了长期采购合同。合同约定，双方于每年初确定当年原材料的供货价格；次年初，供应商根据北方阀门上年实际采购原材料的金额向其返还3%的货款。

为了缓解资金紧张压力，除向银行借款外，北方阀门将收到的商业承兑汇票和银行承兑汇票全部予以贴现。

北方阀门根据公司章程的规定设立了董事会和监事会，并由董事会聘任管理层。作为从国有企业改制而来的股份有限公司，北方阀门董事会和管理层的多数成员来源于原北方阀门厂管理层。与改制前相比，北方阀门在机构设置、管理制度等方面变化不大。对于北方阀门重要的投融资安排以及人事任免，在董事会作出决议后，还需报长河集团批准。

最近几年，北方阀门部分高素质人才陆续跳槽到民营企业，这对其生产经营活动产生一定的影响。由于薪酬水平相对较低，北方阀门难以招聘到高素质研发人才，因此新产品研发进展缓慢。

为了提高管理层的薪酬水平，20×2年7月北方阀门董事会制定了新的管理层激励方案。激励方案规定，管理层20×2年度的年终奖励与北方阀门20×2年度利润总额完成情况挂钩，并且如果北方阀门20×2年度营业收入达到5亿元，管理层可以获得额外的高额奖励。

根据长河集团的统一要求，自20×2年1月1日起，北方阀门开始启用新的财务软件。

北方阀门及其子公司均为增值税一般纳税人，适用的增值税税率为17%，适用的企业所得税税率为25%。

北方阀门20×2年度合并财务报表于20×3年3月20日经董事会批准后对外报出。

资料二

北方阀门20×2年未经审计的合并资产负债表和合并利润表如下：

合并资产负债表
(20×2年12月31日)

编制单位：北方阀门股份有限公司　　　　　　　　　　　　　　　　　　金额单位：万元

项目	年末数	年初数	项目	年末数	年初数
流动资产：			流动负债：		
货币资金	4 320	3 743	短期借款	1 000	500
应收票据	—	250	应付账款	13 241	10 306
应收账款	14 060	9 250	预收款项	2 895	2 200
预付款项	1 473	306	应交税费	933	269
其他应收款	300	100	流动负债合计	18 069	13 275
存货	16 072	11 137	非流动负债：		
流动资产合计	36 225	24 786	长期借款	2 000	500
			长期应付款	600	640
			预计负债	—	60
非流动资产：			非流动负债合计	2 600	1 200
可供出售金融资产	—	5 000	负债合计	20 669	14 475
长期股权投资	2 091	2 891	股东权益：		
固定资产	13 696	11 749	股本	20 000	20 000
在建工程	1 000	200	资本公积	450	3 500
无形资产	3 070	2 042	盈余公积	6 169	5 632
开发支出	2 007	1 043	未分配利润	6 940	3 104
商誉	480	—	归属于母公司股东权益合计	33 559	32 236
递延所得税资产	30	20	少数股东权益	4 371	1 020
非流动资产合计	22 374	22 945	股东权益合计	37 930	33 256
资产总计	58 599	47 731	负债和股东权益总计	58 599	47 731

合并利润表
(20×2年度)

编制单位：北方阀门股份有限公司　　　　　　　　　　　　　　　　　　金额单位：万元

项　目	20×2年度	20×1年度
营业收入	50 629	35 740
其中：出口收入	6 013	7 863
内销收入	44 616	27 877
减：营业成本	38 108	28 127

续表

项　目	20×2 年度	20×1 年度
营业税金及附加	278	131
销售费用	3 927	3 029
管理费用	3 639	3 195
财务费用	261	121
资产减值损失	100	60
加：投资收益	2 700	608
利润总额	7 016	1 685
减：所得税费用	1 652	402
净利润	5 364	1 283
其中：归属于母公司股东的净利润	4 904	1 188
少数股东损益	460	95
加：其他综合收益	-3 050	2 500
综合收益总额	2 314	3 783
其中：归属于母公司股东的综合收益总额	1 854	3 688
归属于少数股东的综合收益总额	460	95

资料三

注册会计师甲在复核审计项目组部分成员编制的北方阀门 20×2 年度财务报表审计工作底稿时，注意到以下事项：

1. 北方阀门 20×2 年 12 月 31 日的其他应收款中有一项应收销售人员的备用金 10 万元。财务经理表示，该余额为销售人员 20×2 年 11 月参加为期一周的展会而预借的差旅费备用金，相关差旅费共计 10 万元已于 20×3 年 1 月报销完毕，上述其他应收款也已转入 20×3 年 1 月的销售费用。项目组成员检查了 20×3 年 1 月的相关差旅费报销凭证，注意到相关差旅费金额与上述备用金金额相符，据此得出"于 20×2 年 12 月 31 日，该其他应收款余额没有差异"的结论。

2. 北方阀门的借款均为一般借款。项目组成员在对北方阀门 20×2 年度在建工程的借款利息资本化金额进行合理性测试时，将北方阀门 20×2 年末在建工程余额与其 20×2 年度一般借款加权平均利率相乘，发现计算得出的金额大于北方阀门于 20×2 年度在建工程中实际资本化的借款利息金额。项目组据此认定北方阀门 20×2 年度在建工程借款利息资本化金额偏低，建议北方阀门进行相应调整。

资料四

20×3 年 1 月，北方阀门财务总监给注册会计师甲发来电子邮件，部分内容摘录如下：

1. 北方阀门正在与某信托公司协商一笔售后租回交易，计划将一栋办公楼出售给该信托公司后再租回。双方尚未就售价、租金和租期等达成一致意见。财务总监希望注册会计师甲就售后租回交易的会计处理提出分析意见。

2. 20×2年度，北方阀门的某下属子公司发生巨额广告费用。财务总监希望注册会计师甲就广告费用是否可能涉及递延所得税的确认提出分析意见。

问题1. 根据资料（一）和资料（二）：识别北方阀门20×2年度财务报表存在的财务报表层次的重大错报风险，并针对所识别的财务报表层次的重大错报风险制定总体应对措施；识别北方阀门20×2年度财务报表存在的认定层次的重大错报风险，并针对所识别的认定层次的重大错报风险逐项设计进一步的实质性审计程序。

解析：

注册会计师所开展的年度财务报表审计的核心工作之一，是通过了解被审计单位及其环境，识别和评估财务报表层次和认定层次的重大错报风险，进而相应设计针对评估的重大错报风险的应对措施，并加以实施。因此，能否恰当识别重大错报风险，并针对所识别的重大错报风险作出有针对性的审计工作安排，是注册会计师能否高质量和高效率地实现审计目标的重要基础。

本题的关注内容涉及对组织和企业的基本知识（例如商业环境、公司治理、管理决策和市场营销等）的了解，以及不同商务环境下针对企业某些业务运作实务的会计及审计应对，具体考察了识别和应对重大错报风险的专业判断，其中所涉及的专业判断能力主要包括以下三个方面：

1. 能够对所给定的被审计单位及其环境有关信息进行识别、组织和理解，排除"无用"信息的干扰，筛选出真正与评估重大错报风险相关的"有用"信息，并对这些"有用"信息自身或者与其他信息之间的相互关系进行研究、逻辑思考、分析和推理，进而得出哪些信息显示可能存在哪些重大错报风险的专业判断。

例如，资料中提到"北方阀门于20×2年初与主要原材料供应商签订了长期采购合同。合同约定，双方于每年初确定当年原材料的供货价格；次年初，供应商根据北方阀门上年实际采购原材料的金额向其返还3%的货款。"

从商务实务的角度，这样的安排本身通常并没有什么异常，但由于这类"返还货款"（"返点"）的结算往往跨年，在财务会计核算方面容易产生截止性的差异。更值得关注的是，这样的安排通常对所采购（和相应耗用或销售）的存货成本有影响，并因此需要结合相关采购原材料的购入、消耗和结存情况，综合分析考虑对采购所属年度年末存货和往来款余额、采购所属年度当年主营业务成本等财务报表项目的影响，导致的结果是企业的相关财务会计核算（例如成本核算）可能较为复杂，容易产生错报。

再比如，资料中提到"由于专用阀门的技术要求较高，相关客户均要求北方阀门提供安装服务及更长时间的保修服务，个别客户甚至要求在产品投入使用一段时间并检测合格后才确认收货。"

这段资料中至少有以下方面值得关注：

首先，诸如"提供安装服务"和"产品投入使用一段时间并检测合格后才确认收货"之类的交易安排可能对相关产品的收入确认方式和时点产生影响。例如，针对这些"按照部分客户的特定要求"生产的专用阀门，是否应该在相关产品发给客户时就确认收入，还是应该在安装完毕时确认收入，还是应该在客户"检测合格"确认收货时确认收入，通常需要综合考虑交易涉及的具体约定（例如，销售合同有关条款等）、交易要素的实际情况（例如所涉及安装服务的复杂程度等）等因素，进行具体分析和判断。因为相关的收入确认涉及较多的专业判断，也就容易产生收入确认方面的错报。其次，"相关客户均要求北方阀门提供……及更长时间的保修服务"，这样的安排可能意味着企业需要计提更多的针对保修服务的准备（例如，"预计负债"），从而导致"预计负债"余额的增加，但从资料（二）所提供的财务信息看，企业 20×2 年年末并没有"预计负债"的余额，显示不同信息（更长时间的保修服务和预计负债的余额）之间的相互关系可能不合理，因此需要关注相应可能产生的重大错报风险。

2. 能够将所识别的重大错报风险恰当区分为财务报表层面重大错报风险和认定层次重大错报风险。

财务报表层次重大错报风险是与财务报表整体广泛相关，并潜在地影响多项认定的风险，通常难以将这类风险具体对应到有限的财务报表项目的特定认定。例如，资料中提到"根据长河集团的统一要求，自 20×2 年 1 月 1 日起，北方阀门开始启用新的财务软件。"通常来说，新财务软件的使用可能意味着新的财务核算和报告的流程和要求，一旦启用的新软件的有关设计或者使用产生偏差，很可能存在与财务报表整体广泛相关，并潜在地影响多项认定的重大错报风险。

认定层次的重大错报风险则往往指限定于某类交易、账户余额或者披露层次的特定认定的风险。例如，我们上面提到的与保修服务对应的预计负债相关的重大错报风险，它所涉及可能只是有限的财务报表项目的特定认定（例如，仅限于"销售费用"和"预计负债"的完整性认定）。

3. 能够分别针对财务报表层面重大错报风险和认定层次重大错报风险提出应对。注册会计师针对这两种风险需采取不同的应对方式，如果不能恰当区分这两种风险及其应对措施，就可能无法有效应对所识别的风险。

注册会计师应当针对所评估的财务报表层次的重大错报风险设计和实施总体应对措施。总体应对措施关注的主要是整体层面的审计工作安排（例如，是否需要指派更有经验的审计人员或者利用专家的工作、是否提供更多的督导等），而不直接涉及针对某个交易、账户余额具体实施什么程序的问题。

注册会计师应当针对评估的认定层次重大错报风险设计和实施进一步审计程序。在实务工作中，设计和实施进一步的审计程序包括针对审计程序的性质、时间安排和范围的权衡和选择，涉及的内容和专业判断较多并且往往较为复杂。单就本题内容所涉及的实质性程序设计而言，需要关注的专业判断主要涉及以下三个方面：

第一，针对所识别的认定层次重大错报风险，找出所对应的财务报表项目。也就是说，找到这些风险其实是分别对哪些财务报表项目有影响。

第二，针对所识别的认定层次重大错报风险，在找出所对应的财务报表项目的基础上，确定所对应的具体认定。也就是说，找到这些风险其实是分别对这些财务报表项目的哪些特定认定有影响。

第三，根据上述工作确定的结果设计有针对性的实质性程序。

从实务的角度看,第一个方面的判断通常容易一些,而后面两个方面的判断则可能复杂一些,有时还需要更多的执业经验,因此往往是能否有效应对所评估的风险的关键。

例如,针对我们上面提到的与保修服务对应的预计负债相关的重大错报风险,大家可能比较容易把它与"预计负债"联系起来,但如果对各项认定的划分及其实质缺乏了解,就可能无法把对应的影响(少计预计负债)限定于恰当的特定认定("完整性"),而可能误以为是"存在"或者"权利与义务"等其他认定。在未能恰当确定对应的特定认定的情况下,所设计的实质性程序也就很可能产生相应的偏差。例如,有些人可能选择的实质性程序是"检查和核对企业在20×2年度销售费用明细账中记录的保修费用的原始凭证",但这些程序其实应对的是已经计入财务报表中的保修费用的"存在"认定,而不能找出未计入财务报表的应确认的保修义务(即"完整性"认定),因而也就无法有效应对上述与保修服务对应的预计负债相关的重大错报风险。反之,如果实质性程序的关注点是,如何先基于相关保修政策和历史保修情况等因素进行综合分析,形成一个针对应确认的预计负债的恰当金额的判断,然后再与被审计单位实际入账的金额进行比较,则可能可以更有效地发现未计入财务报表的应确认的保修义务,以应对上述与保修服务对应的预计负债相关的重大错报风险。

参考答案:

财务报表层次的重大错报风险包括:

1. 内部控制环境较薄弱,董事会和管理层由长河集团主导,公司治理机制存在"一股独大"的现象,存在管理层凌驾于控制之上的风险,很可能存在与财务报表整体广泛相关,并潜在地影响多项认定的重大错报风险。

2. 管理层激励政策(例如管理层20×2年度的年终奖励与北方阀门20×2年度利润总额和营业收入的完成情况挂钩)可能引发舞弊风险,很可能存在与财务报表整体广泛相关,并潜在地影响多项认定的重大错报风险。

3. 启用的新财务软件的有关设计或者使用如果产生偏差,很可能存在与财务报表整体广泛相关,并潜在地影响多项认定的重大错报风险。

应采取以下总体应对措施:

①向项目组强调保持职业怀疑的必要性;

②指派更有经验或具有特殊技能的审计人员,或利用专家工作;

③提供更多督导;

④在选择拟实施的进一步审计程序时融入更多的不可预见的因素;

⑤对拟实施的审计程序的性质、时间安排和范围作出总体修改,如在期末而非期中实施实质性程序,或修改审计程序的性质以获取更具说服力的审计证据。

认定层次的重大错报风险及针对相应风险可考虑实施的实质性审计程序如下:

1. 北方阀门20×2年度与管理层高额奖励挂钩的目标收入为5亿元,管理层存在为达到考核指标而提前确认收入的动机,而公司未经审计的利润表中20×2年营业收入仅仅超出用于考核管理层业绩的目标收入的指标629万元。20×2年内销营业收入上升幅度很大(约60%),并且涉及通过代理方式销售产品(代理商卖出相关产品前,其风险和报酬由北方阀门承担或享有)以及针对大客户的预发货,容易发生收入确认的错报或者舞弊。另外，对专用阀门的销售收入确认可能涉及较多的专业判断，容易发生错误。上述因素显示营业收入的"发生""准确性"和"截止"的认定可能存在重大错报风险。

针对营业收入的上述重大错报风险，可考虑实施的实质性程序主要包括：

（1）检查主营业务收入的确认条件、方法是否符合企业会计准则，前后期是否一致；

（2）了解营业收入和营业成本的构成，将本年度各月各类业务营业收入、营业成本和毛利率与上年度进行比较，将本年度主要产品的销售额及毛利率与上年度/同行业企业进行比较，将本年度重要客户的销售额及毛利率与上年度进行比较，分析其变动的合理性；

（3）获取并检查重要产品销售交易的主要销售合同，了解相应交易的运货、安装、交货和收款条款等，判断相关产品所有权相关的主要风险和报酬向客户转移的时点；

（4）从营业收入账簿记录中抽取一定数量的记账凭证，检查货运单据、收货确认或代理商销售确认等相关支持性凭证，根据相应交易安排下营业收入的确认条件和方法检查入账依据是否充分，入账日期、金额等与原始凭证是否一致，特别关注是否存在提前确认营业收入的情况；

（5）销售的截止测试：①抽取资产负债表日前后的一定数量货运单据、收货确认或代理商销售确认等相关原始单据，检查相应营业收入的入账日期、金额等与原始凭证是否一致，以确定销售是否存在跨期现象；同时，从营业收入明细账中选取资产负债表日前后若干天的营业收入记录，检查相应的货运单据、收货确认或代理商销售确认等相关支持性凭证，根据相应交易安排下营业收入的确认条件和方法检查入账依据是否充分，入账日期、金额等与原始凭证是否一致，以确定销售是否存在跨期现象；②复核资产负债表日前后销售和发货水平，确定业务活动水平是否异常（如与正常水平相比），并考虑是否有必要追加截止程序；③取得资产负债表日后所有的销售退回记录，检查是否存在提前确认收入的情况；

（6）对主要客户实施函证程序，函证应收账款余额、销售交易额等重要信息；

（7）对资产负债表日的存货实施监盘，包括存放在大客户、代理商仓库的存货和小余额的存货；

（8）检查应收账款的期后收款情况。

2. 20×2年，北方阀门将代理手续费比例由2%提高到3%。北方阀门20×2年度内销营业收入上升60%，但销售费用仅上升约30%。以上因素显示销售费用（尤其是代理费）"完整性""准确性"和"截止"的认定可能存在重大错报风险。

对于销售费用的上述重大错报风险，可考虑实施的实质性程序主要包括：

（1）对销售费用本年度和上年度各主要明细项目作比较分析，判断其变动的合理性；

（2）选择重要或异常的费用项目，检查相应的合同或原始依据，并核对至相应账面记录，确定相关费用的计算是否正确以及归属20×2年度的支出是否均已计入20×2年度。其中，对于销售代理费，取得管理层编制的销售代理费计算表，将其中的相应代理商销售收入记录与营业收入的明细记录核对一致，将其中的代理费费率与相关代理合同的约定核对一致；基于经核对的代理商销售收入及相应代理费费率对当年应确认的销售代理费用金额实施合理性测试，并与账面确认金额进行核对，以确定本年度销售代理费用的合理性；

（3）查看资产负债表日后一段期间的付款记录，检查是否有20×2年少确认的销售费用。

3. 传统阀门将逐步被利用新材料和新技术生产的、更高安全标准的新产品所取代，可能造成一些滞销传统阀门产品的积压。此外，出口阀门订单减少，期末存货存在积压及减值的风险。上述因素都可能表明存货"计价和分摊"的认定存在重大错报风险，甚至生产这些产品的固定资产的"计价和分摊"的认定也可能存在重大错报风险（即减值风险）。

针对存货的上述重大错报风险，可考虑实施的实质性程序主要包括：

（1）检查计提存货跌价准备的依据、方法是否前后期一致；

（2）根据成本与可变现净值孰低的计价方法，检查计提存货跌价准备所依据的资料、假设及方法，考虑可变现净值的确定原则，评估存货跌价准备计提的合理性。针对易造成积压的产品，在检查可变现净值的确定方法时应关注公司是否考虑了存货中产成品的库龄和适销情况；如果是按订单生产所涉及的存货，需检查期末存货是否均有对应的合同/订单，考虑合同价格对存货可变现价值的影响，判断是否存在减值；

（3）抽查计提存货跌价准备的项目，其期后售价是否低于成本；

（4）检查存货跌价准备的会计处理是否正确。

针对固定资产的上述重大错报风险，可考虑实施的实质性程序主要包括：

（1）识别存在减值迹象的固定资产；获取并复核管理层所进行的减值测试，包括评价减值测试及计提固定资产减值准备依据的数据及假设及有关计算过程；

（2）运用恰当的数据和假设形成针对减值测试结果的独立估计，并与管理层所做的测试结果进行比较，以识别是否存在固定资产减值准备的差异；

（3）复核期后处置固定资产的情况；

（4）检查固定资产减值准备的会计处理是否正确。

4. 原材料采购的返利模式可能导致存货采购成本的截止性差异，并对当期生产成本计算产生影响，因此，期末存货的"计价与分摊"和当期营业成本的"准确性"认定可能存在重大错报风险。

针对存货和营业成本的上述重大错报风险，可考虑实施的实质性程序主要包括：检查与供应商签订的采购合同，根据相关返利约定复核或重新计算因返利导致的对期末存货和营业成本的调整金额，并与账面记录进行核对，确定是否存在差异。

5. 北方阀门出口交易相关的部分货款回笼困难，显示出口形成的应收账款"计价和分摊"认定存在重大错报风险。针对应收账款的上述重大错报风险，可考虑实施的实质性程序主要包括：

（1）逐笔评估金额重大的出口形成的应收账款的可回收性，关注是否存在无法正常回款的情况；

（2）检查公司计提坏账准备所依据的资料、假设和方法，判断计提方法、依据和金额的合理性；

（3）检查期后收到应收账款的情况，判断是否存在减值。

6. 应收票据贴现涉及较为复杂的金融资产终止确认的专业判断，例如带追索权的商业承兑汇票贴现，可能不符合终止确认条件，但是在资产负债表中20×2年末应收票据没有余额，显示应收票据和短期借款的"完整性"认定可能存在重大错报风险。

针对应收票据和短期借款的上述重大错报风险，可考虑实施的实质性程序主要包括：

(1) 取得已贴现的应收票据的备查记录，与应收票据明细账簿记录核对一致，并识别年末已贴现未到期的票据记录；

(2) 检查年末已贴现未到期应收票据的贴现条款，判断是否符合终止确认条件。

7. 专用阀门需要提供保修服务，但资产负债表上20×2年末预计负债的余额为零，因此，预计负债和销售费用的"完整性"认定可能存在重大错报风险。

针对预计负债和销售费用的上述重大错报风险，可考虑实施的实质性程序主要包括：与公司负责保修的有关人员讨论保修政策、保修实际和预计发生情况，结合以往保修情况或者同类公司类似业务的经验和数据以及相关产品的销售情况，对年末需要确认的预计负债合理金额作出独立估计，并与管理层所作的估计进行比较，了解和分析差异原因，评估有无少确认的预计负债。

8. 新产品研发进展缓慢，20×2年开发支出余额却增加近100%，可能存在将应当列入当期费用的支出列入开发支出的风险，显示开发支出的"存在"认定可能存在重大错报风险。

针对开发支出的上述重大错报风险，可考虑实施的实质性程序主要包括：获取并检查支持本期开发支出借方发生额的凭证和文件记录，确定是否符合资本化的条件。

问题2. 针对资料（三）第1项和第2项，假定不考虑其他条件，指出注册会计师甲在复核项目组成员的审计工作底稿时，针对项目组成员的审计处理，应当提出哪些质疑和改进建议。

解析：

在开展年度财务报表审计工作过程中，注册会计师通常需要了解企业不同财务报表项目中所包含的具体内容及其相应的交易处理情况，并有针对性地实施相应测试，以判断相应的财务报表项目是否存在错报。这其中的专业判断往往既涉及针对相关企业会计准则有关规定的把握是否恰当，又涉及所选择的测试思路和方法是否合理的问题。注册会计师只有在这两方面均作出恰当的专业判断，才能很好地完成审计目标。

就资料（三）第1项而言，项目组成员可能只关注了备用金的金额本身是否核对一致的问题，因此在"检查了20×3年1月的相关差旅费报销凭证，注意到相关差旅费金额与上述备用金金额相符"后，就认可了该其他应收款余额。但实际上，由于财务经理已经提到，相关备用金是"销售人员20×2年11月参加为期一周的展会而预借的"，项目组成员就还应该特别关注，按照企业会计准则的相关原则，这笔在20×2年末被列为"其他应收款"的备用金，在20×2年末是否仍是北方阀门的一项"资产"，还是其实已经是一笔应该计20×2年度损益的支出。因此，项目组成员的测试思路就不能仅限于数字的核对，还应该关注这些备用金报销对应的费用实际所属期间的情况。从本例可以看出，如果审计人员将"审计"狭隘地理解为"核数"，缺乏对相关交易或账户余额所对应的经济实质及其会计影响的足够关注，就可能无法准确识别可能存在的错报。

就资料（三）第2项而言，针对在建工程涉及的一般借款的借款费用资本化的问题，项目组成员选择实施合理性测试是一个恰当的测试思路方向。事实上，合理性测试是针对借款费用资本化最常见和有效的实质性测试程序之一。基于恰当的合理性测试，注册会计师通常可以同时获取关于借款费用资本化的"发生"和"完整性"认定的审计证据。由于一般借款费用资本化通常是一个期间持续发生的交易，因此合理性测试方法所选择的计算基础（例如，相关资产支出和借款利率）也通常应该选择所属期间（而不仅是某个时点）对应的数据。但本案例中审计项目组所确定的合理性测试的具体计算方法存在缺陷，导致测试"精度"的明显不足。项目组成员没有选择一个期间的平均数据（例如20×2年度在建工程全年加权平均资产支出）为合理性测试的计算基础，而是直接以期末时点的数据（20×2年末在建工程余额）进行测算，其计算结果很可能并不合理，也就很难以这样的计算结果推测出恰当的可能错报金额。从本例可以看出，除了有正确的测试思路方向，审计人员还需要结合相关交易或账户余额的实际，认真细致地设计和落实恰当的具体测试方法，否则可能因为在具体测试方法上的"失之毫厘"，而得出"谬以千里"的结果，最终导致不恰当的审计结论。

参考答案：

针对资料（三）第1项：

应提出的质疑：尽管相关备用金的报销是在20×3年1月完成的，但如果对应的是20×2年度的费用，则相关其他应收款20×2年末余额应当结转计入20×2年度损益。

改进建议：项目组成员应当检查预借备用金的相关凭证，并检查报销凭证所附的原始单据的所属期间，确定费用实际发生的期间，以确定其他应收款余额转入销售费用的会计期间是否恰当，并建议北方阀门将其中属于20×2年度费用的部分调整计入20×2年度损益。

针对资料（三）第2项：

应提出的质疑：在建工程利息资本化合理性测试的方法不恰当。

改进建议：不能直接用年末在建工程余额进行合理性测试的计算，而是应当采用20×2年度在建工程全年加权平均资产支出计算在建工程应资本化的一般借款的借款费用金额。

问题3. 针对资料（四）第1项和第2项，假定不考虑《中国注册会计师职业道德守则》的规定，代注册会计师甲逐项回答财务总监提出的问题。

解析：

在审计过程中，注册会计师通常需要对一些非常规交易加以特别关注。基于达成交易目的的不同，这类非常规交易的形式可能是多种多样的。有些非常规交易的交易内容可能并不复杂，只是其中的某些交易要素显得有些非常规（例如一项销售交易所约定的收款时间特别长），而另外一些非常规交易的交易内容可能较为复杂，可能在一个交易安排下包含了两项或若干项性质不同的交易（"复合型交易"，例如"售后回租"）。

针对复合型交易的会计处理，注册会计师的有关专业判断通常至少涉及两个方面：将复合型交易恰当地分解为不同的交易内容（例如"售后回租"可能涉及销售和租赁），并在此基础上针对各个交易内容（以及所属会计期间）恰当地分解所涉及的交易金额。在进行上述分解时，注册会计师不能只是简单地按照合同条款本身对交易要素（例如交易内容和交易价格）的约定来操作，而是应当始终关注和合理应用"实质重于形式"的原则，根据不同交易所涉及的会计准则的有关规定，在综合考虑交易背景、目的和合同条款等因素的基础上形成独立判断，以实现相关会计处理结果可以真实公允反映交易实质的目标。

此外，企业的很多日常交易往往同时涉及会计处理和税务处理。就税务处理对财务报表的影响而言，注册会计师的关注点主要包括：被审计单位是否已经按照相关税收法规足额计提和按时缴纳相应税款，以及递延所得税的确认和计量是否恰当等。在实际工作中，注册会计师需要基于对被审计单位的运营和交易情况的了解，识别被审计单位的相关交易的税务处理主要涉及哪些税收法规，并结合相关税收法规的规定，对被审计单位的相关交易的税务处理是否恰当形成专业判断。这样的专业判断往往需要注册会计师对相关税收法规的主要具体规定及其实务应用有足够的把握。

递延所得税的确认和计量本身通常被认为是一个相关会计准则下的会计处理问题，它通常并不直接涉及本期应交税金金额的确定，但由于与递延所得税相关的应纳税或者可抵扣暂时性差异的形成及金额的确定，在很大程度上是以企业所得税的相关规定为基础，因此，在审计人员形成针对递延所得税资产或者负债的专业判断时，需要同时兼顾会计准则及企业所得税法规的有关规定。

就资料（四）第1项而言，与售后租回交易会计处理有关的重要专业判断主要涉及两个层面：首先，按照会计准则的有关规定（企业会计准则第21号——租赁）判断"租回"交易是融资租赁还是经营租赁；其次，如果是经营租赁的"租回"，租回交易是否按照公允价值达成。从本例可以看到，会计处理比较在意"实质重于形式"的原则的应有和判断，实际会计处理结果会基于对交易"实质"的判断的不同而各不相同。

就资料（四）第2项而言，本例的考察主要涉及两方面：首先是需要了解，按照所得税法规的有关规定，企业在计算应纳税所得额时有无广告费支出的抵扣限额，以及超出限额的部分应该如何处理（例如，是完全不能被抵扣，还是会形成可抵扣暂时性差异）。其次，如果形成可抵扣暂时性差异，则可能涉及递延所得税资产的确认，但应该以很可能取得用来抵扣相应可抵扣暂时性差异的应纳税所得额为限。

从本例可以看到，如果没有对企业所得税相关具体规定的足够了解，注册会计师将难以形成相应递延所得税资产确认的恰当专业判断。

参考答案：

针对资料（四）第1项：

售后租回交易应按照租赁准则的规定，认定为融资租赁或经营租赁。

在形成融资租赁的情况下，北方阀门出售办公楼的售价无论高于还是低于其出售前的账面价值，所发生的收益或损失都不应确认为当期损益，而应将其作为未实现售后租回损益递延并按资产的折旧进度进行分摊，作为折旧费用的调整。

在形成经营租赁的情况下，应当分别情况处理：在确凿证据表明售后租回交易是按照公允价值达成的，售价与资产账面价值的差额应当计入当期损益。如果售后租回交易不是按照公允价值达成的，有关损益应于当期确认；但若该损失将由低于市价的未来租赁付款额补偿的，应将其递延，并按与确认租金费用相一致的方法分摊于预计的资产使用期限内；售价高于公允价值的，其高出公允价值的部分应予递延，并在预计的使用期限内摊销。

针对资料（四）第2项：

根据税法有关规定，广告费用不超过当年销售收入15%的部分，准予扣除；超过部分，准予结转至以后年度扣除。因此，企业当年发生的广告费用，若有超过销售收入的15%而不能在当年扣除的部分（可抵扣暂时性差异），应以很可能取得用来抵扣上述可抵扣暂时性差异的应纳税所得额为限，确认相应的递延所得税资产。

职业能力综合测试（试卷二）案例解析

资料：

福星证券股份有限公司（以下简称福星证券）成立于20世纪90年代，是一家综合类全国性证券公司。福星证券通过多年的发展，在全国60多个城市设立了150余家证券营业部，业务领域涉及证券经纪、证券自营、证券承销与保荐、证券投资咨询、证券资产管理、直接投资业务、证券投资基金代销、为期货公司提供中间介绍业务等众多领域，拥有近500万个客户，各项业务的市场份额均位列中国内地证券公司前列，获得了包括"中国优秀证券公司"等在内的多项荣誉，在业内拥有良好的声誉，并获得客户的普遍认可。

福星证券人才济济，除了经营管理人员普遍学历较高、经验丰富外，还具有较强影响力和竞争力的研究团队，并且设立了博士后科研流动站。

自2001年下半年开始，中国股票市场步入长达4年的熊市。4年中，证券公司行业整体处于持续亏损状态。由于经纪业务收入急剧下降，经营举步维艰，部分证券公司开始从事高杠杆风险业务以谋求盈利。福星证券虽未从事高杠杆风险的业务，但随证券行业的整体亏损同样遭遇了经营困境。福星证券2002年度至2005年度净利润及分红情况如下：

单位：亿元

项目	2002年度	2003年度	2004年度	2005年度
净利润	-3.15	-2.88	-8.50	-9.65
可供分配利润	-29.77	-32.65	-41.15	-50.80
分配股利	0	0	0	0

2005年5月，经批准中国上市公司开始实施股权分置改革，解决了困扰我国资本市场多年的制度缺陷。对于证券公司，监管部门通过建立健全以风险监控为基础的证券公司分类标准和监管制度实施综合治理。福星证券根据监管部门的要求，在2005年下半年采取了一系列的变革措施。

福星证券董事会下设了发展战略与投资管理委员会、提名与薪酬考核委员会、审计委员会、合规与风险管理委员会，并率先引入独立董事制度，聘请了英籍国际著名咨询专家在内的多名独立董事，独立董事人数超过董事会总人数的三分之一。福星证券董事会还以书面文件形式明确了董事会与管理层之间的权责分工。

与此同时，福星证券加强规章制度建设，做好对风险的识别工作，规范业务操作规程。福星证券进一步完善了经纪业务、自营业务、资产管理业务、投资银行业务以及创新业务之间的防火墙建设，防止出现内幕交易、利益冲突、利益输送等违规行为。完善实时监控系统的监控功能、预警功能，并健全以净资本为核心的风险控制指标监控体系，优化净资本在各业务之间的配置，以防范和化解财务风险。

福星证券通过采取以上多项措施，增强了公司规范运作水平和风险防范能力，初步建立了完善的法人治理结构和较为严密的风险控制体系。

2006 年年初，国家出台了一系列政策，鼓励证券公司通过兼并重组、优化整合做大做强，目标是将证券公司改造成为具有竞争力的现代金融企业。

随着投资者信心的恢复，国内资本市场直接融资快速发展，证券公司行业整体处于快速扩张时期。外资证券公司开始进入国内市场参与国内公司境外发行。为增强竞争力，福星证券董事会决定进行业务扩张。由于证券市场连续 4 年的低迷，以及福星证券不符合首次公开发行股票的条件，福星证券难以通过首次公开发行股票方式募集业务扩张所需资金。福星证券董事会经研究决定，通过"借壳"方式尽快实现上市，上市后再谋求增发股票融资。

截至 2006 年中期，福星证券的注册资本为 80 亿元，股东有 30 多家企业，股权结构较为分散。

2006 年 10 月底，福星证券选择了 A 股上市的天空股份有限公司（以下简称天空股份）作为借壳上市的目标公司。天空股份为商业企业，股票于 1994 年在上海证券交易所挂牌上市交易。截至 2006 年 9 月 30 日，天空股份总股份为 3 亿股，其中：控股股东长江集团有限公司（为国有企业，以下简称长江集团）持有的有限售条件股份为 2 亿股，占总股份的 66.67%；其他无限售条件的流通股股东持股为 1 亿股，占总股份的 33.33%。福星证券与天空股份签署了《天空股份吸收合并福星证券协议书》（以下简称《吸收合并协议》）。为了有效地保障重组各方股东的利益，在《吸收合并协议》签署前一个工作日即申请了天空股份的长期停牌，停牌前一日天空股份收盘价为每股 4 元。

根据《吸收合并协议》约定，吸收合并的交易基准日为 2006 年 9 月 30 日；天空股份向长江集团出售全部资产及负债；天空股份以新增股份换股吸收合并福星证券。天空股份本次重大资产出售和吸收合并福星证券事项同时进行，互为前提，吸收合并方案需待本次重大资产出售获得所有相关部门的批准或核准之后才能进行，本次重大资产出售的生效亦取决于吸收合并方案的完成。根据有关规定，天空股份本次资产出售行为属于重大资产出售，尚需获得天空股份股东大会审议通过，并需经中国证监会及国有资产管理部门批准或核准后，方可实施。

天空股份根据《吸收合并协议》约定的框架，与长江集团签署了《天空股份与长江集团关于天空股份资产转让协议书》（以下简称《资产转让协议》）。《资产转让协议》规定，天空股份向长江集团转让全部资产及负债，转让价格为天空股份截至 2006 年 9 月 30 日经评估并经核准备案的净资产值人民币 7 亿元。天空股份现有业务及全部职工（含离退休人员）将随资产及负债一并由长江集团承接。

天空股份以新增股份换股吸收合并福星证券，其换股比例以双方市场化估值为基础确定。天空股份的换股价格按吸收合并停牌前一天的收盘价每股 4 元确定；福星证券的股权价值以明德证券有限公司（以下简称明德证券）出具的财务顾问报告所确认的合理估值为基准，确定为每股 2 元。最终确定的换股比例为 1 股天空股份换取 2 股福星证券。

明德证券对福星证券的合理估值是基于以下资料，综合考虑了市场等其他因素得出的：

第一，当时证券行业可比上市公司的平均市盈率为 35 倍，根据经金玉会计师事务所审核的盈利预测报告，预计福星证券 2006 年度实现每股盈余为 0.06 元。

第二，大明资产评估有限公司（以下简称大明评估）预计在国家政策大力支持下，福星证券未来盈利将会有大幅增长，以福星证券 2006 年第 4 季度至 2014 年第 4 季度为详细预测期，之后年度为后续预测期，以福星证券的资本成本作为折现率，对预计的实体现金流量进行折现合计为 244 亿元，交易基准日福星证券的净债务价值为 80 亿元。

对于天空股份转让给长江集团的资产所涉及的债权、债务，根据《资产转让协议》的约定，自《资产转让协议》生效之日起，天空股份转让资产涉及的债权、债务，无论转让资产的交接、权属变更登记或备案手续是否完成或债务的转移是否取得债权人的同意，于转让资产之前已存在或将来可能发生的任何权利、权益、风险、损失、义务、责任、债务均由长江集团享有及承担；对于天空股份吸收合并福星证券所涉及的债权、债务，根据《吸收合并协议》的约定，天空股份吸收合并福星证券之后的存续公司承接福星证券全部资产、负债、经营资质、业务、人员、经营体系以及重要协议等。本次交易完成后，原福星证券法人资格将予以注销。

福星证券聘请金玉会计师事务所作为本次吸收合并的审计机构。而金玉会计师事务所同时担任长江集团年度财务报表审计机构。为了激励金玉会计师事务所积极配合本次吸收合并，福星证券承诺一旦借壳上市顺利实施，将在原有的审计费基础上再额外支付 10 万元，并承诺将安排项目合伙人王强去欧洲旅游。在审计计划阶段，编制审计计划的项目合伙人王强对其项目组的成员遵循有关职业道德守则的情况进行了重新评价：注册会计师李龙已在福星证券下属证券营业部正常开户；注册会计师张虎的哥哥在福星证券担任董事；注册会计师赵德的妻子在福星证券任人事部经理。

天空股份所有独立董事就上述吸收合并事项发表了独立意见："本次重大资产出售暨吸收合并福星证券的方案，符合国家有关法律、法规和政策的规定，并充分尊重持有天空股份无限售条件股份股东的意愿及保护反对该方案股东的合法权益，体现了公平、公开、公正的原则，符合天空股份和全体股东的利益，不损害非关联股东的利益，对全体股东公平、合理。本人同意公司重大资产出售暨吸收合并福星证券的方案。"

2006 年 12 月上旬，天空股份重大资产出售暨吸收合并福星证券方案经中国证监会重组审核委员会审核通过，并经国有资产管理部门批准。2006 年 12 月中旬，天空股份顺利实施了重大资产出售暨吸收合并福星证券。吸收合并完成后，福星证券原法人主体资格被注销，天空股份依法承接其全部资产、负债、经营资质、业务、人员、经营体系以及重要协议等，并相应修改章程、变更注册地址、经营范围，上市公司名称变更为"福星证券股份有限公司"。重组后上市公司股票的简称由"天空股份"变更为"福星证券"，并恢复交易。截至 2006 年 12 月 31 日，福星证券收盘价上升至每股 20 元。

2007 年上半年，中国多层次资本市场建设有明显的加速趋势，在宏观经济向好的持续影响下，企业直接融资需求迅速增长，仅该年上半年企业融资额达到4 000亿元，A股市场成为当年上半年全球最大的IPO市场。随着中国资本市场进入快速发展阶段，多家证券公司通过增资扩股方式进一步做大做强，力求取得证券行业的领先地位。

2007年7月，福星证券董事会发布公告：为了发展需要，福星证券拟向不超过10名特定对象以不低于每股20元的价格非公开发行不超过10亿股境内上市A股，计划募集资金不超过人民币300亿元。发行对象面向境内注册的证券投资基金管理公司、证券公司、财务公司、资产管理公司、保险公司、信托投资公司（以其自有资金）、其他境内法人投资者等合格境内机构投资者；最终发行价格由董事会和主承销商（保荐机构）根据市场化询价的情况确定。非公开发行股票募集的资金将全部用于增加公司资本和营运资金。根据《上市公司证券发行管理办法》等有关非公开发行股票的规定，董事会对福星证券实际情况进行了逐项自查后，认为福星证券提出非公开发行股票的申请，完全符合现行非公开发行股票的有关规定。

2007年11月，经中国证监会核准，福星证券最终向8名特定投资者非公开发行7亿股，实际募集资金达250亿元。此次定向增发大大提高了福星证券的资本实力，其净资本的行业排名跃升为第二位。

福星证券在完成非公开增发后，利用部分募集资金积极投入创新业务的研发。福星证券从政策法律、业务运作、经济效益、信息技术系统、业务风险等方面对预计开展的创新业务进行系统研究和论证，设计出符合市场需求、风险与收益相匹配的创新产品，并根据福星证券的净资本规模、财务状况等，合理确定创新业务的规模，同时根据创新业务的不同性质和种类，实时开发相应的交易系统，将风险控制量化到交易系统中，将业务规模严格控制在风险可测、可控、可承受的范围之内。福星证券陆续完成了备兑权证、股指期货、融资融券、牛熊证、固定收益套利产品的研究设计和风险评估，并完成了相应的技术、人员、资金准备。在创新业务领域，福星证券成为证券公司行业的领跑者。

但是，福星证券最大、最稳定的收入来源还是国内的经纪业务。经纪业务对福星证券利润的贡献度在70%以上。证券市场行情的好坏、交易量的大小是影响公司经纪业务收入的决定性因素，而证券市场行情受国际经济环境、国内经济状况、宏观经济政策、利率、汇率、行业发展状况以及投资者心理等诸多因素影响；交易量的大小则受市场行情、流通总市值、投资者结构、市场波动性、投资品种等因素的影响。

在不断加剧的竞争形势下，随着证券营业网点审批的放开，证券公司经纪业务的竞争日益白热化，交易佣金费率已经呈现下滑趋势；同时，投资者投资理念的逐步成熟，证券交易频率开始下降，这些情形均对福星证券的经纪业务产生了不利影响。

2008年，美国爆发了由次贷危机演变的金融危机，全球经济陷入衰退，中国证券市场随之出现了深幅调整。随着证券市场的持续低迷，福星证券的经纪业务收入大幅下降。

在投资银行业务、资产管理业务等方面，福星证券等内资证券公司受到了合资证券公司的直接竞争压力。虽然外资证券公司的国外业务受到金融风暴的不利影响，资本实力有所下降，但其在投资银行、资产管理、国际业务、创新业务等方面的优势依然明显。

由于盈利能力大幅下滑以及全球经济形势的不明朗，国家宏观政策（如货币政策、财政政策）的不确定性，福星证券董事会要求发展战略与投资管理委员会对未来发展战略进行深入的研究与分析。

福星证券发展战略与投资管理委员会对福星证券外部环境和内部环境采用 SWOT 分析方法进行了分析，认为目前福星证券只选择国内市场并非长远之计，而且随着经济的全球化、中国机构投资者和个人投资者的不断壮大和成熟、企业海外融资额的不断上升，证券公司的各项业务未来发展趋势必将是国际化，因此建议福星证券应选择国际化发展战略。

福星证券董事会专门召开会议研究了发展战略与投资管理委员会提出的国际化战略。福星证券董事会经分析认为，发展战略与投资管理委员会的建议全面考虑了福星证券所面临的外部环境，并充分分析了内部因素，所提建议适当，为此决定采纳。福星证券董事会要求管理层开拓国际业务，走国际化发展道路，逐步降低对国内经纪业务的依赖。

根据董事会的要求，福星证券管理层重点推进了 QFII、海外机构 B 股、跨国融资并购等国际业务，并着力搭建公司的国际化网络。但由于起步较晚、国际化人才缺失、品牌海外知名度低等原因，在国际化进程方面仍不尽如人意。

随着全球金融危机的进一步加深，部分境外证券公司的估值进一步下降，甚至出现境外证券公司破产的情形。董事会认为此时是收购境外证券公司拓展福星证券国际业务的有利时机。而作为国际金融中心之一的香港，可以从事亚太地区乃至欧美等主要市场的证券交易，交易品种丰富，市场化程度高，投资者成熟、多元，文化认同上较欧美更为容易。同时，香港证券管理部门与内地已经签署了相关的监管备忘录，有益于内地与香港公司联动发展，内地的相关部门也在极力推动内地公司到香港发展。福星证券董事会将首次收购目标确定在香港。经最终筛选，福星证券拟将香港港隆证券集团股份有限公司（以下简称港隆证券）作为收购对象，并对其进行了尽职调查。

港隆证券是一家在香港联交所上市的公司，注册地为香港，是香港本地规模较大的证券公司之一，拥有齐全的交易牌照，已经营 36 年。港隆证券主要从事证券、股指期货、期权、融资融券、外汇和贵金属等方面的业务。港隆证券为 300 多家机构及超过 15 万名个人投资者提供服务，管理客户的资产超过 500 亿港元。港隆证券在亚太地区拥有 10 多家分支机构，在美国、欧洲等主要资本市场设立了国际销售点或建立了战略联盟。港隆证券还通过与美国、加拿大、英国、澳洲及部分亚太国家的证券公司的合作，为客户提供海外金融市场的投资交易服务。

股指期货、期权和融资融券业务是证券公司规避股票经纪业务下滑风险的主要手段，有助于提高证券公司总体业务收入。港隆证券在融资融券、股指期货、期货期权、外汇等业务上的经验丰富。2006 年以来港隆证券股指期货业务收入、期权业务收入和融资融券利息收入占营业收入的比例始终维持在 20% 和 25% 的水平上。

港隆证券于 2000 年已斥资逾亿元建立了网上交易平台，是最早开发网上交易平台的香港本地证券公司之一。港隆证券网上交易平台成熟，是唯一一家与香港 27 家银行系统对接的网上交易平台。为了提高经纪业务的竞争力，港隆证券于 2009 年初推出了手机证券交易服务、24 小时环球期货网上交易服务，并推出了美股网上交易平台和外汇及贵金属交易平台加强版软件。

港隆证券在香港拥有良好的信誉和品牌效应。在经纪业务方面港隆证券在香港联交所拥有近 30 个股票经纪席位，远高于其他本地证券公司；在投资银行方面，港隆证券主要从事国际投资银行业务，多次在海外并购业务中担任财务顾问，具有丰富的投资银行业务经验；在行业研究和个股研究方面，港隆证券设立了独立的研究部门，具有较强的研究能力，有评论指出港隆证券的研究能力不逊于国际著名投资银行。

港隆证券管理层多数成员拥有 20 年以上的金融企业经验，部分成员曾在国际著名投资银行或跨国公司担任要职。与其他香港本地证券公司相比，港隆证券管理团队人员变动相对较小，优秀专业人才流失率较低。

港隆证券 2008 年末的总资产约为 90 亿港元，净资产约为 20 亿港元。港隆证券 2008 年度实现净利润 1 亿港元，预计 2009 年度和 2010 年度的净利润约为 1.5 亿港元。

由于全球金融危机的持续加深，市场对金融股的估值相对较低。福星证券管理层与港隆证券大股东就收购其所持港隆证券股权进行了协商。初步确定收购价格按港隆证券在香港证券市场的最新收盘价溢价 1% 确定。福星证券管理层认为，这一收购价格低于与港隆证券可比的香港上市证券公司的估值水平。按此收购价格全面收购港隆证券的总支出约占福星证券自有资金的 10%，不会对福星证券的现金流产生较大影响，而且根据港隆证券 2009 年度预计净利润测算，投资回报率将超过 7%。福星证券管理层认为此次收购可行，并制定收购港隆证券议案提交董事会审议。

福星证券董事会在审议收购港隆证券议案时，英籍独立董事对收购港隆证券的交易提出了质疑。他认为港隆证券 2009 年度、2010 年度预计净利润均为 1.5 亿港元，不会大幅提升福星证券的每股盈余，而且从最近几年 ROE、ROA 指标来看，港隆证券的盈利能力显著低于内地证券公司，此次大手笔收购不符合财务收益原则。

福星证券管理层向英籍独立董事作了书面解释，消除了英籍独立董事的疑虑。福星证券董事会最终通过此项收购议案。在随后召开的福星证券股东大会上通过了收购港隆证券的议案。2009 年下半年，福星证券通过市场化收购方式成功控股了港隆证券。

2010 年 4 月，中国财政部、证监会、审计署、银监会和保监会联合发布了《企业内部控制配套指引》。福星证券按规定应于 2012 年 1 月 1 日起开始施行。福星证券董事会根据配套指引对自身情况进行了分析研究认为，通过公司近几年的努力，完善了五个层次的风险管理和内部控制架构，进一步完善经济业务、自营业务、资产管理业务、投资银行业务以及创新业务之间的信息隔离墙建设，基本符合内部的控制配套指引的相关要求，可以有效地预防市场风险、信用风险、流动性风险等主要风险。

福星证券董事会研究后还认为，操作风险尤其是信息技术风险是公司面临的一项重要风险。福星证券董事会认为，信息技术对于证券交易、清算和服务等多个方面的业务发展和管理至关重要，系统不可靠、技术不完善、数据误差都会造成公司的重大损失。尽管公司已经根据相关规定制定了较为完善的内部控制制度，但仍不能保证完全避免因操作差错和主观不作为可能带来的经济损失、法律纠纷和违规风险。特别是公司所处的证券行业是智力密集型行业，员工道德风险相对其他行业来说更加突出，员工发生道德犯罪将给公司资产造成损失，给公司声誉造成不利影响。

为此，福星证券于 2010 年下半年开始投资近亿元完善信息系统，强化 IT 治理建设。福星证券引进了专业机构全面检查公司的信息系统，查找信息管理中的盲点，强化信息系统权限管理，规范网络建设。同时，福星证券还加强了集中交易、法人结算、营销管理、融资融券、股指期货、人力管理、OA 等系统的升级优化。

案例概要：

福星证券是一家成立较早的综合类全国性证券公司。自 2001 年中国证券市场步入熊市、多年持续低迷，福星证券随着证券行业整体滑坡陷入连年亏损的困境。2005 年开始，国家加大对资本市场及证券行业的扶持、规范，福星证券利用发展契机，不断完善公司治理，并为业务规模的扩张谋求上市融资机会。2006 年公司的上市进程获得了实质性进展，通过与 A 股上市公司天空股份的换股吸收合并，成功实现了借净壳在 A 股挂牌上市的目的。2007 年，福星证券利用上市公司融资功能，向 8 名特定投资者非公开发行 7 亿股，实际募集资金达 250 亿元，从而极大地增强了公司资本实力。在中国多层次资本市场建设提速的背景下，福星证券利用定向增发的募集资金积极进行创新业务的研发，并取得了显著的成绩。2008 年，美国爆发金融危机，全球经济陷入衰退，中国还遭遇雪灾、地震等自然灾害，市场持续低迷，经纪、投行等传统业务的竞争更加激烈。在内忧外困的复杂形势下，业务发展模式的瓶颈凸现。福星证券经过 SWOT 分析，决定未来的发展战略将立足于国际化，做大做强海外业务。2009 年下半年，公司利用金融危机的有利时机，成功收购在香港上市的证券公司港隆证券，为全面推进公司的国际化进程奠定了基础。

问题 1. 根据《首次公开发行股票并上市管理办法》关于财务指标的相关规定，分析福星证券 2006 年不能直接选择首次公开发行股票上市的主要原因。

解析：

通过首次公开发行股票募集资金是企业直接融资的主要方式之一，而为公司提供相关审计服务是注册会计师的主要业务之一。相对于其他筹资方式，首次公开发行股票对公司的财务状况及其规范要求较高，尤其在申报期内财务指标方面。注册会计师在执行首次公开发行股票公司的审计业务时，应根据《中国注册会计师胜任能力指南》的要求，熟练掌握与证券发行相关的法律知识，并结合公司的实际情况作出发行条件满足与否的职业判断。因此，本题考核考生是否掌握《首次公开发行股票并上市管理办法》中有关发行人财务指标的设置门槛。

《首次公开发行股票并上市管理办法》要求公司财务状况良好，主要涉及财务指标的发行条件共五条，分别为：第一，最近 3 个会计年度净利润均为正数且累计超过人民币 3 000 万元，净利润以扣除非经常性损益前后较低者为计算依据。第二，最近 3 个会计年度经营活动产生的现金流量净额累计超过人民币 5 000 万元；或者最近 3 个会计年度营业收入累计超过人民币 3 亿元。第三，发行前股本总额不少于人民币 3 000 万元。第四，最近一期期末无形资产（扣除土地使用权、水面养殖权和采矿权等后）占净资产的比例不高于 20%。第五，最近一期期末不存在未弥补亏损。其中涉及的财务指标分别为：发行前三年的净利润、经营活动产生的现金流量净额或营业收入、发行前股本总额、最近一期期末无形资产占净资产的比例以及未分配利润金额是否为负数。

根据案例资料中提供的福星证券 2002 年度至 2005 年度净利润及分红情况表，可获知的财务指标有：2003 年度、2004 年度和 2005 年度的净利润、2005 年末的未分配利润金额，分别对应上述发行条件第一条和第五条规定，其他发行条件因在案例中未提供相关资

料而不必作出判断。具体分析如下:

1. 发行条件第一条规定"最近3个会计年度净利润均为正数且累计超过人民币3 000万元",而福星证券2003年、2004年和2005年的净利润分别为-2.88亿元、-8.50亿元和-9.65亿元,连续3个年度均为亏损,故不符合该条规定;

2. 发行条件第五条规定"最近一期期末不存在未弥补亏损",福星证券2005年年末的未分配利润为-50.80亿元,存在巨额的未弥补亏损。理论上只有福星证券2006年发行前的最近一期存在巨额盈利的情况下,2006年最近一期期末才可能不存在未弥补亏损。虽然案例资料中未直接告知福星证券2006年最近一期的具体盈利情况,但提供了"截至2006年中期福星证券的注册资本为80亿元"以及"经金玉会计师事务所审核的盈利预测报告预计福星证券2006年实现每股盈余为0.06元"相关信息,两者相乘可计算得出2006年度全年预期净利润为4.8亿元,可见2006年度全年盈利并不足以弥补以前年度巨额亏损,由此推断福星证券2006年最近一期期末仍然存在未弥补亏损,故不符合发行条件第五条的规定。

参考答案:

答:(1) 福星证券2003年度至2005年度(最近3个会计年度)的净利润分别为-2.88亿元、-8.50亿元和-9.65亿元,不符合《首次公开发行股票并上市管理办法》中有关"最近3个会计年度净利润均为正数且累计超过人民币3 000万元"规定;

(2) 福星证券2005年末的未分配利润为-50.80亿元,且经金玉会计师事务所审核的盈利预测报告预计福星证券2006年实现每股盈余为0.06元,即:2006年度净利润为$80 \times 0.06 = 4.8$(亿元),导致2006年最近一期的未分配利润难以出现正数,不符合《首次公开发行股票并上市管理办法》中有关"最近一期期末不存在未弥补亏损"规定。

问题2. 根据《公司法》有关规定,指出2006年天空股份吸收合并福星证券应当遵循的主要程序。

参考答案:

答:公司合并应遵守以下程序:

(1) 签订合并协议。由合并各方签订协议。

(2) 编制资产负债表及财产清单。

(3) 参与合并的公司各自作出合并决议。

(4) 通知债权人。

(5) 依法进行登记。

问题3. 2006年天空股份吸收合并福星证券时,独立董事对于该次重大资产出售事项发表了独立意见。请指出上市公司独立董事享有的超过一般董事的特别职权,列示独立董事对公司的各种重大事项发表独立意见的具体范围,并列示独立董事发表意见的具体类型。

参考答案:

答:(1) 独立董事享有的超过一般董事的特别职权:

①重大关联交易(指上市公司拟与关联人达成的总额高于300万元或高于上市公司最近经审计净资产值的5%的关联交易)应由独立董事认可后,提交董事会讨论;独立董事作出判断前可以聘请中介机构出具独立财务顾问报告,作为其判断的依据。

②向董事会提议聘用或解聘会计师事务所。
③向董事会提请召开临时股东大会。
④提议召开董事会。
⑤独立聘请外部审计机构和咨询机构。
⑥可以在股东大会召开前向股东征集投票权。

独立董事行使上述职权应取得全体独立董事1/2以上同意，如果上述提议未被采纳或上述职权未能正常行使，上市公司应将有关情况予以披露。如果上市公司下设薪酬、审计、提名等委员会的，独立董事应当在委员会成员中占1/2以上的比例。

(2) 独立董事应当对上市公司的以下重大事项向董事会或股东大会发表独立意见：
①提名、任免董事；
②聘任或解聘高级管理人员；
③公司董事、高级管理人员的薪酬；
④上市公司的股东、实际控制人及其关联企业对上市公司现有或新发生的总额高于300万元或高于上市公司最近经审计净资产值的5%的借款或其他资金往来，以及公司是否采取有效措施回收欠款；
⑤独立董事认为可能损害中小股东权益的事项；
⑥公司章程规定的其他事项。

(3) 独立董事发表意见类型有：
①同意；
②保留意见及其理由；
③反对意见及其理由；
④无法发表意见及其障碍。

问题4. 福星证券2007年采用非公开发行股票方式进行融资，请指出上市公司除了非公开发行股票方式以外的其他增发股票的方式，并指出构成上市公司非公开发行股票障碍的情形。根据《上市公司非公开发行股票实施细则》的有关规定，分析上市公司非公开发行股票的定价原则。

参考答案：
答：(1) 除非公开发行股票外，上市公司还可以通过向原股东配售股份（即：配股）和向不特定对象公开募集股份（即：向社会公众公开增发）两种方式增发股票。

(2) 上市公司存在下列情形之一的，不得非公开发行股票：
①本次发行申请文件有虚假记载、误导性陈述或重大遗漏。
②上市公司的权益被控股股东或实际控制人严重损害且尚未消除。
③上市公司及其附属公司违规对外担保且尚未解除。
④现任董事、高级管理人员最近36个月内受过证监会的行政处罚，或者最近12个月内受过证券交易所的公开谴责。
⑤上市公司或其现任董事、高级管理人员因涉嫌犯罪正被司法机关立案侦查或涉嫌违法违规正被证监会立案调查。
⑥最近1年及1期财务报表被注册会计师出具保留意见、否定意见或无法表示意见的

审计报告。保留意见、否定意见或无法表示意见所涉及事项的重大影响已经消除或者本次发行涉及重大重组的除外。

⑦严重损害投资者合法权益和社会公共利益的其他情形。

(3) 非公开发行股票的定价原则：

①发行对象认购本次非公开发行股票的发行价格不低于定价基准日前20个交易日公司股票均价的90%。

②这里所称"定价基准日"，是指计算发行底价的基准日。定价基准日可以为关于本次非公开发行股票的董事会决议公告日、股东大会决议公告日，也可以为发行期的首日。

③上市公司应按不低于该发行底价的价格发行股票。

④这里所称"定价基准日前20个交易日股票交易均价"的计算公式为：定价基准日前20个交易日股票交易均价=定价基准日前20个交易日股票交易总额/定价基准日前20个交易日股票交易总量。

问题5. 简述企业价值评估现金流量折现模型的三种基本类型。请指出大明评估2006年运用现金流量折现法评估福星证券的企业价值时，在基本模型选用、两阶段模型分析、时间序列、资本成本的确定等四个方面应考虑的主要因素。

解析：

并购活动中对目标企业如何进行公允地估价是实务中的难点问题，尤其当该股权不存在活跃市场的公平交易价格时，就需要求助于估值技术。估值技术日益成为确定相关资产或负债公允价值的主要方式之一，注册会计师应根据《中国注册会计师胜任能力指南》的要求了解一定资产和负债估价的知识，结合实际情况对估值方法及其选用参数是否妥当作出职业判断。现金流量折现基本估价模型通常是实务中普遍采用的一种估值方法，因此，本题主要考核考生是否掌握现金流量折现基本估价模型有关知识。

1. 现金流量折现模型的基本原理是增量现金流量原则和时间价值原则，也就是任何资产（包括企业或股权）的价值均是其产生的未来现金流量的现值。根据现金流量的不同分类，企业估价模型分为实体现金流量模型、股权现金流量模型、股利现金流量模型。

(1) 实体现金流量模型。实体现金流量是企业全部现金流入扣除成本费用和必要的投资后的剩余部分，它是企业一定期间可以提供给所有投资人（包括股权投资人和债权投资人）的税后现金流量。

(2) 股权现金流量模型。股权现金流量是企业一定期间可以提供给股权投资人的现金流量，它等于企业实体现金流量扣除对债权人支付后剩余的部分，也可以称为"股权实体现金流量"。

(3) 股利现金流量模型。股利现金流量是企业分配给股权投资人的现金流量。

在数据假设相同的情况下，三种模型的评估结果是相同的。如果把股权现金流量全部作为股利分配，则上述后两个模型相同。企业价值的评估主要使用实体现金流量模型或股权现金流量模型。

2. 对大明评估2006年评估福星证券企业价值时应考虑的主要技术因素分析如下：

(1) 现金流量折现法下基本模型类型选用时需考虑的因素。

由于股利分配政策有较大变动，股利现金流量很难预计，故股利现金流量模型在实务中很少被使用，大多数的企业估价使用股权现金流量模型或实体现金流量模型；而由于股权成本受资本结构的影响较大，估计起来比较复杂，故相对于股权现金流量模型，实务中更多企业会选择使用实体现金流量模型。

案例资料仅在福星证券2002年度至2005年度净利润及分红情况表中对福星证券以前年度分红情况作了介绍，对于福星证券未来的股利分配政策或现金流量净流入未作特别说明，并且福星证券上市后股利分配政策可能发生较大变动，股利现金流量很难预计，故不应选用股利现金流量模型。另外，案例资料中对于福星证券未来可以提供给股权投资人的现金流量也未作交代，并且股权成本受资本结构的影响较大，福星证券上市后未来资本结构可能会发生很大变化，估计起来比较复杂，故也不应采用股权现金流量模型。相对于股利现金流量和股权现金流量，福星证券未来的实体现金流量较容易预计，因此考虑使用实体现金流量模型。

（2）两阶段模型的分析。

实体现金流量模型可以细分为两种：永续增长模型和两阶段增长模型。永续增长模型的适用情形是公司未来长期稳定、可持续地增长，故该模型下的公司必须处于永续状态，而"永续状态"是指公司有永续的增长率和投资资本回报率，因此，判断"永续状态"涉及的财务指标为增长率和投资资本回报率，而两阶段增长模型适用于增长呈现两个阶段的公司，第一个阶段为超常增长阶段，增长率明显快于永续增长阶段；第二个阶段具有永续增长的特征，增长率比较低，是稳定的增长率。

根据案例资料中提供的福星证券2002年度至2005年度净利润及分红情况表，可知福星证券2005年之前一直为亏损，而经金玉会计师事务所审核的盈利预测报告预计福星证券2006年度实现每股盈余为0.06元，乘以截至2006年中期的注册资本80亿元，可计算得出2006年度预期净利润为4.8亿元，由此判断2006年度福星证券能够实现盈利，将摆脱长年亏损的局面，并在国家政策大力支持下，预计未来盈利将会有大幅增长，但尚未进入一个长期稳定而可持续增长的阶段，因此对福星证券的估价不宜采用永续增长模型，而应考虑采用两阶段的增长模型。

（3）关于时间序列的确定需考虑的因素。

预测的时间范围涉及预测基期、详细预测期和后续期，具体分析如下：

①确定基期数据。确定基期数据的方法有两种：一种是以上年实际数据作为基期数据；另一种是以修正后的上年数据作为基期数据。如果通过历史财务报表分析认为，上年财务数据具有可持续性，则以上年实际数据作为基期数据；如果通过历史财务报表分析认为，上年的数据不具有可持续性，就应适当进行调整。本案2005年度为亏损，2006年度盈利，因此可知2005年度的财务数据不具有可持续性，根据基期数据选择的原则，应当以适当调整后的2005年度数据作为基期数据。

②详细预测期和后续期的划分。实务中详细预测期通常为5—7年，有些情况下还可能延长，但很少超过10年。公司不稳定时期有多长，预测期就应当有多长。福星证券2005年之前一直处于亏损状态，预计2006年度才能实现盈利，考虑到福星证券刚刚进入一个盈利期，因此可以将详细预测期适当延长，直到进入一个稳定期。

（4）对于资本成本的确定需考虑的因素。

现金流量折现模型中的"资本成本",是计算现值使用的折现率。折现率是现金流量风险的函数,风险越大则折现率越大,因此,折现率和现金流量要相互匹配。股权现金流量只能采用股权资本成本来折现,实体现金流量只能用公司的加权平均资本成本来折现。本案对福星证券企业价值评估时选用模型是实体现金流量模型,所以应当采用加权平均资本成本。

参考答案:

答:(1)现金流量折现模型的基本原理是增量现金流量原则和时间价值原则,也就是任何资产(包括企业或股权)的价值均是其产生的未来现金流量的现值。根据现金流量的不同分类,企业估价模型分为实体现金流量模型、股权现金流量模型、股利现金流量模型。

①实体现金流量模型。实体现金流量是企业全部现金流入扣除成本费用和必要的投资后的剩余部分,它是企业一定期间可以提供给所有投资人(包括股权投资人和债权投资人)的税后现金流量。

②股权现金流量模型。股权现金流量是企业一定期间可以提供给股权投资人的现金流量,它等于企业实体现金流量扣除对债权人支付后剩余的部分,也可以称为"股权实体现金流量"。

③股利现金流量模型。股利现金流量是企业分配给股权投资人的现金流量。

在数据假设相同的情况下,三种模型的评估结果是相同的。如果把股权现金流量全部作为股利分配,则上述后两个模型相同。企业价值的评估主要使用实体现金流量模型或股权现金流量模型。

(2)大明评估2006年评估福星证券企业价值时应考虑的主要技术因素有:

①现金流量模型的选用。考虑到股利现金流量很难预计,股权成本受资本结构的影响较大,估计起来也比较复杂。所以考虑采用实务中较常使用的实体现金流量模型。

②采用永续增长模型还是两阶段增长模型。福星证券2005年之前一直亏损,2006年刚刚预测能够实现盈利,预计未来盈利将会有大幅增长,但尚未进入一个长期的稳定阶段,因此应当考虑采用两阶段的增长模型。

③时间序列。包括预测基期的确定及详细预测期和后续期的划分。福星证券2005年度亏损而2006年预计将会盈利,因此2005年度的财务数据可能不具有可持续性,应当以适当调整后的2005年度数据作为基期数据。在企业价值评估实务中,详细预测期通常为5—7年,但很少超过10年。考虑到福星证券刚刚进入一个盈利期,可以将详细预测期适当延长,直到进入一个稳定期。

④资本成本的确定,由于选用了实体现金流量模型,所以应当采用加权平均资本成本。

问题6. 根据所给资料,指出明德证券2006年评估福星证券尚未上市的每股价值时可能采用的两种定价模型,并计算两种定价模型下福星证券的每股价值。

解析:

借壳上市是我国资本市场并购重组的主要方式之一,而目标企业价值的估值是并购重组交易的重要组成部分。此类交易中由于标的公司并非上市公司,其股份不存在活跃市场报价，需要通过合理的方法为其定价。对于并购重组交易中企业价值评估，注册会计师在执业中虽然可以利用评估专家的工作，但是按照《中国注册会计师审计准则第1421号——利用专家的工作》规定，应当对专家工作作出适当性评估，故仍应根据《中国注册会计师胜任能力指南》的要求掌握与金融市场定价有关技能，并对并购重组实务中相关定价的合理性作出职业判断。因此，本题考核考生是否掌握了每股价值定价模型在实务中的运用。

每股价值通常可以六种企业价值评估模型为基础确定：股利现金流量模型、股权现金流量模型、实体现金流量模型、市盈率模型、市净率模型、市销率模型。这六种模型对应的主要财务指标分别为：股利现金流量、股权现金流量、实体现金流量、市盈率、市净率、市销率等。

1. 两种定价模式的选用。

案例资料中提供的明德证券对福星证券估值所依据的材料中，分别涉及证券行业可比上市公司的平均市盈率和预计的实体现金流量现值，由此推断，明德证券2006年评估福星证券尚未上市的每股价值时可能采用的两种定价模型分别为市盈率模型以及实体现金流量模型。

2. 每股价值的计算。

利用市盈率模型确定目标公司每股价值的公式为可比公司平均市盈率乘以目标公司的每股盈余。案例资料中提供了当时证券行业可比上市公司的平均市盈率为35倍，预计福星证券2006年度实现每股盈余为0.06元，两者相乘结果2.10元/股，即为采用市盈率模型计算确定的福星证券每股估值。

利用实体现金流量模型确定目标公司每股价值的公式为实体价值与净债务价值之差除以股本。案例资料中提供了福星证券预计的实体现金流量进行折现合计数244亿元，即为福星证券实体价值，还提供了交易基准日福星证券净债务价值80亿元以及注册资本80亿元，由此计算得出实体价值与净债务价值之差164亿元，再除以注册资本80亿元的结果为2.05元/股，即为采用实体现金流量模型计算确定的福星证券每股估值。

参考答案：

答：明德证券可能运用市盈率模型以及实体现金流量折现模型来评估福星证券的价值。

市盈率模型下每股估值 = $35 \times 0.06 = 2.10$（元/股）

实体现金流量折现模型下每股估值 = $(244 - 80) \div 80 = 2.05$（元/股）

问题7. 简述资本成本除作为折现率评估企业价值外的其他主要用途，并指出决定公司资本成本高低的主要因素。假定外部经济环境不变，简要分析福星证券2006年完成换股后资本成本的变化。

解析：

为了实现股东财富最大化的目标，公司运营应寻求资本成本的最小化，注册会计师在执业中应根据《中国注册会计师胜任能力指南》的要求掌握与资本成本相关的财务成本管理知识，以充分了解管理层决策对公司运营环境的影响，识别相关风险。因此，本题考核考生是否掌握了资本成本的基础知识，以及特定经济事项对公司资本成本的影响。

1. 公司资本成本除用于评估企业价值以外，还可用于投资决策、筹资决策、营运资本管理和业绩评价。

2. 一个公司资本成本的高低，取决于三个因素：（1）无风险报酬率，是指无风险投资所要求的报酬率。典型的无风险投资的例子是政府债券投资。（2）经营风险溢价，是指由于公司未来的前景的不确定性导致的要求投资报酬率增加的部分。一些公司的经营风险比另一些公司高，投资人对公司要求的报酬率也会增加。（3）财务风险溢价，是指高财务杠杆产生的风险。公司的负债率越高，普通股收益的变动性越大，股东要求的报酬率也就越高。

3. 从上述影响资本成本的三个因素的定义来看，其判断的要点分别为：（1）无风险报酬率的变化主要取决于公司的外部环境变化；（2）经营风险溢价的变化主要取决于相关事项对公司未来前景的影响；（3）财务风险溢价的变化主要取决于相关事项对公司负债率、普通股收益变动性的影响。

本题的假定条件为"外部经济环境不变"，意味着市场无风险报酬率不变，故在判断时只需评估福星证券2006年换股后资本成本的变化导致经营风险溢价和财务风险溢价变化对资本成本影响即可，对此具体分析如下：

（1）经营风险溢价变化的影响。本案例中福星证券通过换股取得了上市资格，成为一家社会公众公司，相对于非上市公司而言，会给公司带来良好的声誉，吸引更多的顾客，从而扩大销售量，而且便于公司筹措资金，这对公司的未来发展是非常有利的，由此判断其经营风险相对来说有所降低，投资者要求的对应于经营风险部分的报酬率也随之有所降低。

（2）财务风险溢价变化的影响。本案福星证券换股后，其权益资产相对于债务资本的比例应该是有所提高的，有利于降低公司负债率，从而降低公司的财务杠杆，因此，福星证券换股后财务杠杆产生的风险有所降低。

综上所述，福星证券的资本成本在换股后应有所降低。

参考答案：

答：（1）公司资本成本除用于评估企业价值以外，还可用于投资决策、筹资决策、营运资本管理和业绩评价。

（2）公司资本成本的高低，取决于三个因素：

①无风险报酬率，是指无风险所要求的报酬率；

②经营风险溢价，是指由于公司未来的前景的不确定性导致的要求投资报酬率增加的部分；

③财务风险溢价，是指高财务杠杆产生的风险。

（3）外部经济环境不变，则市场无风险报酬率不变，从而影响资本成本的主要因素为经营风险溢价和财务风险溢价。

①福星证券通过换股取得了上市资格，其经营风险相对非上市公司来说，有所降低，因此投资者要求的对应于经营风险部分的报酬率也应有所降低。

②福星证券换股后，权益资产相对于债务资本的比例应该有所提高，也就是说财务杠杆有所降低，财务杠杆产生的风险也有所降低。

综上所述，福星证券的资本成本在换股后应有所降低。

问题8. 简要分析金玉会计师事务所及相关项目组成员2006年接受福星证券委托实施审计中是否存在对其遵循职业道德基本原则的不利影响，并简要说明理由。如存在不利影响的，应列举消除不利影响或将其降低至可接受的水平的防范措施。

参考答案：

答：(1) 金玉会计师事务所同时担任长江集团的审计，属于为存在利益冲突的两个客户服务，会对遵循职业道德基本原则产生不利影响。防范措施：应当告知相关各方，在征得其同意后再执行业务。

(2) 金玉会计师事务所和福星证券约定，如果借壳上市最后顺利实施，则福星证券再支付给金玉会计师事务所10万元审计费。这属于以实现特定目的为条件的或有收费，会对遵循职业道德基本原则产生不利影响。防范措施：金玉会计师事务所应当与福星证券重新协商，取消该或有收费的约定。

(3) 福星证券招待金玉会计师事务所的项目合伙人王强去欧洲旅欧，已经属于超出正常业务往来之外的款待，将对遵循职业道德基本原则产生不利影响。防范措施：项目合伙人王强应当拒绝此次邀请，不能收受委托合同之外的酬金或其他财物。

(4) 注册会计师李龙在福星证券营业部开立的股票交易账户，是按照正常的商业条件开立的，不会对遵循职业道德基本原则产生不利影响。

(5) 注册会计师张虎的哥哥在福星证券担任董事，属于密切关系导致的对遵循职业道德基本原则的不利影响。防范措施：应将其张虎调离审计项目组。

(6) 注册会计师赵德的妻子在福星证券任人事部经理，因为人事部经理不会对福星证券施加重大影响，因此不会对遵循职业道德基本原则产生不利影响。

问题9. 编制福星证券2008年金融危机的背景下的SWOT分析图表，评估公司的优势、劣势、机会和威胁。

解析：

公司在发展过程中需要根据环境的变化作出不同的战略决策，SWOT分析是公司战略决策中较为常见的方法，注册会计师在执业中不能仅仅关注公司的财务结果，还应根据《中国注册会计师胜任能力指南》的要求，掌握与公司战略决策相关的知识，结合公司的实际情况深入了解其相关决策或交易的动机，从而作出恰当的职业判断。因此，本题考核考生是否掌握了SWOT分析的原理，并具备结合公司的实际情况对公司优势、劣势、机会和威胁分析的能力。

SWOT分析是一种在综合考虑公司内部条件和外部环境的各种因素基础上进行系统评价，从而选择最佳经营战略的方法。这里，S是指公司内部的优势，W是指公司内部的劣势，O是指公司外部环境的机会，T是指公司外部环境的威胁。公司内部的优势和劣势是相对于竞争对手而言的，一般表现在公司的资金、技术设备、员工素质、产品、市场、管理技能等方面；公司外部环境的机会是指环境中对公司有利的因素，如政府支持、高新技术的应用，良好的购买者和供应关系等。公司外部环境的威胁是指环境中对公司不利的因素，如新竞争对手的出现、市场增长缓慢、购买者和供应者讨价还价能力增强，技术老化等。

对于福星证券2008年金融危机背景下内部的优势和劣势、外部的机会和威胁分析如下:

1. 对于福星证券内部的优势和劣势的分析。
(1) 优势。

①案例资料中:"各项业务的市场份额均位列中国内地证券公司前列,获得了包括'中国优秀证券公司'等在内的多项荣誉,在业内拥有良好的声誉,并获得客户的普遍认可"是公司相对于竞争对手的声誉方面的描述,可以概括为公司在中国内地拥有良好的品牌和声誉。

②案例资料中:"2007年11月,经中国证监会核准,福星证券最终向8名特定投资者非公开发行7亿股,实际募集资金达250亿元。此次定向增发大大提高了福星证券的资本实力,其净资本的行业排名跃升为第二位"是对公司资金方面的描述,可以概括为公司通过定向增发募集250亿元,资本实力雄厚,拥有资本优势,为发展提供资金保证。

③案例资料中:"在全国60多个城市设立了150余家证券营业部,业务领域涉及证券经纪、证券自营、证券承销与保荐、证券投资咨询、证券资产管理、直接投资业务、证券投资基金代销、为期货公司提供中间介绍业务等众多领域,拥有近500万个客户,各项业务的市场份额均位列中国内地证券公司前列"是对公司在目前市场中地位的描述,可以概括为公司拥有全国业务网络优势,各项业务的市场份额位列中国内地证券行业前列。

④案例资料中:"福星证券人才济济,除了经营管理人员普遍学历较高、经验丰富外,还具有较强影响力和竞争力的研究团队,并且设立了博士后科研流动站"是对公司员工团队的描述,可以概括为公司拥有中国内地优秀的专业人才。

⑤案例资料中:"福星证券根据监管部门的要求,在2005年下半年采取了一系列的变革措施。福星证券董事会下设了发展战略与投资管理委员会、提名与薪酬考核委员会、审计委员会、合规与风险管理委员会,并率先在证券行业引入独立董事制度,聘请了英籍国际著名咨询专家在内的多名独立董事,独立董事人数超过董事会总人数的三分之一。福星证券董事会还以书面文件形式明确了董事会与管理层之间的权责分工。与此同时,福星证券加强规章制度建设,做好对风险的识别工作,规范业务操作规程。福星证券进一步完善了经纪业务、自营业务、资产管理业务、投资银行业务以及创新业务之间的防火墙建设,防止出现内幕交易、利益冲突、利益输送等违规行为。完善实时监控系统的监控功能、预警功能,并健全以净资本为核心的风险控制指标监控体系,优化净资本在各业务之间的配置,以防范和化解财务风险。福星证券通过采取以上多项措施,增强了公司规范运作水平和风险防范能力,初步建立了完善的法人治理结构和较为严密的风险控制体系"是对公司管理技能方面的描述,可以概括为公司拥有完善的法人治理结构和较为严密的风险控制体系。

⑥案例资料中:"福星证券在完成非公开增发后,利用部分募集资金积极投入创新业务的研发。福星证券从政策法律、业务运作、经济效益、信息技术系统、业务风险等方面对预计开展的创新业务进行系统研究和论证,设计出符合市场需求、风险与收益相匹配的创新产品,并根据福星证券的净资本规模、财务状况等,合理确定创新业务的规模,同时根据创新业务的不同性质和种类,实时开发相应的交易系统,将风险控制量化到交易系统

中,将业务规模严格控制在风险可测、可控、可承受的范围之内。福星证券陆续完成了备兑权证、股指期货、融资融券、牛熊证、固定收益套利产品的研究设计和风险评估,并完成了相应的技术、人员、资金准备。在创新业务领域,福星证券成为证券公司行业的领跑者"是对公司业务优势方面的描述,可以概括为公司拥有创新业务的研发优势。

(2) 劣势。

①案例资料中:"福星证券最大、最稳定的收入来源还是国内的经纪业务。经纪业务对福星证券利润的贡献度在70%以上"意味着公司相对于竞争对手而言,面临业务发展不均衡,对经纪业务依赖程度较高的劣势。

②案例资料中:"由于起步较晚、国际化人才缺失、品牌海外知名度低等原因,在国际化进程方面仍不尽如人意"是公司国际化人才储备方面存在劣势的描述,可以概括为公司的国际化人才匮乏,同时意味着公司在国际上缺乏品牌竞争力。

2. 对于公司外部环境的机会和威胁的分析。

(1) 机会。

①案例资料中:"2006年年初,国家出台了一系列政策,鼓励证券公司通过兼并重组、优化整合做大做强,目标是将证券公司改造成为具有竞争力的现代金融企业"是政府对公司所处行业政策支持方面的描述,可以概括为国家政策积极扶持证券行业的发展。

②案例资料中:"2007年上半年,中国多层次资本市场建设有明显的加速趋势,在宏观经济向好的持续影响下,企业直接融资需求迅速增长,仅该年上半年企业融资额达到4 000亿元,A股市场成为当年上半年全球最大的IPO市场"是对外部经济环境方面的描述,可概括为多层次资本市场的发展解决了企业的融资需求,以及经济环境得以改善。

(2) 威胁。

①案例资料中:"在不断加剧的竞争形势下,随着证券营业网点审批的放开,证券公司经纪业务的竞争日益白热化,交易佣金费率已经呈现下滑趋势"是对竞争环境激烈的描述,这是对福星证券产生不利影响的因素,可以概括为国内行业竞争日趋激烈。

②案例资料中:"投资者投资理念的逐步成熟,证券交易频率开始下降,这些情形均对福星证券的经纪业务产生了不利影响"是投资者投资理念转变对福星证券发展的不利因素,可以概括为投资者投资理念逐步成熟导致交易频率下降。

③案例资料中:"在投资银行业务、资产管理业务等方面,福星证券等内资证券公司受到了合资证券公司的直接竞争压力。外资证券公司虽然其国外业务受到金融风暴的不利影响,资本实力有所下降,但其在投资银行、资产管理、国际业务、创新业务等方面的优势依然明显"是对国际竞争对手对福星证券产生不利影响的描述,可以概括为国际竞争对手对中国市场的威胁。

④案例资料中:"由于盈利能力大幅下滑以及全球经济形势的不明朗,国家宏观政策(如货币政策、财政政策)的不确定性,福星证券董事会要求发展战略与投资管理委员会对未来发展战略进行深入的研究与分析"是对国家政策可能对福星证券产生不利影响的描述,可以概括为国家宏观政策(如货币政策、财政政策)存在较大不确定性。

参考答案:

答:福星证券2008年金融危机背景下的SWOT分析图表如下表所示。

优势：	劣势：
(1) 中国内地品牌和声誉优势 (2) 资本优势。通过定向增发募集250亿元，资本实力雄厚，为发展提供资金保证 (3) 拥有全国业务网络，各项业务的市场份额列中国内地证券行业前列 (4) 拥有中国内地优秀的专业人才 (5) 完善的法人治理结构和较为严密的风险控制体系 (6) 创新业务的研发优势	(1) 业务发展不均衡，对经纪业务依赖程度较高 (2) 国际化人才匮乏 (3) 国际上缺乏品牌竞争力
机会：	威胁：
(1) 国家对证券行业的政策扶持 (2) 多层次资本市场的发展解决了企业的融资需求 (3) 经济环境改善	(1) 国内行业竞争日趋激烈 (2) 投资者理念转变导致交易频率下降 (3) 国际竞争对手对中国市场的威胁 (4) 国家宏观政策（如货币政策、财政政策）存在较大不确定性

问题10. 简述国际化行为的三种战略，并指出福星证券的国际化行为所属的战略。

参考答案：

答：国际化行为一共有三种战略：多国化战略、全球化战略和跨国化战略。

（1）多国化战略：是指企业的大部分活动，如战略和业务决策权分配到所在国以外的战略业务单位进行，由这些单元向本地市场提供本土化的产品，从而把自己有价值的技能和产品推向外国市场而获得收益。多国化战略让各国子公司的管理者有权将企业产品个性化来满足本地消费者的特殊需求和爱好，因此该战略能是企业面对各个市场的异质需求时的反应最优化。

（2）全球化战略：是指在全世界范围内生产和销售同一类型和质量的产品或服务。企业根据最大限度地获取低成本优势的最大目标来规划其全部的经营活动。将研发、生产、营销等活动按照成本最低的原则分散在少数几个有利地点来完成，但产品和其他功能采取标准化和统一化以节约成本。全球化战略更加集权，强调由母公司总部控制。但全球化战略对本地市场的反应相对迟钝，并且由于企业需要跨越国界的协调战略和业务决策，所以难以管理。

（3）跨国化战略：当一个企业在许多国家从事经营，但总部仍设在其所在地时，称为跨国成长。为此，它一改以往那种仅有母公司向分布在外的子公司输出经营才能和产品的做法，而是在全部企业之间互相转让与推广竞争优势。跨国化战略是让企业可以实现全球化的效率和本土化的敏捷反应的一种国际化战略。企业一方面按照成本最低原则在全球范围内规划其全部功能活动，另一方面则高度重视地区差别对企业活动的要求。

福星证券的国际化行为，属于跨国化战略。通过以收购港隆证券为起点，在海外开拓业务。由于证券行业的特殊性，必须根据各地市场的不同的消费需求和政治法律环境，提供本地化的服务。另外，福星证券又可以利用其已经建立起来的各种优势，跨国调配其资源配置，以达到尽可能的实现低成本。

问题11. 简述应对操作风险的常用方法。请指出福星证券对信息技术系统进行评价的重点方面，并指出信息技术和信息系统控制的基本类型。

参考答案：

答：（1）应对操作风险的常用方法。

①设立流程、程序和政策。以确保企业的政策得以实施。

②在公司内实施正式的内部控制系统。

③防止错误和欺诈。

④培训和管理职员。

⑤评价技术和系统。

⑥外包安排。企业应与外包商通过服务级别协议建立质量和服务的要求，并对其产品和服务进行定检查。

（2）福星证券对信息技术系统进行评价的重点方面。

福星证券对信息技术系统评价，应重点评估其对破坏、欺诈或错误的脆弱性。

①破坏。检查因技术性错误（如硬件或软件故障）和自然灾害（火灾、水灾、爆炸和闪电）等使信息技术系统受损的可能性，以及在这种情况下恢复关键业务信息的能力。

②欺诈。执行反舞弊项目，设计和执行控制，以消除嵌入的重大风险。

③错误。检查预防不当授权、误操作、过程控制等，同时还应评价员工的信息技术应用程度。

（3）信息技术和信息系统控制的基本类型。

①一般控制。是从总体上保证计算机系统正确使用和安全性，防止数据丢失。一般控制应在人员控制、逻辑访问控制、设备和业务连续性方面进行控制。

②应用控制。应用控制与管理政策配合，对程序和输入、处理和输出数据进行适当的控制，弥补一般控制的某些不足。

③软件控制和软件盗版控制。软件控制防止制作或安装未经法令软件拷贝，防止因非法使用造成经济处罚风险。应从有信誉的经销商处购买正版软件，并应维护好所有软件的实物存盘。

④网络控制。主要是预防黑客、计算机病毒、电子窃听机密信息、计算机系统故障或自然灾害。常用的网络控制措施包括防火墙、数据加密、授权和病毒防护。

问题12. Suppose you are the management of Fuxing Securities（福星证券），write a memorandum to the British independent director to expound the motives of the project in order to dispel the doubts brought up by him.

参考答案：

(1) In accordance with the internationalized development strategy of the company.

The strategy committee of Fuxing Securities decided that the company's strategic development in future would be based on the internationalization and reinforcement of overseas business. Therefore, this acquisition is in accordance with the company's strategy.

(2) To develope the Hong Kong market.

Hong Kong is one of the international financial centers and can provide access to investment markets all over the world. Hong Kong has a high degree of marketization; diverse and mature investors; abundant trading products; minor cultural differences compared with the occident; and powerful Mainland policy support. Therefore, the Hong Kong market is strategically significant.

(3) To readily acquire a complete set of overseas business licenses.

Because of the fact that Ganglong Securities has a complete set of international licenses for securities, futures, options, derivatives, margin purchase and short sale, forex and bullion etc., after the acquisition, Fuxing Securities is able to eliminate barriers on foreign investment and access to international investment market immediately.

(4) To readily acquire well-known international brand.

Ganglong Securities Group Limited enjoys good reputation and favorable brand effect in Hong Kong securities sector, this can fill up the gap caused bay Fuxing Securities lack of overseas prestige and speed up the process of internationalization.

(5) To extend overseas business network, and to obtain a large overseas customer base.

Ganglong Securities owns more than ten branches in Asian-Pacific Region and sets up international marketing offices or strategic alliances in main western investment markets. In addition, the company provides investment services to hundreds of institutional and corporate clients as well as over 150 000 individual investors. Fuxing Securities can readily acquire the market share as well as sales network platform. The acquisition also Fuxing Securities, launching its overseas investment and financing.

(6) To enhance the carability of practising in international business, especially in sharing the experience of innovative business in margin purchase and short sale and derivatives.

Ganglong Securities has extensive experience in dealing with transactions such as margin purchase and short sale, stock index futures, forex, derivatives and service of brokerage and investment banking. Besides, its independent research center provides superior research capability. After the acquisition, by the synergistic effect, Fuxing Securities will improve its ability in innovative business such as shorting and margin financing, derivatives, etc, and will at the same time improve the competitiveness of its international business.

(7) To gain the advanced and mature electronic trading system and to improve transactional efficiency effectively.

Ganglong Securities has developed a mature electronic trading platform, which is constantly updated and upgraded. Fuxing Securities can acquire sophisticated technology in electronic trading system and improve its business efficiency.

(8) To introduce international talents of finance and management.

The management team of Ganglong Securities, which boasting rich experience for financial services sector, won great prestige in the industry. The company also enjoys a low brain drain rate. Fuxing Securities through the synergistic effect, will acquire the international team and financial talents. Cultivation of international talents.

(9) To expand the source of profit for Fuxing Securities.

On one hand, the Return On Investment of the acquisition project is expected to be higher than 7%. On the other hand, after the acquisition, Fuxing Securities can provide more diverse overseas financial products and services brought by the synergistic effect. These all expand the source of profit for Fuxing Securities.

(10) A practicable acquisition at a good timing and with rational valuation.

The acquisition is in the context of the Financial Crisis. The acquisition price is lower than the market price of other securities companies and the market valuation is relatively reasonable. The financial strength of Fuxing Securities makes the acquisition practicable.